KB162128

로버트 박의 목소리
STOP GENOCIDE!

로버트 박의 목소리
STOP GENOCIDE!

편저 박현아
해설 김미영 감수 안찬일

세이지

일러두기

제노사이드(Genocide)

제노사이드는 인종(Genos)이라는 뜻의 그리스어와 살인(Cidere)이라는 뜻의 라틴어를 합하여 만든 신조어로 집단학살(group killing)의 국제법적 표현이다. 제노사이드 협약은 인종, 종교, 국민, 민족을 보호집단으로 특정한 국제조약으로 한국은 물론 북한도 가입한 중요한 인권 조약이다. 이 책에서 제노사이드는 '집단학살'로 표현되기도 하지만 대부분 신조어로서의 특성을 살리기 위해 '제노사이드'라는 외국어를 살려 표기했다.

반인도죄(Crimes against Humanity)

2014년 보고서를 낸 유엔 북한인권조사위원회(COI)는 제노사이드 대신 반인도죄 개념으로 북한의 인권문제에 접근했다. 반인도죄는 엄중하고, 체계적이며, 광범위하게(grave, systemic and widespread) 자행된 대형 인권 범죄를 지칭하는 용어로서 제2차세계대전 청산과정에서 확립된 국제형사법적 개념이다. 반인륜범죄, 인도에 반하는 죄 등 다양한 번역어가 있지만 이 책에서는 반인도죄라는 용어를 사용한다.

호칭

탈북민·탈북인·탈북자·북한이탈주민·새터민을 모두 같은 뜻으로 사용하되 탈북민을 선호하여 사용한다. 로버트 박을 포함하여 책에 언급되는 대부분의 인물에 존칭은 주로 생략된다.

추천의 말

2011년 8월 로버트 박 선교사를 만나 북한인권문제에 대한 의견을 나누었던 기억이 난다. 당시 그는 두 가지 논점을 강조했는데, 첫째는 중국에 있는 북한이탈주민들이 대한민국 헌법상 우리 국민으로 대한민국 정부의 보호를 받을 자격이 있고, 또 보호 받아야만 한다는 것이었다. 그는 북한을 탈출한 북한 여성들을 북으로 강제송환하는 중국정부의 비인도적인 조치에 대해 탈북민들이 대한민국 헌법상 우리 국민이라는 것에 근거하여 우리 정부가 이들을 위해 더 적극적으로 개입해야한다고 주장했다. 로버트 박의 이러한 주장에 전적으로 동감한다.

두 번째 논점은 북한 정권이 유엔 제노사이드 방지 및 처벌에 관한 협약을 위반했다는 상당한 증거들이 있다는 것이었다. 그는 중국으로부터 강제송환된 북한여성들의 아기가 혼혈, 즉 중국인의 피가 흐른다는 이유로 살해해온 북한 정권의 정책, 그리고 이미 충분한 자료로 입증되었듯이 북한 영토 내 기독교인들에게는 정치범수용소 내에서도 공개처형, 강제구금 등 특히 더 가혹한 처벌이 부과된다는 사실을 지적했다. 그의 주장은 굉장히 설득력이 있고, 더 깊이 조사할 가치가 있다고 생각한다. 국가인권위원회 위원장으로서 이 문제를 진지하게 조사할 것을 약속하며, 유엔에서도 이 문제를 진지하게 검토할 것을 기대한다. 북한 정권이 1989년 1월 31일부로 가입한 제노사이드 협약을 위반한 것으로 인정된다면 현 사태 시정에 새로운 지평이 열릴 것이다.

북한 사람들을 위한 순전한 마음으로 이 책을 만드는데 참여한 편저자와 탈북민들의 열정적인 노고를 높이 평가한다. 우리 정부, 학계, 학생, 국제법 변호사들을 비롯하여 우리 사회 모든 구성원들이 이 책을 읽어볼 것을 강력히 권유하고 싶다.

_국가인권위원장 현병철

● 이 책은 모든 입법자들이 읽어야할 획기적인 연구 자료다. 북한 정권의 반인륜적 만행이 유엔 제노사이드 협약상의 제노사이드에 해당한다는 사실은 한반도 정세에 엄청난 영향을 미칠 것이다. 정부와 시민사회는 반드시 이 문제를 진지하게 검토하고, 필요한 조치를 조속히 취해야 한다. 우리나라를 위해 이 책을 만드는데 헌신한 모든 사람들에게 박수를 보낸다.

_국회의원 조명철

● 우선 이 책을 통해 북한에서 일어나고 있는 집단학살과 그 심각성을 인식시키려고 하는 노력에 감사드립니다. 우리는 가만히 앉아서 그 무엇을 평가하고 결론 내는 일을 너무도 잘 합니다. 하지만 로버트 박은 자신의 모든 것을 희생하면서 북한 독재 정권에 맞서고 국제사회에 북한 독재정권이 얼마나 끔찍하고 무서운 정권인지를 보여주었습니다. 그는 실천하는 양심이 무엇인지 몸소 우리에게 가르치고 있습니다.

북한의 집단학살은 눈에 보이는 것만이 전부가 아닙니다. 북한에서 일어나고 있는 일은 지금 당장 우리 눈에 보이지 않지만, 이미 오래 전에 북한에서는 수백만 명의 북한 주민들과 정치범 수감자들이 굶어죽고 학살되었습니다. 눈에 보이지 않는 캄캄한 어둠이 더 무서운 법입니다. 만약 우리 민족의 힘으로 북한에서 일어나고 있는 이 학살을 막지 못한다면 대한민국 국민 그 누구도 더 이상 '한민족'이라는 표현을 쓸 자격이 없어집니다. 대한민국 국민 그 누구도 이 책임에서 벗어날 수 없습니다. 지금 당장 우리의 힘으로 북한의 굶주리고 죽어가는 우리 민족을 구원해야 합니다. 정치범수용소에서 짐승보다 못한 삶을 살고 있는 우리 민족을 구원해야 합니다. 그런 의미에서 이 책이 북한에서 자행되고 있는 끔찍한 인권 유린을 멈추는데 초석이 되리라 확신합니다.

_탈북 북한인권운동가 신동혁

●   "···저는 일가족 전체가 가스실험을 당하고, 가스실에서 죽어가는 것을 지켜보았습니다. 그 부모는 토하고 죽어가는 마지막 순간까지도 인공호흡으로 아이들을 살리려고 했습니다··· 고통스럽게 죽어가는 어린이들을 보면서 제가 동정심을 느꼈다고 하면 완전한 거짓말입니다. 제가 속했던 사회체제에서 저는 그들을 단순한 '적'으로만 느꼈습니다. 저는 그 사람들에 대한 일말의 동정심도, 연민도 느끼지 않았습니다."

이것은 전직 북한무관 및 정치범수용소 보안요원의 증언입니다. 그토록 무자비한 학살이 자행되는 곳 북한을 향해 세례요한처럼 집단학살을 회개하라고 외치며 돌진한 로버트 박! 그는 정말 하늘의 사람이었습니다. '탈북자종합회관'에서 탈북자들의 고문당한 상처를 붙들고, 통곡하며, 금식하며, 울부짖으며 철야기도를 하다가 끝내 만류를 뿌리치고 2009년 12월25일 외투도 없이 '그 악한 학살사회'에 뛰어 들어가 버렸습니다.

그는 21세기 세례요한이었습니다. 십자가를 몸으로 지고 골고다로 갔습니다. 지금도 공포에 떨고 있는 북한 동포들을 '강 건너 불'보듯 불감증에 걸린 남한동포들을 향해 박선교사의 영이 계속해서 소리치고 있습니다.

　이 책을 통해 그 피맺힌 호소에 응답하기를 바랍니다.

_장로회신학대학교 명예교수 주선애

●　　저의 영화 〈김정일리아〉가 2009년 선댄스영화제에서 첫 개봉했을 때, 국제형사재판소^{ICC}의 탄생에 관한 다큐멘터리가 같이 상영되었습니다. 김정일리아는 북한 정권의 통탄할 범죄에 관한 탈북자들의 증언을 담고 있습니다. 그 중 하나가 신동혁씨의 이야기로, 가장 끔찍한 증언 중 하나이기도 합니다. 저는 선댄스영화제에서 국제형사재판소 변호사 한 분과 북한에 대해 긴 대화를 나누었습니다. 저는 김정일을 반인도죄로 기소하는 것이 너무나 당연한 사안이라고 생각했습니다. 찰스 테일러가 재판받을 수 있다면 '경애하는 지도자'도 당연히 재판을 빌을 수 있어야 했습니다. 하지만 충격적이게도 북한은 국제형사재판소 로마조약의 회원국이 아니기 때문에 ICC는 아무것도 할 수 없다는 것을 알게 되었습니다. 이러한 절차상의 문제가 있는 상황에서는 계속해서 북한 정권에 대해 아무런 조치도 취해지지 않을 것입니다. 그리고 수많은 무고한 생명은 계속 희생될 것입니다.

　이제, 북한 정권의 악행을 직접 경험한 인권운동가 로버트 박이 북한 정권을 심판할 명확한 방법을 제시했습니다. 그는 북한의 정책이 1948년 유엔 제노사이드 협약을 위반한 것에 반박의 여지가 없다는 것을 보여주었습니다. 결정적으로, 북한은 제노사이드 협약의 회원국입니다. 또한 중요한 것은, 이 협약은 집단학살을 끝내기 위한 조치 내용을 담고 있습니다. 유엔 북한인권조사위는 북한의 제노사이드죄 혐의를 충분히 고려하는 것이 시급합니다. 일단 제노사이드죄가 성립이 되면 북한 문제를 어떻게 할 것인지에 관한 해답이 나올 수 있습니다.

_영화 김정일리아의 감독 N.C. 헤이킨

● 　　　로버트 박은 북한인권 운동에 막대한 기여를 했습니다. 그는 북한에서 고문을 당한 이후로도 계속해서 북한이 자국민에게 가하는 잔학행위에 맞서 싸우며 이를 규탄해 왔습니다.

그간 북한 내 수용소에서 수십만 명에게 내려진 사형과 고문, 종신형은 그 나라에서 사회의 일부분을 완전히 제거하려는 집약된 시도입니다. 다른 말로 표현하자면, 제2차세계대전 종식 후 권력을 잡은 김씨 왕조의 지휘로 강행되어 온 집단학살 시도입니다.

북한에서의 고통스러운 경험에 의한 후유증을 포함한 모든 역경에도 불구하고 그는 언론 매체와 그 밖의 수단을 동원해서 지속적으로 이 문제를 고발하고 있습니다. 그가 분석하고 정리한 북한 정권의 범죄에 대해 국제사회가 충분히 인식하고 규탄하도록 하기 위해서 말입니다.

이 문제에 대한 인식을 향상시키기 위한 한 가지 방법은 유엔 북한인권조사위원회가 모든 역량을 동원하여 북한인권 문제를 풀어가는 것입니다. 로버트 박과 이 중대한 책의 저자들은 북한의 악명 높은 정치범수용소에 갇혀 아직 살아있으나 곧 죽음을 맞이하게 될 사람들을 살리기 위해 조사위원회 위원들이 북한의 진실을 알려야 할 필요성을 완전히 이해하고, 전세계로 하여금 사태 대응에 박차를 가하도록 할 것을 촉구하고 있습니다.

북한에 대한 비난과 실질적인 대응을 미루자는 제안은 더 많은 사람들의 죽음을 의미할 뿐입니다. 그들의 생명이 위기에 처해 있습니다. 로버트 박 만큼 이 점을 분명히 하는 사람도 없습니다. 그는 북한의 집단학살에 종지부를 찍고 북한 사람들에게 평화와 자유를 가져다주기 위한 그의 사명을 다하기 위해 언제 어디서든 기회가 될 때마다 방대한 글과 말로 목소리를 냈습니다.

_저널리스트 도널드 커크

해설

국제법은 왜 북한의
인권문제에 무력한가 김미영

2013년 3월 스위스 제네바에서 유엔 북한인권조사위원회(이하 "COI")가 설치되고, 372쪽에 달하는 보고서가 이듬해 2월 발간되었다. 이것은 북한인권운동사 관점에서 하나의 사건이자 획기적인 발전이 아닐 수 없다. 국제사회는 북한의 인권문제에 관한 한 미미한 움직임이 있었으나 반세기 이상 무거운 침묵을 지켜왔던 것이 사실이다.

　유엔이 2004년 비팃 문타폰(Vitit Muntarbhorn, 2004-2010년), 2010년 마르주끼 다루스만(Marzuki Darusman, 2010-2013년) 북한인권 특별보고관(Special Rapporteur)을 임명하여 활동을 시작한 것은 그 동안의 작고 많은 노력들이 큰 물줄기를 이루는 계기가 되었던 것으로 보인다. 특히 2013년 마르주끼 다루스만 특별보고관 보고서가 나온 후 유엔에서

서울대 국문과와 대학원에서 한국현대문학, 한동대 국제법률대학원 및 미국 노틀담 대학 로스쿨에서 미국법과 국제법을 전공했다. 조선일보 기자, 한동대 초빙교수를 역임했다. 북한인권운동가로서 주로 이 문제를 국제법적 차원에서 다루고 있다.

시리아에 이어 북한 COI가 설치됨으로써 북한의 인권문제는 바야흐로 국제사회의 중심이슈 중 하나로 부상하게 된 것이다.

증폭되는 국제사회의 관심

COI는 2013년부터 1년간 세계 5개국에서 22회에 걸쳐 공청회를 개최하는 등 활발하게 활동했고, 240명이 넘는 피해자들의 심층인터뷰를 바탕으로 보고서를 발간했다. 이 COI 보고서의 중요한 특징은 북한에서 일어나는 인권범죄를 '반인도죄' Crimes against Humanity)로 규정하여 그 광범위하고 체계적이면서(widespread or systematic) 엄중한 특성을 국제법적으로 요약 정리해냈다는 점이다. 이를 바탕으로 이 범죄의 최고책임자를 국제형사재판소(이하 "ICC")에 회부토록 유엔 안전보장이사회에 공식 제안한 것이다.

이러한 노력이 실제로 북한인권 개선에 기여를 할 수 있는가에 대해서는 반드시 긍정적인 분위기는 아니다. 다만 국제사회는 무력이나 공권력으로 범죄자들을 다스리기 어려운 현실을 인정하는 대신 온 세상에 이름을 드러내어 망신을 주는 것(naming and shaming)만으로도 무차별적 인권 유린을 막는 데 도움이 된다고 보는 경향이 있다. 이번에 COI가 펴낸 방대한 보고서와 전 세계 유수 언론들의 이에 대한 대대적인 보도가 있었던 것으로 1차적 목표인 '망신주기'는 성공한 것으로 보인다.

문제는 '망신주기'라는 것이 북한 정권의 태도 변화를 이끌어낼 영향력으로 드러날 수 있는가에 있다. 북한에 대한 악평은 이미 오래 전부터 가히 세계적이었다. 미국은 불량국가(rogue state)라는 표현으로 냉전 이후 새로운 적을 규정할 때,

2002년 '악의 축'(axis of evil)이라는 표현으로 대테러 전쟁에 대한 의지를 드러낼 때 북한을 제외시킨 적이 없다. 북한은 KAL 858 테러로 인하여 1988년 이후 2008년까지 테러지원국 명단에 올라있었다. 국제인권단체 프리덤하우스는 매년 최악의 인권탄압국가로 북한을 지목해왔고, 2001년 뉴스위크지가 세계 최악의 국가로 북한을 지명하고 김정일에 대해 '악 중의 악'(Worst of Worst)으로 규정했던 것에 북한에 대한 국제사회의 전반적 인식이 집약되어 있다.

그럼에도 최근 국제사회의 움직임은 민간단체와 국제기구와 원활하게 협력하여 이루어짐으로써 북한 인권문제 해결에 확실히 밝은 신호로 보인다. 특히 COI가 유엔안전보장이사회 결정을 통해 북한문제를 ICC로 회부할 의지를 보여 우리의 기대는 더욱 커져 있는 상황이다. 물론 가장 큰 난관은 유엔안전보장이사회 상임이사국이 만장일치로 결의해야 한다는 것이다. 중국과 러시아가 이 문제에 대해 미국·영국·프랑스와 같은 관점을 갖고 있지 않다는 것은 널리 알려진 바와 같다. 다만 북한의 인권문제는 강대국의 이해관계와 불가분의 관계를 갖고 있다는 오래된, 부정적인 현실을 향한 도전 역시 거세어지고 있는 것이 사실이다.

제노사이드 규정에 인색한 국제사회

확실히 북한의 인권문제를 '제노사이드'로 접근하는 것은 국내외적으로 생소한 일이다. 2014년 2월 COI가 펴낸 보고서는 북한의 인권상황을 '반인도죄'로 규정하고 정리하면서 '제노사이드' 개념을 적용하는 것은 매우 주저하고 있다. 다만 '정치적 제노사이드(political genocide)'와 '기독교인에 대한 제노사이드(genocide against Christians)'[1] 라는 개념을 도입하고 있다. 보고서가 적시하고 있듯이 정치적 제노사이드란 국제법상의 제노사이드 정의 속에 포함되지 않는다.[2] 기독교인에 대한 제노사이드에 관해서도 1950년 6·25 전쟁 전후로 북한에 기독교인은 24%에 달했으나 (Christian Solidarity Worldwide 통계 인용) 지금은 북한 당국이 발표한 0.16%만이 기독교인이라는 수치를 있는 그대로 인용, 수적으로나 정보상으로나 기독교인들의 집단학살은 개연성이 적고, 따라서 이를 제노사이드로 규정하기에는 불충분하다는 인식을 드러내고 있다.[3]

COI가 현재 북한에 기독교인의 수가 무시해도 될 정도로 소수라는 북한 당국의 발표를 그대로 인용한 것은 바람직하지 않은 것으로 보인다. 북한이 말한 0.16%의 기독교인이 있다는 발표도 의심의 여지가 크지만, 현격한 기독교인의 감소야 말로 심각한 '박해'를 방증한다고 할 것이다. 또한 COI는 1990년 대 대량아사 이후 중국 등을 통해 새로 유입된 기독교 신앙과 그로 인한 심각한 박해의 문제에 대해 부각시키지 않았으므로 '기독교인에 대한 제노사이드'에 관한 접근도 불충분한 것으로 보인다. 요컨대 COI는 북한에서 제노사이드의 요인들을 발견하는 데 있어서 매우 신중한 것을 알 수 있고, 이러한 태도는 국제사회의 오래된 관행을 이루고 있다. COI의 이러한 태도는 그동안 국제사회가 1948년 창설된 제노사이드 협약을 거의 활용하지 않았을 뿐 아니라 세르비아의 밀로셰비치, 르완다의 아

---

1 A/HRC/25/CRP.1, Report of the detailed findings of the commission of inquiry on human rights in the Democratic People's Republic of Korea("COI Report"), paras. 1155-1159
2 COI Report, para. 1157
3 COI Report, para. 1159

카예수 등의 재판에서 적용한 이후에도 '제노사이드' 규정에 있어 매우 인색했던 역사를 반추해 보면 이례적인 일은 아니다.

국제사회가 '제노사이드' 규정에 인색한 일차적인 까닭은 세계 제2차 대전기 600만 유태인 홀로코스트에서 말미암은 인류사적인 극악의 기억 때문일 것으로 추정된다. 그렇다면 북한의 인권문제는 상대적으로 가벼운 것일까? 북한 체제가 극도로 폐쇄되어 있고, 현대적인 기기와 미디어를 동원해서 조명하기에 난관이 지나치게 크다. 따라서 북한의 인권 문제는 은폐되어 왔을 뿐 결코 그 심각성은 덜하지 않다는 것은 주지하는 바와 같다. COI 역시 유엔의 권위를 갖고도 북한으로부터 현장조사(on-sight visit) 기회를 얻어내지는 못했다. 결국 북한에 관한 한 폐쇄성이 면죄부 역할을 해왔을 뿐 이런 사정은 지금까지도 개선되지 않고 있다. 이 폐쇄성을 계속적인 핑계로 삼기에는 북한의 인권문제를 바로 인식하는 데 있어서의 난관이 점점 해소되고 있다. 한국에 입국한 2만 명 이상의 탈북자들이 일관되고 정확한 증언을 내놓고 있고, 인공위성 사진은 북한의 정치범수용소를 상세하게 보여주기도 한다.

북한 인권 문제의 특수성 부각의 노력

북한 인권 문제의 특수성을 국제법적으로 규정하는 노력은 국제사회가 이 문제를 적절하게 다루기 위해서 이미 중요한 과제가 되었다. 그동안 여러 공산주의 국가에서 일어난 '인권' 문제의 틀로 접근하기에는 북한은 이미 여타의 공산주의 국가와도 분명히 차별되는 특성을 갖고 있다. 그뿐 아니라 1990년대 이후 전세계적인 냉전 종식 이후에는 오히려 더 심각한 인권문제를 노정해 왔기 때문이다. 로버트 박은 이를 '제노사이드' 개념을 통해 선구적으로 이행해 왔던 것으로 보인다.[4] 그동안 북한 인권 문제의 특수성을 조명하기 위한 노력은 꾸준히 있어왔지만 로버트 박의 방식은 확실히 획기적인 것이다.[5]

　유태인 법률가 라파엘 렘킨(Raphael Lemkin)의 역할과도 비견된다. 렘킨은 1930년대에 이미 단지 특정 인종이라는 이유로 엄청난 살상이 일어날 것을 예지자처럼 감지하고 있었다고 한다. 그러나 그의 노력은 마침 히틀러의 나치에 의해 유례없는 유태인 대살상, 이른바 홀로코스트가 시작되고 진행되는 동안 무력할 뿐이었다. 이와 같은 사태가 본격적으로 전개되기 직전인 1941년 8월 21일, 영국의 처칠 수상은 "이름 없는 범죄(a crime without a name)가 일어나고 있다"고 영국 생방송을 통해 연설함으로써 이를 인류가 직면한 유례가 없는 현상으로 인식했다. 이 이름없는 범죄가 결국 유태인 대학살에서 살아남아 미국 워싱턴으로 건너온 라파엘 렘킨에 의해 '제노사이드'라는 이름을 얻게 된 것이다. 인류는 유태인 대학살의 대가로 제노사이드 협약을 얻어냈다고도 해석된다.

　1946년의 제노사이드 결의안은 1948년 12월 9일, 세계인권선언일 하루 전날 '제노사이드 범죄의 방지와 처벌에 관한 협약'(Convention on the Prevention and Punishment of the Crime of Genocide, 이하 "제노사이드 협약")으로 탄생했다.

---

4 이 책의 제2부에 수록되는 2011년 9월의 설교 "너희는 홀로 면하리라 생각지 말라", 그리고 이 책에서 소개되는 언론 기고문들에 로버트 박의 제노사이드에 대한 입장과 관점이 뚜렷하게 전개되어 있다.
5 필자는 앞서 1990년대 북한에서 일어난 대량 아사가 북한 정권에 의한 제노사이드임을 입증하는 시도를 한 바 있다. 김미영 차지윤, 〈북한정권의 대량학살범죄연구〉
http://chogabje.com/board/view.asp?C_IDX=50800&C_CC=BB 참고.

세계 92개국이 이에 찬성했고, 한국은 6·25 전쟁 중이었던 1950년 10월 14일 가입했다.

북한도 1989년 1월 31일 제노사이드 협약에 가입하기에 이른다. 북한이 이 조약에 가입한 것은 제노사이드 협약이 공산 국가에서 일어나는 대량학살에 대해서는 다소 무관심한 태도를 보여왔기 때문일 것으로 보인다. 이 사실은 지금까지 논란이 되고 있는 제노사이드 협약에 관련된 하나의 '스캔들'이다. '보호집단'을 결정하는 문제에 있어 협약 성립 당시에 있었던 쟁점이 지금까지 해결되지 않는 양상이 존재하는 것은 이 협약의 현실이다. COI 보고서는 이런 상황에 대해 "(정치적 대량학살에 관한 한) 이런 범죄는 '폴리티사이드'(politicide)라고 기술될 수 있을지도 모른다.(⋯) COI는 제노사이드에 관한 지금의 이해범위가 가능한 한 확장되기를 바란다."고만 지적해 둠으로써 성립 당시부터 문제가 되었던 제노사이드 협약의 보호집단에 관련된 쟁점을 우회적으로만 시사한다.

제노사이드 협약은 협약이 체결되기 전단계에 만들어진 1946년 결의안에서 '인종·종교·정치 집단과 그밖의 집단'으로 포괄적으로 보호집단을 규정했다. 이 결의안은 수정되어 1948년 최종 확정된 협약문에서는 보호집단을 국민, 민족, 인종, 종교 집단으로만 좁혀 정의하게 된 것이다. 국민 집단이란 같은 국적이나 출신 국가를 공유하는 구성원 집단, 민족 집단이 공동의 문화적 전통과 언어 혹은 유산을 갖고 있는 집단, 인종 집단이 신체적 특성을 공유하는 집단, 그리고 종교 집단이 공통의 종교적 신조와 신념, 교의, 관습, 예배의식을 공유하는 집단을 뜻한다. 1946년 결의안에 있었던 '정치 집단'이 빠진 이유는 소련 대표의 강력한 주장 때문이었다. 폴란드 등의 지지에 힘입은 소련은 '정치적 집단'이 항구성이 적고 가변성이 높다는 이유를 들어 적극적으로 반대했다.

당시 프랑스가 나치에 의한 유태인 학살을 지나치게 의식하며 이 협약이 만들어지는 것을 경계하여 이에 반대의사를 표시하고, 향후 대량학살은 '정치적 이유'에 의해 발생할 것이라고 했던 것이 더 적확한 예측이었다. 이로부터 50년이 지난 후 프랑스에서 발간된 『공산주의 흑서』(黑書: Le liver noir de communisme)가 프랑스 국립 학술연구 센터(CNRS:Centre national de la recherche scientifique)의 연구부장인 쿠르뚜아(Stephane Courtois)의 주도 하에 총 11명의 전문 학자에 의해 만들어져 소련공산당 10월 혁명 80주년 기념일에 출간되었다. 이 책에 따르면 구소련에서 2천만 명, 중국의 마오쩌둥(毛澤東) 치하에서 6천5백만 명, 베트남에서 1백만 명, 북한에서 2백만 명(3백만 명의 아사자 제외), 캄보디아의 폴 포트 정권 하에 2백만 명, 동구 공산정권 하에 1백만 명, 아프리카에서 1천 5백만 명 기타 등등 총계 1억 명을 학살했던 것으로 나타난다.

결국 1948년에 만들어진 제노사이드 협약은 이후 1억의 공산주의로 인한 인류 대학살에 특별한 역할을 하지 못했다. 나쁜 의미로 스탈린은 선견지명이 있었는지도 모른다. 소련을 비롯한 공산국가들은 철저히 스스로를 정당화하며 국제법의 소

---

6 국제사회는 소련이 해체되고 공산권 블록이 무너진 이후 발칸 반도에서 일어난 인종 청소와 르완다에서 일어난 후투족과 투치족과의 내전으로 말미암은 대학살에는 특별법원을 설치하여 제노사이드로 소추함에 따라 제노사이드 협약은 새롭게 조명될 수 있었다. 이 개념으로 인권문제에 접근하는 것에 여전히 국제사회와 국제법은 매우 인색하지만 그만큼 중대한 의미를 띠고 있음을 역설적으로 알 수 있다. 이에 대해서는 이 책의 제1부 2장에서 이에 대해 자세히 설명하고 있다.

추를 피해나갔다. 다시 말해서 무고한 사람들이 대량으로 학살되는 사건이 이 협약 체결 이후에도 끊임없이 일어났지만 이 협약은 무력했을 뿐이고, 공산주의 유산을 끌어안고 있는 북한에 대해서도 제노사이드 협약은 무력한 상태를 유지하고 있다.[6]

어떤 의미에서 로버트 박의 주장은 그동안 인류사회가 공산주의 국가에 준 면죄부에 대한 정면 도전으로 보인다. 세계 제2차 대전 전승국들의 이 묵약은 위선이었음이 역사적으로 증명되었다. 더욱이 북한 대량학살의 희생자들은 단지 '정치 집단'이기만 한 것일까? 실제로 북한을 공산주의 국가로만 보려는 시각은 이제 점차 줄어들고 있다.[7] 로버트 박은 북한에서의 집단학살은 훨씬 더 정통적이고 고유한 제노사이드 범주와 일치한다고 주장하고 있다. 어쩌면 냉전이 지난 후에도 북한에 대해서 하나의 '정치 집단'적 성격으로만 국한해서 보려는 시도야 말로 북한 상황을 개선하기 위해서는 유해한 것인지도 모른다. 실제로 COI 보고서를 펴낸 후 한국을 방문한 마이클 커비 위원장은 "당시 자료를 수집할 때 독일의 유대인 대량학살이 생각났다"고 말한 바가 있다.[8] 확실히 북한의 대량 인권 유린 현상은 정치적인 양상으로 설명하기 어려운 측면이 있다.[9]

---

7 인권문제에 관한 사실조사 전문가 데이빗 호크씨가 미국 국제종교자유위원회의 의뢰로 2005년11월 작성한 보고서에 북한의 종교적 특성이 자세히 기술되어 있다. David Hawk, "Thank you Father Kim Il Sung: Eyewitness Accounts of severe violations of freedom of thought, conscience, and religion in North Korea" *http://www.davidrhawk.com/ThankYouFatherKimIlSung.pdf*
8 "북한인권 상황, 나치의 유대인 학살 수준"(미래한국, 2014.6.9), p.63.
9 여기서는 자세한 설명을 생략하지만, 북한의 통치이념인 주체사상이 세계 10대 종교에 포함된다는 주장은 오래전부터 제기되어 왔다. 미국의 종교관련 통계사이트인 '어드히런츠닷컴'(adherents.com)은 2007년 5월 7일 북한의 주체사상을 종교로 규정하고 추종자 규모에 있어서 세계 10대 종교에 해당된다는 통계 자료를 발표하면서 북한의 주체사상을 종교로 분류하고 신도수가 1천 9백만인 세계 10위 규모의 종교라고 밝힌 바 있다. *http://www.dailynk.com/korean/read.php?catald=nk00100&num=40934*

북한사람들의 희생은 인류에게 무엇을 남길까

유태인·집시 등의 값비싼 희생의 대가로 제노사이드 협약을 얻은 것이라면, 이제 북한 주민들이 아무도 주목하지도 알아주지도 않는 사이, 대량으로 죽어간 대가는 무엇일까? 현재 진행형인 이 사태에 대해서 인류는 적절한 대답을 할 수 있으며 나아가 교훈을 얻을 수 있을까? 1948년 세계인권선언은 모든 인간이 누구나 할 것 없이 하늘이 부여한 이른바 '천부인권(天賦人權)'을 갖고 있다고 천명했다. 이 세계인권선언이 북한 사람들만 소외시킬 이유는 없는 것이었지만, 이 선언이 있은 해 탄생한 조선민주주의인민공화국, 그곳은 왜 인권의 사각지대로 지금까지 남아있는 것일까?

성경책 한 권을 들고 얼어붙은 두만강을 건너 어둠의 땅 북한으로 걸어 들어간 로버트 박이라는 청년은 인류 전체의 수치이자 위선에 속하는 바로 이 난제를 온 몸으로 제기했다. 그의 지극한 사랑은 북한 주민들을 향한 '권리 선언'이었다.

"책임 있는 정부들은 이 문제에 대해 완전히 침묵하고 있어요. 미국, 중국, 러시아, 일본, 남한 정부는 북한인권문제에 대해 목소리를 내야 할 큰 책임을 지고 있습니다. 왜냐하면 이 외국정부들은 한반도 분단에 일정 역할을 했고, 분단이 논의될 때에는 한국 사람의 의견은 묻지도 않았기 때문입니다. 그럼에도 불구하고, 이 국가들은 북한 사람들의 생명에 대해서는 관심도 없습니다. 이것은 범죄입니다. 아주 큰 범죄예요. 북한에서 벌어지고 있는 것은 집단학살입니다. 핵무기로 인해 무슨 일이 벌어질지 두려워하는 마음은 충분히 이해합니다. 하지만 정치범수용소를 운영하고, 어떠한 제재도 없이 사람, 여성, 아이들을 마구 죽이는 국가는 결코 신뢰할 수 있는 상대가 아닙니다."

(2009년 12월 23일 입북 전 서울에서 가진 로이터 통신 인터뷰에서)

지금도 북한에는 분명 '이름없는 범죄'가 일어나고 있다. 그것은 나치에 의해 자행된 대량학살과도 유사하지만, 길고 긴 시간에 걸쳐서 일어났고, 현재도 일어나고 있으며, 더구나 타민족이 아니라 자민족에 의해 자민족에게 반하여 일어나는 집단학살이라는 점이 다르다. '우리민족끼리'라는 구호 아래 인종주의적 색채를 나타낼 뿐 아니라 심각한 기독교 탄압을 통해 그들의 신을 숭배하기 위해 인간의 존엄성을 철저히 파괴하는 '제노사이드 이상의 제노사이드'에 대해서 국제사회가 좀 더 적절한 개념을 찾아내거나 적어도 제노사이드의 범주를 수정하여 북한의 인권 현상을 포괄할 수 있는 방안을 찾아내어야 할 시점이다.

요컨대 제노사이드 협약의 보호집단의 범주를 확장하는 운동, 또는 '인간 신(神)'을 위해 다른 모든 인간의 영혼까지 말살하는 종류의 신종 대량학살에 대한 새로운 국제법 개념을 고안해 내는 시도를 해볼 만하다. 북한 사람들이 겪어온 고통의 값을 앞으로 온 인류의 미래 세대가 다시는 이와 유사한 상황을 맞는 일이 없도록 예방할 수 있는 새로운 레짐이 나타나기를 소망하는 것이다. 유태인 학살의 대가로 확립한 '인권', 특히 '개인의 권리'라는 개념이 북한에서의 대량학살의 대가로 한 차원 높은 새로운 규범으로 탄생할 것을 기대한다.

이 책의 편집이 끝날 무렵 좋은 소식 하나가 들려 왔다. 미국 월스트리트저널이 "세계의 관심이 시들해질 즈음 '제노사이드'로 북한문제에 접근해야 한다는 신선한 경종이 울리고 있다"[10] 는 제하의 기사를 내보냈다. COI 보고서에 대한 비평서로서 영국의 법률회사와 미국의 NGO가 공동으로 작업하여 펴낸 보고서[11]를 소개한 기사다. 이 보고서는 COI가 북한의 인권

문제를 '반인도죄'에 한정한 것에 대해 '제노사이드' 개념 적용
가능성을 제기함으로써 의미 있는 비평을 가한다. 이들의 문제
제기가 국제인권법을 다루는 전문가들이 이 문제에 대한 좀 더
심도 깊은 관심을 갖는 계기가 되기를 기대한다.

이 책이 나오기까지 느헤미야 성곽쌓기에 참여한 사람들처
럼 부분 부분 함께 수고해 주신 분들, 특히 탈북인 여러분들과
어려운 작업을 도맡아 수 년의 수고를 아끼지 않은 편저자 박
현아씨에게 큰 박수를 보낸다. 로버트 박의 천로역정(天路歷
程)이 북한의 자유와 해방을 향한 위대한 걸음이었음을 더 많
은 사람들이 공감하는 데 이 책이 기여하게 될 것으로 믿어진
다. 무엇보다 그의 건강을 빈다.

---

10 "As World Attention Fades, A Fresh Call for North Korea 'Genocide' Label"(June
18, 2014), *http://blogs.wsj.com/korearealtime/2014/06/18/as-world-attention-
fades-a-fresh-call-for-north-korea-genocide-label/*
11 Hogen Lovells, "Crimes against Humanity: An independent legal opinion on the
findings of the Commission of Inquiry on Human Rights in the Democratic People's
Republic of Korea" (May 2014) pp.42~60.

편저자 서문

인권과 안보는 함께 가는 것

내가 2012년 중동에 있는 주(駐) 카타르대사관에서 근무하고 있을 때였다. 어느 날 유투브에서 로버트 박 선교사의 설교 하나를 발견했다. 그것은 내가 이제껏 북한에 대해 들어본 가장 강력하고도 심금을 울리는, 가슴 깊은 곳으로부터 샘솟는 열정의 설교였다. 우리와 가장 가까운 존재이지만 가장 외면 받고, 가장 절박하고도 어려운 주제인 북한의 인권 문제. 설교하는 로버트 박에게 있어 북한사람들은 고통과 슬픔의 원천이었고, 그의 삶은 이제 그들을 위한 끝나지 않는 하나의 전투였다.

　로버트 박이 제안하는 북한사람들을 살릴 수 있는 방법과 우리들의 실질적인 행동방안을 청취하면서 나는 로버트 박을 알아가기 시작했다. 그러나 그를 깊이 이해하고 진가를 알게 되기까지는 훨씬 많은 시간이 흘러야 했다. 로버트 박에 대한 책을 준비하게 된 결정적인 계기는 아마 세계 주요 저널에 실린 그의 기고문을 읽게 되면서부터였을 것이다. 나 역시 북한의 상황은 단순히 '인권 문제'라고 부르는 것은 맞지 않다고 생각하고 있었다. '인권 문제'라는 용어의 사용은 다른 어떤 상황과 비견될 수 없는 사태의 심각성을 적절히 표현해 내지 못할 뿐 아니라 북한 상황의 특수성을 호도해 버릴 수도 있다고 생각했기 때문이다. 로버트 박은 뜻밖에 '제노사이드' 개념으로 북한문제에 접근하고 있었다. 국제법 전문가가 아님에도 그는 북한 정권이 저지르는 심각한 인권침해사례 중 일부를 제노사이드 협약의 위반으로 볼 수 있다고 보고 그 법적인 요소를 사실들과 정확하게 결부해 내고 있었던 것이다. 그의 접근법은 설득력이 있을 뿐 아니라 전략적으로 탁월하다고 보았다. 이 책을 만드는 것을 하나의 소명으로 여기게 된 것은 바로 로버트 박의 이 생각에 정확히 동의했기 때문이다.

아득한 유년시절이지만 1989년 베를린 장벽이 무너지던 당시 우연인지 필연인지 나는 독일에서 살고 있었다. 당시 주(駐)독일대사관에서 무관으로 근무하며 그 역사의 현장을 지켜보셨던 아버지는 퇴직 후에도 뉴스에서 북한 얘기만 나오면 답답한 마음을 감추지 못하며 독일과 비교해서 말씀하시곤 했다. 아버지는 서독이 동독의 인권 문제에 있어 결코 양보한 적이 없다는 점을 항상 강조하셨다. 아버지의 전문분야는 군사안보였고, 관심사는 통일이었지만, 인권 문제는 안보 문제보다 덜 중요하거나 무관한 주제가 아니라 안보 및 통일과 함께 가는 것임을 강조하셨다. 로버트 박에 대한 깊은 공감은 이러한 체험에서도 기인했던 것 같다.

우리가 북한 정권의 제노사이드를 공론화하고, 잔학행위 중단을 요구하는 것은 북한 내부 주민들의 인권 의식을 고양시켜 북한 전체를 세차게 뒤흔들 만한 일이라고 믿어진다. 무엇보다 북한 사람들이 스스로의 처지를 깨닫고 세뇌 교육의 덫으로부터 자유케 된다는 것은 북한 체제가 더 이상 유지될 수 없다는 것을 뜻하는 것이다. 독일에서도 베를린 장벽을 허문 것도 결국 자유를 갈망했던 동독 주민들이 아니었던가.

북한에서 돌아온 후 로버트 박은 2011년부터 주요 외신에 기고활동을 통해 자신의 주장북한을 해방시키기 위해 우리가 해야 할 일을 설명하였는데, 그가 우리들에게 외치는 메시지는 크게 3가지로 정리할 수 있다. 첫째, 북한에서 일어나고 있는 일은 '집단학살 GENOCIDE'에 해당하며, 둘째, 돈은 북한 정권에 줄 것이 아니라 탈북민들을 통해 북한 내부에 대규모로 송금되어야 하고, 셋째, 북한의 집단학살에 반대하는 대규모 시위가 일어나야 한다는 것이다. 나는 그의 외신기고문들을 읽어보면서 그가 굉장히 비상한 머리를 가졌고, 통찰력이 뛰어나다는 것을 알 수 있었다. 그가 주장하는 것들이 정말로 북한 사람들을 구할 수 있는 방법임과 동시에, 우리나라에 닥칠 대재앙을 막고, 국제사회의 지지를 바탕으로 진정한 화합에 기초한 한반도 통일을 이룰 수 있는 방법이라는 점을 깨달았다.

이 책은 로버트 박이 제시한 해법을 그의 기고문과 설교를 기초로 설명한 것이다. 아직까지 그의 영문 설교 및 외신 기고문이 우리나라에 제대로 번역되어 소개되지 않은 점을 감안하여 일부 기고문 발췌와 더불어 중요 교회 설교는 전문을 실었다. 여기에 더해 북한을 탈출한 후 아직도 북한에 남아있는 친지들을 위해, 그리고 근본적으로는 북한의 모든 사람들을 구하기 위해 북한인권운동에 앞장서고 있는 탈북민들의 기고문이 더해져 완성될 수 있었다.

나는 로버트 박을 한 번도 만나 본 적이 없다. 하지만 지난 약 2년간의 작업을 통해 그의 말과 글을 곱씹고, 공부하고, 그를 알아가면서 그동안 북한 동포들의 고통에 반응하지 못했던 나 자신을 반성하고, 또 반성했다. 이 책은 내가 지난 2년 동안 드린 회개 기도의 산물이다. 세상은 그의 용기를 감당하지 못했지만,

나는 그가 우리 역사에 길이 남을 위대한 일을 했다는 것을 알고 있다.

지금 그는 북한 억류 당시 겪었던 고문으로 인한 극심한 외상후스트레스장애PTSD로 고통받고 있다고 한다. 그가 북한에 들고 갔던 성경책이 걸레조각같이 너덜해진 것을 보면 북한 당국이 그를 어떻게 고문하고 다루었을지 짐작이 간다. 부디 이 책을 통해 로버트 박의 메시지가 우리나라 사람들에게 정확히 전달되고, 그가 치른 희생이 우리들의 노력과 수고로 마침내 결실 맺는 그날이 하루 빨리 눈앞에 펼쳐질 것을 간절히 소망한다.

이 책은 북한 해방을 갈망하는 많은 사람들의 참여와 후원으로 만들어졌다. 특히 북한인권운동에 앞장서고 있는, 로버트 박과 가까운 탈북민들은 누구보다 적극적으로 책의 출판을 응원하고 기다려왔다. 책의 수입은 이들의 사역을 위해 쓰일 것이다. 책에 기고해준 지성호, 주경배, 유관희, 김영희, 손경주, 정광혁, 주찬양, 그리고 번역을 도와준 에스더 리, 웨니스 김에게 감사의 마음을 전하고 싶다. 특히 에스더 리는 번역뿐 아니라 편집, 사람들 간의 연락과 지속적인 기도로 수고해 주었다. 또한, 책의 감수를 맡아준 안찬일 소장님, 해설과 출판을 맡아주신 김미영 대표님께도 감사드린다. 이 분들이 없었다면 이 책은 세상에 나올 수 없었다. 마지막으로 우리나라를 위해 자신의 삶을 바치고, 또 이 책의 출판을 허락해 준 로버트 박 선교사님께도 감사드리며, 어서 빨리 고문 후유증을 이겨내고 예전의 건강한 모습으로 회복되기를 기도한다.

박현아

1부

I. 로버트 박은 누구인가

"제가 왜 북한에 갔는지 아십니까? 제가 비전을 보았기 때문이에요. 제가 중국에 있었을 때, 하나님께서 제게 말씀하셨고, 제게 보여주셨습니다. 만약 사람들이 다함께 모여 대규모 시위를 할 수만 있게 된다면! 만약 사람들이 하나가 되어서 자기들의 목소리를 낼 수 있게 된다면! 에스더는 왕이 듣도록 자기의 목소리를 냈습니다. 그러니까 만약 교회가 하나 되어서, 모두가 들을 수 있도록 목소리를 내면 북한을 해방으로 이끌 연쇄적인 효과가 일어날 것입니다.

그런데 여러분 그뿐만이 아닙니다. 북한 내부에 있는 사람들이 여러분들이 그들을 위해 이 일을 했다는 것을 알게 될 것입니다! 자기들을 구하기 위해 거리로 나온 여러분들의 사진을 북한 사람들이 보게 될 것입니다! 지금 우리는 리비아 등 중동에서 일어나는 민주화 시위에 대해 북한에 풍선을 보냄으로써 이 일을 알리고 있습니다. 그리고는 말합니다. "당신들이 일어나시오"라고. 그렇지만 생각해 보십시오. 우리가 우리 인생에서 처음으로, 우리의 민족을 위해, 우리의 동포를 위해 일어나 거리에서 시위를 하면 그 힘이 얼마나 더 강력하겠습니까? 이것이 어떤 결과를 가져다줄지 여러분도 알고 있습니다. 이것은 진정한 화해를 의미합니다!

하지만 강대국들은 모든 것들을 꼬아버렸어요! 그들은 화해를 말하고 있어요. 집단학살을 저지르고 있는 바로 그 집단학살자와 유화를 말하고 있어요. 그렇지만 북한 정권은 화해에 관심이 없습니다. 북한과의 화해는 북한의 해방입니다."

2011년 9월 오산리기도원 영산수련원 PINK2011 설교 중에서 발췌.

두만강을 건넌 로버트 박

2009년 크리스마스, 로버트 박은 김정일 정권의 퇴진과 북한 정치범수용소의 즉각적인 폐쇄를 요구하며 두만강을 건너 북한에 들어갔다. 그것은 한국인들을 포함한 전세계 사람들에게 매우 충격적인 사건이었다. 그를 취조했던 북한 사람들에게는 훨씬 더 충격적이었을 것이다. 김정일 정권이 수백만 명을 굶겨죽이고, 잔인한 정치범수용소를 운영해왔다는 것은 북한에 관심 있는 사람들 뿐 아니라 일반인들도 이미 다 아는 사실이다. 한시라도 빨리 중단시켜야 할 사안임에도, 그 때까지 누구도 김정일에게 대놓고 잘못을 시정하라고 촉구하며 북한으로 걸어 들어갔던 적은 없었다.

북한에 가는 행위는 차치하고서라도 북한 정권을 직설적으로 비판하는 사람들도 실제로 별로 없다. 신문기사나 보고서를 읽어보면 대부분 북한 정권의 핵개발에 대해 초점을 두면서, 북한 정권을 비난하는 것이 아니라 체제 유지를 위해 북한이 핵개발을 포기하기 어려울 것이라는 내용과 함께 대화를 통해 북한 정권을 설득할 것을 주문한다. 기근과 정치범수용소에 대해서는 탈북자들의 증언을 토대로 상황을 기술할 뿐, 그러한 사태를 초래한 북한 정권에 대한 강도 높은 비판은 의외로 별로 보이지 않는다. 북한 정권만큼 엄청난 악을 저지르면서 그에 합당한 비난을 거의 받지 않는 대상이 또 있을까? 북한 내부에서 김일성-김정일-김정은을 비난하는 것은 상상도 할 수 없는 일이라는데, 북한 외부 세계에서조차 김씨 일가를 비난하는 것을 두려워하게 된 것 같다.

그래서였을까. 로버트 박의 행동은 많은 사람들을 충격과 혼란 속에 빠뜨렸다. 그는 이 시대를 살아가는 우리들에게 진정한 용기를 보여준 영웅이었다. 그가 썼던 글을 읽기도 전에 나는 그의 용기에 감동 받았고, 그의 용기 덕분에 나도 목소리를 내고 행동할 수 있었다. 그의 용기를 젊은이의 무모함으로 치부해버리고 그의 희생을 평가절하 하는 사람들이 있다는 것은 한참 후에 알게 되었다. 그가 아직 20대여서 사람들이 그런 오해를 했던 것일까? 아니면 아무나 할 수 없는 행동에 당황했던 것일까?

로버트 박. 그는 도대체 어떤 사람이기에 정치범수용소의 해체와 집단학살을 끝내겠다는 집념으로 북한에 갈 수 있었을까? 어떻게 사람들을 그렇게 끔찍하게 죽이는 북한땅으로 스스로 걸어 들어갈 수 있었을까? 더구나 그는 입북 직전 로이터통신을 통해 '김정일 하야'를 온 세계를 향해 주장했다.

로버트 박이 북한에 들어간 후 다시 나오기까지 43일 동안, 그리고 그후로도 한동안 세상은 이 불가해한 행동에 대해 당황하고 놀랐고, 크게 흔들렸다. 교회들은 물론이고 세상의 어떤 미디어도 이 사건을 적절하게 설명해 내지 못했다.

아마도 이 사건은 모두가 알고 있지만 모두가 침묵하고 있는 어떤 불의를 일깨워 주는 것에 대한 공동의 불편함을 제공했을 수 있다. 이 사건의 실체적 진실은 아직 커튼 뒤에 있다. 그 의미와 함께 전모가 드러나기까지 한참 시간이 더 필요한 지도 모른다.

"정치범수용소가 해방될 때까지 저는 그곳에서 나오기 원치 않습니다"

로버트 박이 북한에 가기로 마음먹은 것은 2009년 여름부터였다. 그는 오랜 기간 기도와 고심을 거듭하고, 탈북민들로부터 조언을 받아 치밀하게 계획하기 시작했다. 애초에는 브로커들의 도움을 받아 2009년 8월 아무도 모르게 북한에 들어가서 굶어 죽는 사람들에게 식량과 돈을 나누어주려 했다. 입북 일자는 2009년 8월 15일이었다.

하지만 대다수의 탈북민 친구들이 비밀리에 들어가는 것보다는 전세계 사람들이 북한에서 벌어지고 있는 처참한 인권유린 사태, 국가가 조장한 굶주림, 끔찍한 강제수용소 등에 대해 눈 뜨게 해주는 것이 더 도움이 될 것이라고 조언했다. 그는 결국 친구들의 조언을 받아들여 조용히 들어가는 대신 본인의 입북 사실을 전세계에 알리기로 결심했다.

사람들은 그가 북중 국경에서 즉시 총살당할 수도 있다고 경고했다. 당시에는 북중 국경 경비가 삼엄해져 북한을 탈출하다가 그 자리에서 총격을 당해 죽는 경우가 많았다. 하지만 그는 죽음을 각오하였고, 북한에 가기로 한 결심을 바꾸지 않았다. 고통 받고 죽어가는 북한 사람들을 구하기 위해 그는 기꺼이 희생을 치를 준비가 되어 있었다. 따지고 보면 이 무고한 희생자들의 죽음은 북한 체제가 보여준 전례 없는 야만성과 집단학살적 정책만이 원인인 것은 아니었다. 북한 정권의 집단학살을 '정치적인 문제'로만 취급해 왔던 비인간적이고도 비겁한 국제사회와, 그러한 침묵을 용인한 우리 모두가 북한 사람들을 계속 희생시켰던 것이다.

중국으로 출발하기 전 로이터 통신과의 인터뷰를 찍어둔 것은 그러한 침묵을 깨우기 위해서였다. 입북 일자는 2010년 1월 27일 아우슈비츠 해방일로 수정되었다. 하지만 그의 안전을 걱정하는 사람들이 입북을 막으려고 했기 때문에, 그는 시기를 앞당겨 2009년 크리스마스에 북한에 들어갔다.

북한에 가겠다는 결심은 비단 북한 사람들만을 위한 것은 아니었다. 로버트 박의 부친은 종종 그에게 한국이 분단되지만 않았다면, 가족들이 미국으로 이민 오지 않고 지금까지 북한에서 살았을 것이라고 말했다고 한다. 북한에 가기 전 로버트 박이 그의 부친에게 가장 원하는 소원이 무엇이냐고 물었을 때, 그의 부친은 "고향에 가보는 것"이라고 대답했다.

국경을 넘어 북한에 들어가면서 로버트 박은 주변 마을 사람들이 모두 들을 수 있을 정도로 아주 큰 소리로 "남한 사람들과 미국 사람들은 당신들을 사랑합니다!", "예수님은 당신을 사랑합니다!"라고 외쳤고, 그의 조모가 생전에 가장 좋아했던 찬송가 〈예수 사랑하심은〉도 불렀다고 한다.

로버트 박은 선교사로서 모든 사람을 향한 예수 그리스도의 사랑을 자기 희생적 방식으로 북한 사람들에게 전했지만, 그것은 북한 바깥에 모든 사람들을 위한 결정이었는지도 모른다. 어떤 경우에는 신앙에, 또 어떤 경우에는 양심에 심각한 울림을 들을 수밖에 없도록 말이다.

아래는 그가 북한에 들어간 후 발표된 2009년 12월 23일 로이터통신과의 인터뷰 전문이다.[1]

1
http://
blogs.reuters.com/
global/2009/12/30/
interview-with-
north-korea-
border-crosser-
robert-park/

로이터: 왜 북한에 들어가려고 합니까?

로버트박: 북한인권 문제는 살인율로 따져볼 때 전세계에서 최악입니다. 굶주림 때문에 매일 천여 명씩 죽어가고 있는데, 이것은 살인행위입니다. 북한은 다른 어떤 나라보다도 식량 원조

를 많이 받았지만, 북한 정권은 그 식량을 필요로 하는 사람들에게 나눠주지 않았어요. 따라서 이것은 살인입니다.

그뿐 아니라, 북한에는 나치독일의 잔인성에 맞먹는 정치범 수용소가 있습니다.

책임 있는 정부들은 이 문제에 대해 완전히 침묵하고 있어요. 미국, 중국, 러시아, 일본, 남한 정부는 북한인권 문제에 대해 목소리를 내야할 큰 책임을 지고 있습니다. 왜냐하면 이 외국 정부들은 한반도 분단에 일정 역할을 했고, 분단이 논의될 때 한국 사람의 의견은 묻지도 않았기 때문입니다. 그럼에도 불구하고, 이 국가들은 북한 사람들의 생명에는 관심도 없습니다. 이것은 범죄입니다. 아주 큰 범죄예요.

북한에서 벌어지고 있는 것은 제노사이드입니다. 핵무기로 인해 무슨 일이 벌어질지 두려워하는 마음은 충분히 이해합니다. 하지만 정치범수용소를 운영하고, 이떠한 제제도 없이 사람, 여성, 아이들을 마구 죽이는 국가는 결코 신뢰할 수 있는 상대가 아닙니다.

우리는 이 위기 사태를 해결하는 방법이 그저 북한 정권에 대해 이것이 바뀌어야 한다는 것을 솔직하게 이야기하는 것이라고 믿습니다.

우리는 사람들을 미워하지 않습니다. 저는 기독교인입니다. 하지만, 북한 정권이 정당한 정부가 아니라는 것은 말해야겠습니다.

우리는 북한 정권이 정당한 정부인 것처럼 상대할 수 없습니다. 우리는 북한을 해방시켜야 합니다. 우리는 한국의 통일에 대한 비전을 가져야 합니다. 그리고 당장 통일을 이루어야 합니다. 북한사람들이 날마다 천 명씩 죽어가고 있기 때문입니다.

로이터: 북한에 들어감으로써 이런 현실을 어떻게 바꾸겠다는 것인가요? 앞으로 닥칠 위험에 대해서도 잘 알고 가는 것이지요?

로버트박: 저의 요구는, 저는 풀려나기 원치 않는다는 것입니다. 저는 오바마 대통령이 와서 돈을 지불하고 저를 데려가기를 원치 않습니다. 대신 북한 사람들이 풀려나기 원합니다. 정치범수용소가 해방될 때까지 저는 그곳에서 나오기 원치 않습니다. 제가 그들과 함께 죽어야 한다면, 저는 죽을 것입니다. 저는 기독교인이고, 성경에서는 우리가 잃어버린 자들을 사랑해야 한다고 말하고 있어요. 우리는 가난하고 어려운 사람들을 사랑해야 해요. 우리는 그 사람들을 우리 자신보다 더 사랑해야 합니다.

우리는 기독교인으로서 이런 무고한 사람들과 아이들을 위해 십자가를 져야 합니다. '십자가'란 다른 사람들을 구하기 위해 우리 삶을 희생하는 것입니다.

저는 북한 사람들의 생명을 구하기 위해 북한에 들어갑니다. 만약 김정일이 저를 죽인다면, 어떤 면에서 저는 잘된 일이라고 생각합니다. 만약 그렇게 되면, 각국 정부들이 무엇인가를 말하기 더 수월할 것이고, 더 부끄러워할 것이고, 어떤 성명서라도 만들기 위해 더 압박을 느낄 것이기 때문입니다.

북한 문제는 심각합니다. 그리고 미국 정부가 이 문제를 제기하지 않는 것은 북한 사람들에게 범죄를 저지르는 것입니다. 얼마 전 오바마 대통령이 노벨평화상을 수상했습니다. 저는 오바마 대통령과 미국 정부를 사랑하지만, 지금 미국은 심각한 범죄를 저지르고 있어요.

언론을 통해서, 그리고 희생을 통해서 우리는 전세계 지도자들이 이 문제를 다룰 수밖에 없게 되기를 기대합니다. 여기에는 변명의 여지가 없어요.

또 한가지, 교회가 회개하기 원합니다. 남한의 교회는 회개해야 해요. 사실 우리에게 허비할 시간이 없어요. 남한 사람 개개인의 최우선순위가 북한의 홀로코스트에 종지부를 찍는 것이 되어야 합니다.

저는 원래 다음 달에 북한에 가려고 했지만 제가 다음 달에 가는 데 문제가 생겼어요. 그래서 지금 갑니다. 왜냐하면 어떤 사람들이 제가 북한에 가려고 하는 것을 알고 못 가게 막으려고 하기 때문이에요.

크리스마스날을 잡았습니다. 가장 추운 시기입니다. 저에게 있어서는 북한에 가기에 육체적으로 가장 힘든 시기이고, 또한 상징적인 날이기도 합니다. 전세계적으로는 가장 잘 알려진 날입니다. 대부분의 사람들에게 가장 행복한 날입니다. 하지만 북한 사람들에게는 지옥과 같습니다.

저는 북한 사람들의 고통을 함께 해야 합니다. 그것이 제가 북한을 생각하는 모든 사람들에게 함께 일어나서 보여주자고 말하는 이유입니다. 대규모 시위를 해내자구요. 이것은 개인적인 의제가 아니에요.

아무래도 저는 오래 살지 못할 것 같습니다. 제 개인적인 바람은 결혼하고 미래를 갖는 것이지만, 예수님 때문에, 그리고 하나님께서 북한 사람들을 사랑하시기 때문에, 그래서 하나님께서는 이 사람들이 죽는 것을 원치 않으시기 때문에 제 모든 개인적인 소망들은 내려놓았습니다.

로이터: 당신은 미국 정부를 포함한 각국 정부들이 당신을 지원

할 것이라고 생각합니까? 무슨 일이 일어날지 충분히 잘 알면서 결정한 당신의 선택이 그들의 지원을 불러올 것으로 생각합니까?

로버트박: 저는 김정일과 북한 정권이 제가 그들을 사랑한다는 것을 알기 원합니다. 저는 이 모든 사람들을 사랑합니다. 제가 북한에 들어가는 이유는 잔인하게 죽어가는 사람들과 아이들을 위해서 그곳이 변해야 하기 때문입니다.

이러한 집단학살이 지속되는 이상 저에게는 선택의 여지가 없어요. 저는 김정일이 너무나 안타깝습니다. 북한 사람들은 어릴 때부터 세뇌당해서 진실이 무엇인지 모릅니다.

7월 27일, 저는 비전을 보았습니다. 거대한 시위가 시작되는 비전이었어요. 저는 공식적으로 인권운동에 참여해 온 사람이 아닙니다. 저는 계속 기도해 온 사람으로, 그간 탈북민들을 한 명 한명씩 돕는 일을 함께 해왔습니다. 제가 보았던 환상은 북한 사람들을 위한 대규모 시위가 있어야 한다는 하나님의 메시지였습니다. 그러면 북한 사람들이 해방된다는 것이었어요. 전 세계에서 그들의 참혹한 고통과 손실에 대한 배상 움직임이 일어날 것입니다. 통일에 대한 요구가 있을 것입니다. 그리고 북한과 남한 사람들 간에 화해가 있을 것입니다.

제가 북한에 들어가는 선택은 저 혼자 한 결정입니다. 왜냐하면 지금은 모든 것이 너무 느리기 때문이에요. 지금까지 북한인권을 위해 대규모 시위가 단 한 번도 없었어요. 대규모 시위를 해야 합니다.

작년에 남한에서는 고작 우리가 먹는 쇠고기 때문에 수십만 명이 시위를 했습니다. 아무것도 아니었어요. 우리 세대가 우리가 먹는 쇠고기 때문에는 대규모 시위를 할 수 있으면서 우리

혈족이 매일 이유도 없이 천 명씩 죽어 가는데 대해서는 대규모 시위를 할 수 없다는 것을 놓고 뭐라고 말할 수 있습니까?

남한에 있는 한 가지 문제는 북한인권 단체 간에 경쟁이 치열하다는 것입니다. 사람들은 '내가 리더가 되고 싶다'고 말합니다. 터무니없는 것입니다. 그런 식으로 1등을 하려는 정치적인 싸움만 하면, 대규모 시위는 결코 일어날 수 없어요. 사람들이 북한인권 문제를 자신들의 이득 획득을 위한 수단으로 취급하면 대규모 시위는 절대로 일어날 수 없어요. 모든 북한인권 단체가 그렇다고 말하는 것은 아닙니다.

제가 북한에 감으로써, 저의 희생을 통해 교회와 북한인권 사역을 하는 사람들이 깊이 회개하게 되기를 소망합니다. 그래서 더 이상 언쟁과 경쟁이 사라지게 되기를 원합니다.

로이터: 당신을 구금함으로써 김정일을 도와주게 될 가능성은 어떻게 보십니까? 북한 정권은 사람들을 이용해 왔습니다. 예를 들어 북한 영토에 들어온 미국 기자들을 협상카드로 이용했었지요. 당신이 북한에 가는 행위가 오히려 당신이 제거하고 싶어 하는 북한 지도자들을 돕게 될 가능성은 없다고 보십니까?

로버트박: 이 문제에 대해서는 알고 있습니다. 그래서 오랫동안 망설여왔어요. 언론 기자들에게 일어난 일을 보고한 탈북민 친구에게 물었는데 그 친구는 이 사건이 북한의 해방을 위해 일어난 가장 좋은 사건 중의 하나라고 말했습니다. 이 말은 기자들이 풀려난 직후에 들은 것입니다. 그런데 이제는 그 기자들이 인권 위기에 대해서는 목소리를 내지 않아 상황이 더 나빠졌습니다. 그 기자들의 몸값으로 거금이 지불되었고, 이들은 집에 돌아와서는 책을 썼습니다.

궁극적으로, 북한 사람들이 이렇게 죽어가도록 내버려두는 것이 저에게는 더 큰 고통입니다. 그 기자들과 저의 차이점은 그들은 자신들의 의지에 반해 납치되었다는 것입니다. 저는 저를 죽이든지 갖든지 알아서 하라는 것입니다. 저는 각국 정부들에게 요구합니다. 제 몸값을 지불하려고 하지 말고 북한의 인권 문제를 다루어 주십시오.

로버트 박은 자신이 죽을 수도 있다는 것을 알고 있었다. 그때까지 북한 정권을 공개적으로 비난하며 자진해서 북한으로 걸어 들어갔던 사람은 아무도 없었다. 그가 북한에 발을 디뎠던 2009년 12월 25일과 북한에 억류되었던 기간 동안 무슨 일이 있었는지에 대해서는 아직까지 알려진 바가 없다. 무성한 추측이 난무하지만 그가 북한 정권의 손아귀에서 끔찍한 고문을 당했고, 엄청난 고통을 받았다는 것은 확실하다. 그가 북한에 들고 갔던 성경책은 헤지고, 찢어지고, 걸레조각 같이 너덜너덜해졌다. 그를 전부터 알고 지냈던 사람들은 그가 북한에 다녀온 후 매우 심각한 외상후스트레스장애^PTSD를 겪고 있으며, 심한 충격을 받아 완전히 다른 사람이 되었다고 말한다.

2010년 2월 6일, 로버트 박은 북한 당국에 억류된 지 43일 만에 풀려났다. 그의 석방에서 특이하고 놀라운 점은 북한 정권이 그를 협상카드로 활용하거나 금전적으로 이용하지 못했다는 점이다. 그를 빼오기 위한 미국 특사의 파견도 없었다. YTN은 그의 석방 사실을 보도하면서 그 이전 해에 무단 입북 혐의로 억류되었던 미국 여기자 2명의 사례와 비교하였다. 그들은 140일 동안 억류되었다가 12년 노동교화형을 선고받은 뒤 클린턴 전 대통령의 방북을 계기로 풀려났다. 그에 반해 로버트 박은 형사 기소와 재판 과정 없이 한 달여 만에 석방되었다. 이 때문에 한편에서 북미간 이면 합의가 있는 것이 아니냐는 추정이 나왔지만, 이와 관련하여 필립 크롤리 미 국무부 차관보는 로버트 박의 석방과정에서 북한과의 어떤 거래도 없었다고 못박았다.

또 한 가지 주목할만한 사실은, 로버트 박으로 인해 다친 탈북민이 한 명도 없다는 것이다. 뒤에서 다시 살펴보겠지만 2009년 그의 활동 본거지는 중국이었고 수많은 탈북민들과 연계되어 있었지만, 북한 정권은 이에 대해 어떠한 정보도 알아내지 못했다.

분명 로버트 박은 억류 당시 경험으로 평생을 짊어지고 가야할 큰 상처를 입고, 개인적으로 막대한 손실을 입었다. 하지만, 북한 정권이 받은 타격두 만만치 않다. 정치범수용소 폐쇄와 김정일의 퇴진 요구라는 로버트 박의 강도 높은 비판은 북한 정권의 위상을 실추시켰고, 그가 보여준 용기, 선(善), 죽음을 각오한 사랑은 북한 내부 사람들을 어리둥절하고 당황스럽게 만들었다. 그의 행위는 북한 내부에 커다란 충격을 가져다주었고, 그는 그 안에서 분명한 승리를 거두었다. 그를 통해 하나님의 사랑이 북한 내부에 불길처럼 퍼져나간 것이다.

북한에서 돌아온 후에도 북한 해방을 위한 그의 전투는 계속되었다. 북한 정권이 온갖 방법을 동원하여 그를 파괴하고 그의 입을 다물게 하려고 했다는 점에서 이 또한 굉장히 놀라운 일이다. 그는 중증 외상후스트레스장애[PTSD]를 비롯한 모든 역경과 고통에도 불구하고 각종 인터뷰와 설교, 기고활동을 통해 북한 정권의 행위를 제노사이드로 규명하고, 국제사회에 북한의 사태가 제노사이드라는 인식을 확산시키는데 크게 기여하였다. 지금도 그는 성치 않은 몸으로 북한 주민들의 생명, 인권, 그리고 자유를 위해 온 힘을 다해 계속 싸우고 있다.

〔로버트 박이 북한에 갈 때 가져갔던 성경〕

같은 병을 앓는 자들의 시선

로버트 박 선교사의 소망 강철환

성탄절인 12월 25일 로버트 박(한국명 박동훈. 28) 선교사가 북한에 들어갔다는 소식을 듣고 참 대단한 청년이라 생각했다.

지난 가을 그를 처음 만났을 때 뿜어져 나오던 강렬한 인상은 지금도 지울 수 없다. 그의 기도는 오로지 북한을 향해 있었고, 고통 받는 북한 동포들을 한 순간도 잊지 못하는 사람 같았다.

그가 북한문제에 관심을 가지게 된 것은 히틀러의 아우슈비츠와 같은 정치범수용소가 북한에 존재한다는 사실을 알면서부터다. 그는 탈북자들과 인권운동가들을 만난 자리에서 "2차 세계대전 이후 인류는 두 번 다시 히틀러의 만행과 같은 수용소를 용납하지 않기로 약속했다"며 "그런데 왜, 북한의 수용소를 용납하고 있냐?"며 흥분했다. 특히 그는 한국사회, 특히 한국교회가 북한문제에 침묵하고 있는 것에 더 화가 난 듯 했다.

그토록 우리 형제들이 처참하게 죽어가고 있는데 미국산 쇠고기를 안 먹겠다고 수십만이 광화문 광장에 나오면서도 수용소에서 쥐고기도 못 먹어 죽어가는 북한 동포들을 위해서는 누

강철환 북한전략센터 대표. 북한 요덕 정치범수용소에서 9년간 복역했고, 세계적인 베스트셀러가 된 「평양의 어항」의 주인공이기도 하다. 이글은 2009년 12월 30일 로버트 박이 입북했다는 사실이 보도된 직후 발표된 글이다.

구도 나서는 사람이 없는 한국사회는 너무나 이해할 수 없다고 말했다.

북한 인권을 촉구하기 위해 광화문 일대에서 주말마다 집회를 할 때면 어김없이 로버트 박 선교사의 피를 토하는 기도가 있었다. 그는 정말 이 순간 북한에서 죽어가는 동족을 생각하면 우리가 이렇게 사치스럽게 사는 것을 부끄럽게 생각해야 한다며 진정한 기독교인이라면 김정일 치하에서 죽어가는 북한 동포들을 구하는데 목숨 걸어야 한다고 소리를 높이기도 했다.

그의 몸은 항상 말라있었는데 북한 동포들을 위해 금식기도를 자주 했기 때문이다.

"수용소에서 죽어가는 사람들을 생각하면 밥이 넘어오지 않는다"고 말할 때 나 자신이 부끄러워지는 것을 느끼기도 했다.

이미 북한을 떠난 지 17년이라는 세월이 지났으니 과거 배고프고 힘들었던 추억은 사라지고 어느덧 풍요로운 자유 세상에 적응돼 북한 사람들의 고통을 잊고 있는 것이 아닌가 하는 자책감을 들게 만들었다. 로버트 박을 보면서 참 많이 부끄러웠고 더 열심히 북한 동포들을 위해 노력해야 겠다는 생각을 하게 됐다.

하루는 로버트 박이 나를 찾아와서 "북한에 직접 들어가고 싶다"고 말을 하기에 나는 "그러지 말라"고 말했다. 왜냐하면 그의 평소 모습을 보면 북한에 들어가서 '순교'할 수 있다는 생각이 들었기 때문이다.

너무나 무모한 결정같지만 나는 로버트 박 선교사의 그런 정신이면 북한에 들어갈 수 있다는 판단이 들었다. 그는 고통 받는 사람들의 편에 섰던 예수 그리스도의 정신을 온몸으로 실천하는 젊은 성직자이고 김정일 독재 정권하에서 고통 받는 북한 동포들을 구하기 위해 자신의 생명을 던질 각오가 돼 있는 사람이기 때문이다.

지금 북한 보위부는 참 이해할 수 없는 사람 때문에 어리둥절할 가능성이 매우 높다. 지옥을 빠져나오기 위해 몸부림치는 사람은 있어도 그 길을 스스로 택하는 사람은 거의 없기 때문이다. 공포가 몸에 배어있는 북한 사람들에게서 대놓고 김정일을 비판하는 사람은 존재할 수 없는 것으로 인식돼 있기도 하다.

로버트 박은 보위부 안에서도 자신의 신념을 끝까지 지키면서 김정일의 회개를 촉구할 것이다. 모진 고문도 가해질 가능성이 높고, 악질 기독교인으로 낙인돼 처벌 받을 가능성도 배제할 수 없다.

로버트 박의 용기가 북한 주민들에게 알려질 경우 상당한 파장이 예상된다. 우선 독재를 반대해 목숨을 걸 수 있다는 용기를 보여주는 것이다. 김정일 정권은 두렵고 숭배의 대상이 아니라 한 개인에게도 비판받을 수 있다는 상징적 의미를 줄 수 있어 북한 당국은 이 사건을 최대한 조용하게 처리하려고 할 수 있다.

그의 용기는 북한 인민들에게 강렬하게 다가올 가능성이 아주 높다.

로버트 박의 소망은 바로 한국 국민들이 북한을 잊어서는 절대로 안된다는 경고를 하고 싶은 것이고, 아무리 지독한 독재라도 그 쇠사슬은 결국 북한 인민들 손으로 끊을 수밖에 없다는 메시지를 남북한 모두에게 던지고 싶었던 것 같다.

행동하는 양심을 보았다 지성호

로버트 박은 북한 주민에 대한 사랑과 그들의 자유를 위해 죽음을 각오한 행동으로 청년의 양심을 보여준 이 시대의 귀감이다. 그의 용기는 수많은 사람들에게 충격을 주었고, 특히 청년들에게 부끄러움을 감출 수 없게 하였다. 로버트 박에게 도전을 받아 "북한 땅에 자유의 봄"이라는 구호 아래 생명을 살리려 홀연히 일어난 것이 나우NAUH 청년들이다.

생명은 누구에게나 소중하다. 그 생명과 자유를 찾아 2만여 명의 탈북자들이 생사를 걸고 대한민국으로 왔다. 지금 이 순간에도 중국에는 숨죽인 채 숨어있는 수십만 명의 탈북자들이 있고, 또 다른 누군가는 공포와 두려움 속에서 국경을 넘고 있다. 고통 속에서 살아온 나날들. 죄여오는 공포를 겪으면서 탈북했지만 남한에 와서는 사회정착과 삶의 울타리 속에서 앞만 보며 살기에 급급했던 것이 당시 나의 모습이었다.

그런 나에게 그의 행동은 커다란 충격이었고, 북한에 두고 온 이웃과 친구들, 그리고 그들을 잊고 살아온 세월을 상기시켜 주었다. 함께 살던 친구가 북한에 들어가 고문을 당하고 있는데 할 수 있는 것이 아무 것도 없는 내가 안타까웠고, 한 알의 밀알이 떨어져 열매를 맺는 그날을 위해 나는 일어났고, 오늘도 행동한다.

"북한 땅에 자유"를 외치며 두만강을 넘어 북한으로 들어갔

지성호(1982년생)는 함경북도 회령시 탄광 출신으로 2006년 장애인의 몸으로 국경을 넘어 입국했으며, 현재 북한인권단체 NAUH 대표로 활동하고 있다. 그의 삶과 활동은 이제 만나러 갑니다(채널A), BBC Panorama 등 국내외언론에도 소개되었다.

던 로버트 박. 그는 나의 룸메이트였다. 로버트 박을 처음 만난 것은 2008년 봄 어느 날이었다. 대학 입학을 준비하던 당시 영어공부를 하기 위해 서울의 여기저기를 돌아다니던 나는 서초구의 한 탈북청소년 영어공부방에서 그를 알게 되었다. 자원봉사자 선생님으로 만난 그는 "탈북자를 처음 만난다"고 하면서 신기해했다. 미국에서 태어나 한국어는 서툴렀지만, 궁금한 것은 정말 많아 보였다. 북한에서 얻은 장애로 다리를 저는 나에게는 더욱 특별한 관심이 있는 듯했다. 별로 이야기하고 싶지 않은 과거. 당시만 하여도 떠올리기도 싫고 누가 묻는 것조차 부담스러웠던 것이 사실이었다. 그냥 모르는 척 해주는 것이 나를 도와주는 것이라 생각하였다. 그는 다른 친구들을 통해 북한의 실상에 대해 조금씩 알아가고 있었다.

어느 날 그는 나에게 스승과 제자 사이가 아닌, 친구로 지내자고 제안해 왔다. 자기는 특별한 사람이 아니며 우리가 다른 것은 하나도 없고, 똑같이 지음 받은 형제요, 행복하게 자란 자기들이 미안하다고 하였다. 그의 진실하고 선한 얼굴이 닫혀 있던 나의 마음을 열었던 것일까. 나도 그와 친구가 되고 싶었다. 당시 가족 중에 중국에서 찾지 못한 여동생이 있었다. 여기저기 알아보고 다니던 중, 동생이 중국에서 체포되어 북한으로 송환되었다는 이야기를 듣게 되었다(후에 북송은 사실이 아닌 것으로 확인되었다).

딱히 슬픔을 나눌 사람도 없던 나는 그를 만나 눈물로 이야기하였다. 세상이 왜 이렇게 불공평한지 모르겠다. 왜 북한 사람들만 고통 속에서 살고 있는지도 모르겠고, 당신이 믿는 하나님이 있다면 왜 사람들이 죽어가는 것을 구해주지 않는 것인가. 당신이 내 입장이라면 어떡하면 좋겠는가. 그날 그와 나는 서초의 한 교회에서 밤늦게까지 함께 기도했다. 어떤 상황에 있을지라도 여동생을 꼭 다시 만날 수 있도록 해달라고 기도하고 또 기도했다.

마음이 조금이나마 열렸던 것이었을까. 기도를 마치고 자연스럽게 서로가 살아 온 배경에 대해 이야기했다. 할머니가 굶어서 돌아가신 일이며 아버지가 탈북과정에서 보위부에 체포되어 돌아가신 사연, 그리고 장애인이 될 수밖에 없었던 나의 삶과 꽃제비로 살아가지 않으면 안 되었던 북한의 실상에 대해 나누었다. 가슴 속에 꽁꽁 묻어두었던 아픔을 모두 털어 놓았던 것이다. 그는 엄청난 충격을 받고 있었다. 그는 행복하게 자라온 자신의 삶과 어릴 때 사치에 빠져 있던 본인의 모습을 이야기하며 우리는 범죄하고 있다고 하였다. 한반도의 문제에 책임이 있는 미국과 국제사회가 북한 사람들을 외면하고 있는 것을 안타까워했다.

어느덧 그와 함께하던 시간이 흘러 3개월이 지났다. 비자 만료로 로버트 박은 미국으로 돌아가야 했다. 처음으로 마음을 열고 아픔을 나눈 친구와 헤어지는 것이 못내 아쉬워 식사자리를 마련했다. 로버트 박은 다시 돌아와 북한인권 개선을 위해 일하겠다고 했다. 친한 친구의 이야기지만 진짜 돌아올 것으로 믿고 싶지는 않았다. 미안해서 하는 이야기일 것이라고 생각했다. 풍요롭게 살 수 있는 그가 다시 돌아올 것이라고는 믿어지지 않았고. 부모님의 동의도 관건이라고 생각했다.

한 달을 손꼽아 기다렸지만 그는 돌아오지 않았다. 시간이 흘러 2개월이 지날 쯤 한국에 입국한 그가 나에게 전화를 걸어왔다. 약속을 지켜준 그가 너무 고마웠다. 친구의 인연 뿐 아니라 북한 사람들을 사랑하는 그의 진심이 고마웠다. 그는 탈북자들을 찾아 교회와 집집마다 찾아다니면서 이야기를 들었다. 사연은 다양했다. 강제북송을 당해 감옥에서 고생한 사람의 이야기며, 가족을 잃은 슬픔과 두고 온 자녀가 보고 싶어 눈물 흘리는 어머니의 모습도 보았다.

처음부터 그랬지만 그는 자기 소유의 것이 따로 없었다. 가진 것을 모두 탈북자들에게 주고 오곤 하였다. 심지어 지하철 탈 요금도 없이 다녔다. 차가 끊기면 지하철역에서 그냥 자곤 하였다. 그의 진심이 느껴져서인지 마음의 문을 굳게 잠그고 살던 탈북자들이 자신의 공간을 열기 시작했다. 누구나 그를 사랑하고 감사하게 생각했다. 아들처럼, 형님처럼, 사랑하는 동생처럼 사람들이 따랐다. 심지어 북한 음식을 만들어 대접하기도 하였다. 아마도 그의 따뜻함에서 북한에 두고 온 가족이 살아 돌아온 것 같은 안도의 감정을 느낀 것이 아니었나 싶다.

로버트 박에게는 서울에 친척집이 있는 것으로 안다. 많은 사람들이 그가 살 공간을 마련해 주기도 하였다. 하지만 그 돈이면 탈북자들을 통해 북한에 송금할 수 있다며, 북한의 일반 주민들이 먹고 살 수 있도록 해야 한다는 것이 그의 일관된 생각이었다. 그는 탈북형제의 집에서 자는 것을 행복해했다. 그는 탈북자들을 사랑했고, 그들을 위해 기도하고 북한 땅의 해방을 위해 기도했다. 일반 사람들은 그를 이해할 수가 없었다. 그의 마음은 지극히 낮은 자리에 있었다. 그를 보면서 하나님을 믿게 된 사람들이 여러 명 되는 것으로 알고 있다.

그해 나는 서울의 한 대학교에 합격하였다. 로버트 박은 나에게 축하카드를 써주었다. 자기가 사용하던 노트북도 선물로 주겠다고 하였다. 당시 필요는 했지만, 너무도 순진한 사람한테서 그것을 받는다는 것이 마음에 내키지 않았다. 그가 일하는데 있어 없어서는 안 될 물건인 것도 잘 알고 있었기 때문이다. 그는 끝내 집에 와 두고 갔다. 나는 그에게 집에 혼자 있으니 들어와서 함께 살면서 사역하는 것에 대해 제안하였다. 바랐던 듯이 그는 너무 기뻐하였다. 삶에서 소유하는 것이 없던 그에게 짐은 따로 없었다.

태어나고 살아온 환경이 너무도 달라서였는지 함께 생활하는 과정에서 그와 나는 모두 충격을 받았다. 그가 받은 충격은 보조기구를 풀은 나의 모습, 자연의 모습이었다. 그는 나를 부둥켜안고 눈물로 기도해주었다. 친구를 지켜주고 만날 수 있게 해준, 그리고 북한의 고통을 보게 해준 하나님께 드리는 감사의 기도였다. 내가 받은 충격도 만만치 않았다. 이전에는 고기도 사주고 생선도 사주던 친구가 그것을 먹지 않는 것이었다. 솔직히 함께 사는 나도 눈치 보여서 먹기가 미안했다. 로버트 박에게 도대체 어떻게 된 것이냐고 물었다. 그는 북한에서 성장하면서 생선을 한 번도 먹어보지 못한 탈북청년의 이야기를 듣게 되었다고 했다. 그 청년은 한국에 온 이후에도 생선은 생전 먹어 보지 못한 음식이라 먹을 줄 모른다고 했다고 한다. 로버트 박은 "나는 북한에 들어가 그들과 함께 먹고 싶다. 그들의 고통을 끝내기 위해 하루 빨리 북한 해방을 이루고 싶다."고도 말했다.

그는 금식하는 날이 너무도 많았다. 낮에는 북한인권 캠페인을 하고, 집에 들어와서는 먹지 않는 것이었다. 사람이 뭐든 먹어야 살 것 아닌가. 강제로라도 먹이려고 노력하였다. 심지어는 죽을 쑤어 입에까지 갖다 넣어줘도 먹지 않았다. 이러다 큰일 날 것 같아서 로버트 박과 함께 일하는 친구와 상의도 해보고 이런저런 방법을 모색해 보았지만 그는 요지부동이었다. 큰 키는 허리가 휘어져 갔고, 어느새 그는 북한에서 보았던 영양실조 상태의 사람이 되어버렸다. 너무도 겁이 나고 무서웠다. 그는 항상 아파할 줄 모르는 교회를 안타까워했다. 불과 몇 시간 거리에 있는 동포들이 인권의 사각지대에서 죽어가고 있는

〔나우는 2010년 4월 출범 직후부터 북한인권의 실상을 한국사회에 알리고 인권개선을 촉구하기 위해 토요일마다 강남역, 대학로, 서울역 등지에서 전단을 나눠주고 피켓 시위를 진행해왔다.〕

〔2011.12.19 주뉴욕 북한대표부 앞 시위〕

데 그들을 돌아볼 여유도 갖지 않는, 아니 기도도 하지 않는 그리스도인들을 보면서 골방에서 통곡하며 울고 또 울었다.

그는 외국출장도 다녔는데 주로 중국으로 다녔다. 돈을 모아 중국에 있는 탈북자들을 도와주고 오곤 했다. 그 안에서의 사역은 비밀적인 부분, 생명이 달려 있는 일임을 너무나 잘 알기에 당시 나는 그가 무슨 일을 하는지 구체적으로 알려고 노력하지 않았다. 다만, 급하게 한국행을 원하는 여성이나 어린이들을 살리려는 로버트 박의 진심을 알고 있던 분들이 그들에게 도움을 주기 위해 얼마나 애썼는지는 지금도 기억한다. 경기도 광명시의 한 교회 사모님은 목사님이 사용하시는 자가용까지 팔아서 생명을 구하는 일에 동참하셨고, 대출을 받아 가면서까지 도왔다.

그는 북한 해방을 위해 탈북형제들이 앞장서야 한다고 했다. 그리고 내가 그 무게를 감당하기를 바랐다. 하지만 나는 현실의 벽 앞에서 너무나 두려웠고, 굳이 내가 아니어도 할 사람들이 있을 것이라고 생각했다. 대학을 졸업하고 일반청년들과 다름없이 좋은 일자리를 구하고 안정적으로 사는 삶을 바랐는지도 모른다. 부각되는 것도 두려웠고, 장애인이라고 밝히는 것과 탈북자라고 이야기하는 것도 두려웠다. 주변의 시선과 현실이 두려웠다.

그러던 어느 날 로버트 박이 신중한 얼굴로 나에게 이야기를 건넸다. 북한 주민의 자유를 위해 김정일에게 쓴 편지를 갖고 두만강을 건너 북으로 들어가겠다는 것이었다. 더욱이 놀라웠던 것은 죽으면 죽으리라 순교할 마음의 확신까지 갖고 있는 것이었다. 하루 빨리 북한 땅이 해방되고 생명이 살아나야 하는데, 국제사회와 한국교회는 너무도 안일하다. 마치 그곳에는 생명이 없는 것처럼, 돌아보기도 무서운 존재로 생각하고 있다. 심지어 그는 침묵이 범죄라고까지 이야기했다.

나는 한사코 말렸다. 수십만이 중국으로 탈북하고 한국으로 넘어오는 이유가 무엇인가, 자유와 생명을 찾기 위해서가 아닌가. 북한이 얼마나 잔인한 곳인지 나는 너무도 잘 안다. 죽을 것을 알면서 가는 것은 용인할 수 없다. 살아야 북한 해방도 할 것 아닌가. 몇 시간을 설득했다. 집에 부모님도, 형제도 있는데 가족들의 고통은 무엇으로 감당하겠는가.

그러나 설득의 실마리는 보이지 않았다. 나는 너무나 힘들었다. 더는 사랑하는 사람들을 북한 땅에서 잃고 싶지 않았다. 아니, 제일 사랑하는 친구마저 잃는다면 내가 살아갈 의미가 없다고까지 생각했다. 나는 다시 제안했다. 북한 해방은 나도 하루 빨리 원하는 일이며 더는 나와 같은 장애인들이 생기지 않는 세상을 원한다. 함께 들어가자. 순교해도 함께 가서 하자고 눈물로 호소했다. 다음날 집을 나가 그는 돌아오지 않았다. 전화기도 꺼져 있었다. 로버트 박과 함께 일한 친구들을 찾아다니며 수소문했지만 그가 어디로 갔는지 알 길이 없었다.

며칠 뒤 나는 TV에서 그의 얼굴을 보게 되었다. 2009년 크리스마스에 그는 북한 해방을 외치며 두만강을 건넜다. 군인들에게 체포되어 고문을 당하고 있다는 내용이 뉴스 속보로 나왔다. 그날의 충격은 나의 일생에서 영원히 잊혀지지 않을 기억으로 남아있다. 집에 남겨진 로버트 박의 미국시민증과 사진 속 그의 모습, 그가 입고 다니던 옷 몇 벌, 소박했던 그의 삶을 돌아보면서 친구가 다 못 이룬 북한 해방을 내가 이루리라는 각오를 갖게 되었다. 이 땅에서 통일을 이루고 북한 해방을 이루는 것은 이제 청년들의 역할이다. 우리 청년들이 그 사명을 이루었을 때, 통일의 날 북한의 형제들에게 부끄럽지 않은 모습으로 그들 앞에 설 수 있을 것이다.

동시대를 살아가는 청년으로서 말이 아닌 행동으로 보여준 로버트 박의 삶은 하늘에 상급으로 채워질 것이다. 그는 한 가정의 사랑하는 아들이었고, 동생이었다. 그는 지금 몸이 너무 안 좋다. 너무 많이 아파한다. 그런 상황에도 그는 자기가 선 자리에서 할 수 있는 것을 지속하고 있다. 북한 해방을 위한 행동을 멈추지 않고 있다. 북한 해방을 위한 대규모 집회가 일어나도록 지금도 기도하고 있다.

참된 사랑, 참된 권리, 참된 자유를 전하다 주경배

제가 로버트 박 선교사를 처음 만난 것은 모 교회의 탈북자를 위한 프로그램인 '새생활체험학교'에서였습니다. 당시 그분도 선교사로 파송되어 와서 머리를 빡빡 밀고 함께 참여하였습니다. 한인 청년이 분명한데 미국에서 왔으며 머리도 밀고 한국 말도 잘 못하는데다가 선교사라는 이름이어서 참 이상해 보였습니다. 어려서부터 북한에서 배운 그대로 인용하면 그는 '선교사의 탈을 쓴 교활한 미제 승냥이였고 철천지 원수 미 제국주의의 침략의 길잡이'였습니다.

그러나 시간이 지날수록 그는 순진하고 친절하고 사랑이 많은 청년이라는 것을 알게 되었고 친근감이 날로 더해졌습니다. 나를 만난 첫날밤, 로버트 박 선교사는 나의 헤어진 가족을 위해 두 손을 부여잡고 뜨겁게 기도하였습니다. 그리고는 나가서 밤새껏 철야기도를 하고 새벽녘에야 돌아와서 가족 구출비용에 보태라며 내 손에 헌금봉투를 쥐어 주었습니다.

어느 날은 자는 척하면서 그가 날이 밝은 후 돌아와 우리들이 먹다 남긴 치킨 조각을 먹는 모습을 보기도 하였습니다. 후에 안 일이지만 그는 헤어진 탈북자 가족들을 위해 며칠씩 금식을 반복하면서 철야기도를 하고 있었습니다. 그가 처음으로 기도해준 날, 그날은 제가 처음으로 남과 함께 내 가족을 위해 기도한 날이었고 그 다음날 북한에 두고 온 처자로부터 첫 연락이 오는 기적이 일어났습니다.

북한에 가기 전부터 로버트 박과 가까웠던 탈북인으로 북한인권운동가로 활동하고 있다.

그 후 그는 마음 문을 닫고 혼자 살던 저의 집에 자주 찾아왔습니다. 그리고는 여기 탈북자 분들과 함께 교회를 세우자고 자주 말하곤 하였습니다. 아직 예수님을 알지 못하던 저는 이 땅에 가는 곳마다 이렇게 많은 교회가 있는데 웬 교회를 세우자고 하는가 의문이 들었습니다. 심지어는 우리 탈북자들을 우습게 보고 자기만의 교회를 세우려는 줄 알았습니다. 예수님을 인격적으로 만나고 나서야 그가 우리 탈북자들 속에 예수님의 사랑을 찾아주려고 서툰 한국말로 말하고 있었음을 알게 되었습니다.

어느 날은 며칠씩 금식한 몸으로 마트에 들러 시장을 잔뜩 봐와서는 제가 좋아하는 '수박이랑 황태랑 데려왔다'고 서툰 우리말로 말하며 기뻐했습니다. 너무나 순수한 모습에 눈물이 찔끔 나도록 웃었습니다. 그는 북한으로 들어간 인권 활동가이기 전에 이미 이 땅에 예수님의 사랑을 전하는 선교사였습니다.

탈북자들은 단지 먹을 것을 찾아, 입을 것을 찾아, 매와 감옥을 피하려는 단순한 이유로 두만강을 넘습니다. 그러나 두만강과 압록강을 넘는 순간 그들은 돌아갈 조국도, 돌아갈 고향도 잃게 됩니다. 그 순간부터 그들은 사형수가 되어 강제 북송되며 돌아가면 고향 땅에서의 그 고달픈 삶마저도 담보되지 않습니다.

그래서 그들은 또 다른 자유와 인권을 찾아 사선을 넘습니다. 그런 이 땅에서도 그들은 외로움과 그리움, 슬픔, 심지어는 두려움 속에 몸을 떨고 있습니다. 육체적 자유를 찾았다고는 하나 아직도 고향땅에서 폭정에 시달리고 있는 부모, 형제, 처자를 생각하며 분노에 치를 떨고 있습니다. 함께 자유와 인권을 찾다가 떠내려가고, 총에 맞아죽고, 매 맞아죽고, 굶어죽고, 얼어 죽고, 병들어 죽은 혈육들과 지인들 때문에 자신이 병에 걸립니다. 그 악몽 속에 자유를 찾아 왔지만 전혀 자유롭지 않고, 배고파서 왔지만 기름진 음식이 앞에 있어도 먹지를 못합니다. 그러나 그들은 살아야 하기에, 살아서 저 형제들을 구해야 하기에 피와 눈물과 밥을 함께 말아먹으며 억척같이 일어섭니다.

로버트 박 선교사, 그분은 바로 이들에게 예수님의 참된 사랑과, 참된 권리, 참된 자유를 전하기 위해 모든 것을 걸었습니다. 자유와 인권을 찾아 왔어도 찾지 못하고 아프게 몸부림치는 탈북자 분들을 그토록 사랑했기에 그분은 모든 것을 다 바쳤습니다. 그는 예수님의 사랑으로 사는 사람이었습니다. 그래서 그는 이 사랑을 온 세상에 알리기 위해, 아버지의 사랑으로 핍박받는 자들을 향해 사탄을 맞받아 당당히 북한으로 들어갈 수 있었습니다. 전세계가 화려한 성탄절 트리에 불을 밝히고 축복하던 그 시간, 그는 금식하고 찬송가 '당신은 사랑받기 위해 태어난 사람'을 부르며 성경책을 옆에 끼고 홑옷 바람으로 차디찬 두만강 얼음 위를 걸어 북한 땅으로 향했습니다.

그 분은 인권 활동가이기 전에 사랑 그 자체였습니다. 북한 인권 문제는 김씨 일가에게 강도당한 예수님의 주권을 회복하는 우리의 사명이고 지상 최대의 명령인 줄 믿습니다. 북한 땅에서 자란 사람들은 하나밖에 없는 조국을 위하여 둘도 없는 청춘과 생명을 바쳐야 한다고 교육받았습니다. 그리고 조국은 바로 우리의 김일성, 김정일, 김정은 장군님이라고 배웁니다. 그러나 세상의 단 한 분이신 하나님 아버지의 부르심에 자기의 청춘과 생명을 기꺼이 다 바친 로버트 박 선교사이기에 그를 존경하고 사랑합니다.

로버트 박 선교사는 북한 땅이 예수님의 피로 사신 땅이고 하나님만이 그 땅의 왕이심을 믿었고 항상 선포했습니다. 그 믿음으로 그는 당당히 나아갈 수 있었고 하늘에 계신 아버지께서 그 믿음을 보시고 로버트 박 선교사를 사용하신 줄 믿습니다. 그리고 하나님은 그를 다시 살리셨습니다. 하나님과 함께하는 우리의 애통한 기도를 들으시고 그를 살리셨습니다. 그리고 그날부터 지금까지 우리에게 옷을 찢고 가슴을 찢는 회개의 영을 부어주고 계십니다.

근 70년 동안 이산가족의 아픔과 핍박받는 자의 통곡 소리와 죽어가는 형제들을 보면서 우리도 이렇게 힘든데 그 백성들을 바라보시는 하나님 아버지께서는 얼마나 힘드셨겠습니까? 너무나 아프고 힘드신 아버지께서 지금 우리의 기도와 선포를 기다리고 계십니다. 로버트 박 선교사는 아버지께서 천국을 여는 열쇠를 이미 우리에게 쥐어 주셨다고 항상 말했습니다. 예수님은 십자가에서 이미 '다 이루었다'고 말씀하셨습니다. 북한 땅은 이미 열렸습니다. 통일은 이미 되었습니다. 예수님은 이미 그곳에 계십니다.

지금도 우리는 '북한'하면 김일성 일가와 독재를 먼저 떠올립니다. 그러나 이제 우리는 오늘도 그곳에서 살아 역사하시는 예수님을 먼저 보아야 할 것입니다. 로버트 박 선교사는 분명히 북한 땅에 계시는 그 예수님을 바라보고 한발 먼저 나아간 진정한 우리의 선각자이고 아버지가 보내신 선교사임을 믿습니다. 우리 주 예수 그리스도 안에서 로버트 박 선교사님을 사랑하고 축복합니다.

사랑이 악(惡)을 이긴다 김영희

남한에 온 지 한 달도 안 되어서 로버트 박 선교사를 만나게 되었다. 비록 몇 달간의 짧은 만남이었지만 신앙인으로서 뿐 아니라 인간적으로도 진실하고 신선한 모습은 많은 여운을 남겼다.

그는 정직하고 진실한 사람이었다. 나는 중국을 떠나 남한으로 오는 긴 여정 속에서 긴박함 가운데 여러 목회자 또는 선교사님들에게 기도를 많이 받았다. 그래서인지 선교사님이 처음 만나서 얼마 안 되어 손을 잡고 죽어가는 북한 사람들을 위해 가족을 위해 기도하자고 영어로 말했을 때 으레 그러한 절차인 것으로 생각했다.

그러나 언어가 다르다고 마음속의 절절한 진심을 느끼지 못하겠는가! 얼마 지나지 않아 나의 어깨가 세차게 흔들렸다. 그렇게 가슴을 치고 마음을 울리는 기도를 처음 들어보았는데 시간이 지나 그때의 일들을 많이 잊어버렸지만 그 여운은 아직도 잊을 수 없다. 그 일을 계기로 배낭 하나를 메고 말도 잘 통하지 않는 탈북민들과 함께 하려는 그분의 진심과 정직한 신앙심에 존경을 느꼈다. 그분의 삶의 자세를 배우려고 하는 과정에서 예수님의 청빈과 진실한 기도의 삶을 보여주는 그분이 천사처럼 느껴졌다.

며칠에 한 번씩 탈북자 회관에 오면 목사님과 간사님이 그의 거처와 식사를 걱정해 여러 가지로 챙기려고 하였지만 그는 자

탈북인. 김영희는 가명으로 신변 안전을 위해 자세한 소개는 생략한다.

신보다 지금 남한에서 힘들어하는 탈북민들과 북한에서 고생하는 사람들을 먼저 생각하면서 사양하였다. 혹시 옷가지라도 받으면 길가에 노숙자들에게 나누어주고 주머니에 얼마 안 되는 돈도 모두 탈북민들과 노숙자분들에게 쥐어주고 자신은 돈 천원이 없어 몇 시간을 숙소까지 걸어간 일도 허다하였다. 사실 미국에 계시는 그분의 부모님과 파송 교회에서 돈을 부쳐주어도 그분은 가난한 탈북민들과 노숙자들을 먼저 생각했다. 자기는 음식이 안 맞아 그처럼 고생하면서도 자신을 위해서는 단돈 한 푼 쓰는 것을 아까워하였다. 남한에 온 중년의 탈북민 부부가 돈이 없어 가족을 데려오지 못한다는 것을 알고는 교회와 부모님께 전화로 부탁해 거액의 돈을 마련해 그들 손에 쥐어주며 기뻐하던 그의 모습을 잊을 수 없다.

사랑은 세상의 모든 악을 이긴다. 그는 북한 선천이 할머니의 고향이라며 삶의 궤도는 다르지만 같은 민족이고 같은 사람이라는 것을 항시 강조하면서 탈북민들과 가까워지려고 노력했다. 진심으로 대하는 그 사랑이 만나는 모든 이의 마음을 움직이고 세파 속에 얼어붙었던 마음들을 녹이고 악심으로 삐뚤어졌던 마음이 바로 서게 하는 힘이었다. 이 세상에 좋은 분들이 많겠지만 로버트 박은 내가 직접 만나본 몇 분 안 되는 천사들 중의 한 사람이다. 내가 지금 와 있는 곳이 자본주의 남한이라는 것을 잊을 만큼 그분의 삶의 향기는 진했다. 비록 두어 달간의 짧은 만남이었지만 마음 속으로 늘 존경하던 테레사 수녀님의 삶을 그분을 통해서 그려볼 수 있었고 잠시동안이나마 책에서만 보던 하늘나라 천사의 삶을 보았다.

모든 연약한 이들의 친구 유관희

로버트 박은 북한선교를 하나님이 주신 사명으로 간주하고 북한과 북한 사람들을 사랑하는 일에 최선을 다한 신실한 선교사이다.

내가 로버트 박을 알게 된 것은 2009년 초였던 것으로 기억한다. 당시 북한 전문 인터넷신문 '데일리 NK'에서 기자로 활동하던 관계로 업무 상 북한과 탈북자 관련 활동을 하는 분들과 많이 만나게 되었는데 로버트도 그중의 한 사람이었다.

첫 만남을 통해 알게 된 로버트를 간단하게 평가한다면, 굉장히 순수하고 천사처럼 맑은 눈을 가졌다는 것이다. 눈은 그 사람의 영혼을 담고 있다고 생각한다. 사람은 말과 몸짓, 행동을 통해서뿐 아니리 눈빛을 통해서도 자신을 나타낼 수 있다. 로버트는 내가 만난 많은 사람들 중에 유일하게 순수하고 맑은 영혼과 천사와 같은 따뜻한 마음씨를 지닌 사람이라고 느꼈다.

실제로 그의 삶은 나의 첫 느낌이 전혀 틀리지 않았음을 잘 보여준다. 그는 북한이탈주민들과 어려운 사람들을 위해 진정으로 예수님의 사랑을 실천한 사람이다. 북한을 위해 여러 자리와 모임을 통해 지속적인 기도를 하는 한편 북한의 현실을 바로 알기 위해 탈북자들과 가족처럼 지내면서 형편이 어려운 탈북청년 대학생을 친형제처럼 여기고 생활을 이모저모로 도와주어 많은 탈북청년들이 그를 친형제처럼 따랐다. 또 북한과 탈북자들을 위해 전심을 다해 기도했다. 나도 안정적인 남한정

탈북인. 통일교육원 강사. 前데일리NK 기자이자 前자유북한방송 기자. 북한에서 교사 및 국가품질감독검사원으로 근무하다가 탈북 후 2008년 입국하였다.

착을 위해 여러 번 함께 기도하고 찬송가를 부르면서 힘을 얻곤 했다.

그는 북한과 북한이탈주민 뿐 아니라 어려운 사람들을 구제하는 데에 자신을 다 바쳤다. 지하철역 출구 앞에서 두 다리가 없이 땅에 엎드려 구걸하는 장애인을 위해 자신이 입은 옷까지 벗어준 사람이 로버트 박이다. 어느 날 탈북자 회관에 갔다가 마침 그곳에 있던 로버트와 함께 나서게 된 적이 있다. 우리가 회관 사무실에서 나와 지하철역에 이르렀을 때였다. 역 앞에 50대 정도로 보이는 남성 장애인 한 분이 앉아 계셨다. 그런데 그분을 본 로버트가 갑자기 나에게 기다리라면서 회관 사무실에 갔다 오겠다고 말했다. 왜 그러냐고 했더니 두고 온 물건이 있다는 것이다.

얼마 후 다시 돌아온 그의 손에 재킷 하나가 들려있었다. 로버트는 장애인에게 다가가더니 드릴 것이 없다면서 그 옷을 그에게 주는 것이었다. 그 모습을 보고 많은 감동을 받았다. 주머니에 손을 넣어보고 만져지는 동전을 주는 사람은 있지만, 가진 것이 없다고 되돌아가 옷이라도 가져다가 주는 사람은 찾아보기 힘들다. 보통 사람으로는 하기 힘든 행동을 하는 로버트 박의 모습이 당시 나에게는 전혀 이해되지 않았다. 추운 날씨라 그에게도 분명 덧옷이 필요했을텐데도 다른 사람에게 주는 모습을 보면서 그가 하나님의 사랑을 실천하는 진실한 기독교인임을 알 수 있었다.

북한에 대한 그의 애정은 이념과 생각의 차이를 넘어 진정으로 하나님이 주신 것이라고 믿는다. 어떤 명예나 욕심도 품지 않은 진실된 크리스천으로서의 그의 모습을 잊지 못한다.

아마도 북한과 북한주민들에 대한 진정한 사명과 사랑이 있었기에 그는 위험을 무릅쓰고 '북한행'을 단행했던 것이 아닌가 싶다.

독실한 기독교 집안과
성직자로서의 그의 삶

로버트 박은 독실한 기독교 집안에서 태어났다. 친가親家 조상들은 모두 북한이 고향이었다. 그들은 지주였고, 좋은 교육을 받은 독실한 기독교인들이었다. 그가 성직자가 되는데 결정적인 역할을 했던 그의 조모 한혜주 권사는 북한 선천시에서 존경받는 기독교인이었으며, 그의 아버지 한용겸 장로는 우리나라의 초기 기독교 신자였다. 한용겸 장로는 3·1 운동에 참여했다가 감옥에 수감되어 고문을 받았고, 이 때문에 출소하자마자 세상을 떠났다. 당시 한혜주 권사는 6살이었다.

일제 식민지 해방 후 김일성이 권력을 공고화하기 시작하면서 그의 조상들은 북한을 떠나야 했다. 북한체제에서 계급을 나누는 '성분'에 의하면 그들은 적대적인 불순분자로 분류되어 죽임을 당하게 될 것이었기 때문이다. 로버트 박의 증조부, 조부, 그리고 그의 아버지는 말 그대로 북에서 가지고 있던 모든 것을 버리고 6·25 전쟁이 시작되기 전 남한으로 탈출했다.

로버트 박의 외가도 독실한 기독교 집안이었다. 모친(조혜련)의 조부 한정교 목사는 평양신학교를 졸업했으며, 모친의 조모(이정자 사모) 및 모친(한주선)은 모두 평양여자신학교를 졸업했다. 이 분들은 주기철 목사[2]의 교회에 출석하였다. 한정

2
주기철 목사는
신사참배를
거부하다가 순교한
것으로 유명한,
기독교계의 존경받는
목사이다.

교 목사 내외와 그들의 딸(한주선)은 모두 일제 시절 신사참
배를 거부하여 핍박을 받았으나, 다행히 살아남을 수 있었다.
이들은 1938년 애린원으로 알려진 유명한 고아원을 설립하여
6·25 이후 전쟁의 폐허 속에 생겨난 고아 수천 명을 돌보았다.

　어릴 적부터 로버트 박은 유달리 어려운 처지에 있는 사람들
에 대한 마음이 컸다고 한다. 어떤 면에서 그는 싯다르타 고타
마(석가모니)를 닮았는데, 이른 나이부터 인간의 고통에 대해
고민하고, 더 좋은 세상을 꿈꿨다. 부유한 집안에서 태어났지
만 그는 가진 것을 누리는 삶이 아니라 혜택 받지 못하고, 가진
것 없고, 고통 받는 사람들을 돌보는 자기희생적인 삶을 선택
했다.

　17살 무렵, 그는 심각한 발달장애를 겪는 사람들을 위해 일
하기 시작했다. 그는 뇌성마비, 근이영양증, 뇌전증, 자폐증 등
정신적, 육체적 장애를 가진 사람들을 위해 간병인과 자원봉사
자로 약 7년간 일했다. 장애인들에 대한 마음이 각별했던 그는
이후 멕시코에서 사역하게 되었을 때도 장애인들을 돌보는 일
을 병행했고, 기회가 있을 때마다 그들을 도왔다. 그는 장애인
들의 복지와 권리를 위해 일하는 열렬한 운동가였다.

　그가 하나님께 자신의 삶을 바치기로 서원한 것은 이미 성인
이 되기 전이었다. 하나님께 서원했을 때 그는 아주 오랜 기간
동안 금식에 들어갔다. 정확한 기한은 알 수 없지만 금식은 적
어도 수 주간 지속되었는데, 나중에는 그가 시력을 잃어 시야
협착증까지 경험할 정도였다. 숨쉬기가 힘들어지고, 의식을 잃
을 정도로까지 금식을 했다. 금식의 마지막 단계에서 그는 너
무나 고통스럽게 배가 고파 주변에 있던 잔디와 나무에 붙어있
는 잎사귀들을 뜯어먹었다. 이 경험 때문에 그는 북한의 현실

3
시몬 베(1909-
1943)는 프랑스
철학자이자
노동운동가,
기독교인으로
프랑스의 노벨문학상
수상자 알베르
까뮈는 그를 "우리
시대 유일한, 위대한
영혼"으로 평가했다.
세상의 억압받고
가난한 사람들의
권리와 존엄성을 위해
쉬지 않고 투쟁했던
그는 '이 세상에서
정말 중요한 것은 단
하나, 온 지구상의
굶주리는 사람들을
먹일 수 있는
혁명'이라고 말한
것으로 알려진다.

을 알게 되었을 때 그들의 고통을 일반인보다 더 깊이 이해할 수 있었다.

로버트 박의 인생에 영향을 준 프랑스의 철학자 시몬 베Simone Weil3는 "하나님의 사랑과 고통"이라는 에세이에서 "사람의 영혼 안에 완전히 예수님이 거하지 않는 한, 모든 사람들은 스스로가 의식하지 못하는 사이에 고통 받는 사람들을 어느 정도 경멸한다."고 하였다. 즉, 자기 자신을 완전히 비우고 깨끗해지지 않는 한, 사람은 진정한 사랑을 할 수 없다는 것이다. 로버트 박은 이것을 알고 자기 자신을 완전히 비우려고 하였다. 그는 실제로는 그 내면에 고통에 대한 연민이 없으면서 스스로를 높이기 위해 봉사와 사랑이라는 구호 아래 남들의 고통을 이용하거나 남들을 도와주려고 하는 것을 경멸했다. 그런 마음으로는 무슨 일을 하더라도 고통 받는 사람들이 진성한 치유와 영혼의 회복을 경험하게 되지 못하기 때문이다.

북한 사역을 하기 전 그는 멕시코와 미국에서 혜택 받지 못하고 소외된 계층을 위해 일했다. 약 10여 년 전, 그는 애리조나와 가까운 곳에 위치하고 있는 멕시코의 한 마을을 발견했다. 사실 마을이라기보다는 쓰레기 폐기장이었다. 하지만 사람들은 그 위에서 먹고, 자고, 생활하고 있었다. 외부의 손길이 너무나도 절실한 상태였다. 곧 그는 그 사람들과 친구가 되었다. 그들과 똑같이 생활하며 하나님의 사랑을 전하기 시작했다. 그의 자기희생적인 사랑으로 많은 사람들의 삶이 변화되었다. 그는 마을 사람들의 필요를 채우기 위해 다양한 교회와 사역단체를 연결시켜 주었다. 또한 그 지역 사람들의 권리와 지역사회의 발전을 위해 적극 힘썼고, 덕분에 이 지역사회는 오늘날 훨씬 안전하고 건강한 모습으로 변모하게 되었다.

　로버트 박을 전부터 알고 지내던 친구가 언젠가 그곳을 방문했을 때, 로버트는 전기도, 수돗물도 없는 그곳에서 지내면서 이미 옷가지와 신발까지도 다 내어준 상태였다. 그는 그 추운 날 얇은 러닝셔츠와 바지만 입고 있었다. 하지만 그는 기쁨으로 가득 차 있었고, 쓰레기더미 위에 앉아 기타를 치며 스페인어로 복음성가를 불렀다. 그러면 그 지역 아이들이 모여서 그의 옆에 둘러 앉아 노래를 따라 부르며 즐거워했다. 그는 쓰레기더미를 뒤져 먹을 것을 찾는 아이들에게 가장 친한 친구였다. 그는 그 아이들에게 기쁨을 가져다주었고, 아이들은 그를 통해 웃음을 되찾았다.

　로버트 박은 이 시대에 보기 드문 사람이었다. 그가 성직자로서 살아온 삶 전체가 일반인의 생활과는 거리가 멀었다. 그의 신앙적 깊이를 알지 못하던 사람들에게 그의 입북은 이해하기 힘든 일이었을 것이다. 그는 카톨릭 사제처럼, 수도승처럼 살고 싶어 했다. 표면적으로 그가 수도원에 소속되거나 사제의 직책을 받은 것은 아니었지만, 그의 실질적인 삶은 수도승 같은 삶이었다. 그는 예수 그리스도의 가르침을 그대로 실천했으며 철저하게 금욕·금식·순결의 삶을 살았다. 교회 리더와 목사들이 그를 존경했고, 그가 정식으로 선교사/성직자로 임명될 당시 실질적으로 기독교계의 모든 교파를 대표한 목사들이 이를 지지하고 서명했다.

　사람들은 그를 '하나님의 사람', '예수님을 가장 닮은 사람', '가장 깨끗한 사람', '하나님을 정말 사랑하고, 언제 어느 때고 남을 돕기 위해 무엇이든 할 준비가 되어있는 사람', '내가 만난 사람들 중에서 가장 뛰어난 크리스천' 등으로 평가했다. 로

4
https://
medium.com/
p/25e689bb4e47

버트 박을 전부터 잘 알았던 사람들은 그를 테레사 수녀^{Mother Teresa}나 마하트마 간디^{Mahatma Gandhi}에 비유할 정도로 그를 존경하고, 이 시대의 성인으로 여겼다. 아래는 그에 대한 사람들의 증언이다.[4]

a. 2007년 봄 투싼에 특별한 일이 일어났습니다. 그것은 2006년에 로버트 박이라는 사람이 나타나면서 시작되었습니다. 그때까지 그런 사람은 없었고, 그 이후로도 그런 사람은 없었습니다.(…) 그는 또한 아주 겸손하고 아낌없이 주는 사람이었습니다. 누군가가 필요로 한다면 자기가 가진 무엇이든 다 줄 수 있는 사람이었습니다. 그는 멕시코의 쓰레기더미 마을을 섬기는 사역을 이끌고 있었습니다. 그는 누구에게든 다가가서 친구가 되어주는 사람이었어요. 특히 가장 소외받는 사람들에게 말입니다.

b. 저는 로버트 박과 함께 쓰레기마을에 살고 있는 가족들과 노인들을 섬기기 위해 멕시코의 노갈레스에 갔습니다. 로버트가 그 사람들의 고통에 대해서 알려주기 전까지 우리들은 쓰레기더미에서 음식을 찾아먹으며 생존해 가는 사람들이 있다는 사실을 상상조차 하지 못했어요. 너무 애처로운 모습이었어요! 투싼에서 100마일도 되지 않은 곳이라는 점도 충격적이었습니다. 로버트는 돌아와서 그 사람들의 곤경에 대해 계속해서 말하고 또 말했습니다. 그는 상황을 알리기만 한 것이 아니라 의료진과 물건을 실은 트럭기사 등 사람들을 모아 이끌고 갔습니다. 그는 전기가 없는 사람들에게 손전등과 라디오 같은 물건들을 나누어 주었습니다.

로버트는 굉장히 머리가 좋은 사람이에요. 멕시코 사람들을 더 잘 섬기기 위해 몇 주 만에 스페인어를 유창하게 배웠습니다. 몇 년이 지나 그곳의 사정은 훨씬 나아졌습니다. 이제 그곳에는 큰 쉼터 건물이 있고, 음식과 물도 공급되고, 자립과 영적 성장을 돕는 다양한 수업도 열립니다. 한번은 우리가 함께 멕시코에서 돌아오는 길에 그가 차를 세워달라고 말했습니다. 그는 차에서 뛰어 내려 자기 신발을 벗었습니다. 그리고 신발이 없던 길가의 노인에게 자기의 신발을 주었습니다. 그것은 그의 진정한 믿음생활을 보여주는 예입니다.

저는 최근에 그곳을 방문했었어요. 로버트 박이 도와주었던 사람들과도 이야기를 나누었는데, 그 사람들은 로버트의 친절함을 한 번도 잊은 적이 없으며, 로버트가 자기들의 삶을 엄청나게 바꾸었다는 것을 알고 있었습니다.

고난받는 북한 사람들을 향한 사랑

그의 북한 사역은 2006년경부터 시작되었다. 북한에 대해 관심을 갖고 공부하기 시작하면서 그는 북한을 위해 글로벌정의 기도네트워크Global Justice Prayer Network를 조직하였다. 또한, 전세계 교인들이 북한의 해방과 회복을 위해 기도하고 금식하도록 여러 국제적인 기도 모임을 이끌었다.

2008년, 수많은 기도와 금식 후 마침내 그는 북한 사람들의 구원에 완전히 헌신하기로 결정하고 멕시코에서의 활동을 정리한 후 아시아로 넘어오게 된다. 그것은 결코 쉽지 않은 결정이었다. 그곳 사람들은 그에게 가족이나 마찬가지였다. 하지만 많은 교회 단체들이 관심을 갖고 적극적으로 돕기 시작하면서 그곳의 상황은 훨씬 나아진 반면, 북한의 상황은 여전히 절망적이었다. 시간이 흘러도 북한의 잔학행위와 집단학살은 계속되고 있었고, 그것을 막으려는 움직임은 어디에서도 감지되지 않았다. 어떤 급박함도 찾아볼 수 없었다. 이 세상에서 가장 약하고 고통받는 사람들을 향한 책임감을 가지고 그는 멕시코를 떠났다.

한국과 중국에서 그는 수백 명의 탈북민을 만났다. 그와 가까웠던 사람들은 그가 북한 사람들을 어떻게 사랑했는지 잘 기억하고 있다. 그는 탈북민들에게 '먹는 문제'와 가족들의 생계,

그리고 구체적으로 도움이 필요한 부분에 대해 물어보았다. 그는 항상 탈북민들이 원하고, 그들이 필요로 하는 것을 제공하는 데에 초점을 두었다. 탈북민들을 만나 도와줄 때에는 항상 돈을 주었고, 핸드폰, 식량, 옷, 여타 생필품을 제공하였으며, 그들이 북한에 남아있는 식구들을 지원할 수 있도록 도와주었다. 이에 대한 재정적 후원은 한국 및 미국, 영국의 기독교 단체와 교회로부터 공급받았다. 때로는 재정적으로 감당할 수 없는 요청을 받기도 했지만, 그는 항상 자신이 할 수 있는 최대한의 도움을 주었다.

그는 북한정권 하에서 고통받았던 탈북민들을 높여주고, 마음 깊이 존경하였다. 그들을 선생님이라고 불렀고, 영웅으로 여겼고, 그들의 우정과 선량함을 배웠다. 많은 탈북민들이 그의 진심을 알고 마음을 열었으며 그를 아끼고 사랑했다. 이 책에 기고한 탈북민, 특히 지성호와 주경배는 로버트 박의 절친한 벗들이며, 그가 북한 사람들을 위해 죽기를 각오하고 북한에 가는데 영감을 불어넣어 주었다. 수용소에서 태어나서 자랐던 신동혁, 그리고 북한 정권에 부모를 잃은 손경주의 삶과 증언도 그가 북한행을 택하는데 영향을 끼쳤다.

2009년에 그는 주로 중국에서 활동했다. 비자가 만료되면 비자 갱신을 위해 출국했다 재입국을 하는 방식으로 여러 달을 중국에서 머무르며 수백 명의 탈북민들을 만났다. 한 할머니는 중국인에 의해 노예로 착취당하고 있었는데, 나이가 많고 몸이 약한 상태였는데도 중국인 가정에서 가정부로 종일동안 일해야 했다. 로버트는 할머니의 부탁을 받고 아들을 북한에서 빼오는 것을 도와주었다. 이 할머니 외에도 연로한 탈북민들을 많이 만날 수 있었는데 그들은 대부분 삶에 대한 희망을 완전히 잃은 상태였다.

브로커들이 중국으로 빼내온 아이들도 많이 만났다. 하나같이 매우 야위고, 정신적으로 심각한 충격을 입은 상태였다. 다들 나이에 비해 몸집이 굉장히 작아 7살 된 한 여자아이는 3살 정도로 밖에 보이지 않았으며, 10살 남짓한 한 남자아이는 북한에서 고아로 노숙생활하며 겪은 정신적 충격 때문에 실어증에 걸린 상태였다. 그는 중국에서 이런 아이들을 수도 없이 보았고, 부모에게 버림받아 무국적자가 된 혼혈 아동들도 많이 만날 수 있었다.

북한을 탈출한지 얼마 안 되는 사람들에게 들은 북한 내부 현실은 더욱 참혹했다. 전부터 다양한 보고서와 자료를 통해 북한의 상황이 심각하다는 것을 알고 있었지만 갓 탈북한 사람들과의 대화는 그의 미래 행보에 결정적으로 영향을 미쳤다. 그는 특히 굶주림 때문에 사람을 잡아먹는 일까지 발생한다는 증언에 충격을 받았다. 하루에 천 명 이상씩 죽는다는 증언은 서로를 모르는 탈북민 두 명으로부터 개별적으로 들은 증언이었다. 사람들이 매일 대규모로 죽어나간다는 사실, 그리고 오래 전부터 지속되어온 이 끔찍한 상황이 전혀 개선되지 않고 있다는 사실에 그의 급박한 마음은 증폭될 수밖에 없었다. 북한 사람들의 고통은 그에게 '지금 당장' 끝내야 하는 사명이 된 것이다.

2009년 가을, 그는 한국에 돌아와 시위 활동에 적극 나서게 된다. 중국에서 탈북민들을 돕는 것만으로는 북한 내부에서 가장 취약하고 고통당하는 사람들을 도울 수 없었기 때문이다. 구출 사역이나 탈북민들을 지원하는 등 한두 가지 방법으로는 살아남은 극소수의 북한 사람들 밖에 도울 수 없었다. 탈북민들을 통해 북한 내부 주민들에게 돈이나 식량을 보내주는 것 또한 정치범수용소에서 죽어가는 사람들을 살릴 수 있는 방법은 아니었다. 북한에서 고문받고, 강간당하고, 착취당하면서 가장 고통스럽게 살아가는 사람들을 살리기 위해서는 더욱 포괄적이고 다양한 종류의 전략이 필요했다.

이미 미국에서 인권운동을 했던 로버트 박은 인권운동에 있어 개개인과 단체들이 목소리를 내는 것이 얼마나 중요한지 잘 알고 있었다. 그는 쉬지 않고 거리 시위와 교회 집회를 통해 북한의 실상을 알리고 사람들의 동참을 호소했다. 시위는 거의 매주/매일 이루어졌는데, 매주 금요일에는 파고다공원에서 시위하였고, 추석에는 신촌에서 단식시위를 했다. 그는 대부분의 경우 마스크를 쓰고 있었고, 신원노출을 피했는데 그것은 그가 이미 북한에 갈 계획을 세우고 있었기 때문이다. 그는 자기를 아는 탈북민들을 보호하고 싶었다.

그가 거리 시위를 적극적으로 주도하게 된 계기는 2009년 7월 27일 그가 북한 사람들을 위한 금식기도를 하던 중 보게 된 환상 때문이었다.

그는 수많은 대한민국 사람들이 북한 동포들을 위해 그들의 고통에 종지부를 찍으려는 간절한 마음을 가지고 대규모 시위를 일으키는 환상을 보았다. 그는 한국에서 진리와 정의의 영 아래 북한 동포들의 생명과 자유를 위해 3·1운동과 같은 거대한 움직임이 일어나면 북한이 열리고 치유와 화해, 통일이 뒤따라올 것이라는 확신과 희망을 갖게 된 것이었다.

하지만 2009년, 북한인권 문제에 대한 우리 사회의 반응은 거의 침묵에 가까웠다. 북한 문제에 대한 국제사회의 인식을 제고하기 위해서는 시위가 매우 중요한 것이었지만, 북한인권 단체 회원들의 수는 턱없이 부족했고 일반인들을 모으기란 쉬운 일이 아니었다. 미국산 쇠고기 수입 반대 집회에는 수십만 명의 시민들이 참여했지만, 북한인권을 위한 집회에는 고작 수십 명, 많아야 백여 명이 모일 뿐이었다. 매일 수많은 사람들이 죽어가는데도 북한 주민들의 고통에 종지부를 찍기 위한 움직임은 너무 느리게 진행되고 있었다. 그는 그것을 견딜 수 없어 했다.

그는 북한 문제에 있어 현상 유지가 아닌 현상 타파, 즉 근본적인 해결을 원했다. 그의 최종 목표는 악행을 중단시키고 고통당하고 있는 사람들을 지금 당장 구하는 것이었다. 하지만 중국, 러시아, 미국 등 주요 강대국들은 이 문제를 계속해서 정치적인 문제로 간주하고 철저한 무관심으로 일관했다. 상황이 너무 오랫동안 지속된 탓인지 대중들 역시 무관심하기만 했다. 그는 어떤 폭발력을 가진 행동 없이는 변화를 기대할 수 없는 상황이라는 것을 다시금 깨달았다. 그리고 그의 인생에서 가장 어려운 결정을 하게 된다.

그는 세계가 북한 사람들의 고통을 알고, 그들을 구하기 위해 행동하기를 간절히 원했다.

아버지의 편지 _{박평길}

박평길씨는 로버트 박의 아버지로 미국에 거주하는 재미교포이다. 이 편지는 북한에 들어간 아들
로버트 박의 구출을 요청하기 위해 2010년 초에 비공식적으로 작성한 육필 편지다.

사는 것은 무엇이고 죽는 것은 무엇인가!

로이터 기자 회견^{2009년 두만강 도강 직전 했던 인터뷰}에서 북한을 위하여 네가 뿜어내는 영혼의 부르짖음을 우리와 세계 시민이 함께 보며 동감하며 울었어. 너는 참 하나님의 아들이구나. 우리는 네 가슴 속에 있는 고난 받는 북한 사람에 대한 애절한 사랑을 너무 몰랐구나. 쏟아져 나오는 너에 관한 기사를 접하면서 울고, 울고 또 울었어. 네가 마지막으로 보낸 이메일에서 말했듯이 크고 아름다운 일이 곧 일어날 거라더니, 정말 돌같이 굳어진 많은 영혼들을 이렇게 크게 흔들어 놓을 수가!

북한에 굶주리고, 병들고 그리고 억눌린 자들에게 무관심한 우리들, 교회 그리고 책임을 회피하고 있는 강대국 지도자들에게 호소하기 위해 약하고 티 없는 네가 성탄절에 겉옷까지 벗어 버리고 편지와 성경을 갖고 찬송을 부르며 얼어붙은 두만강을 걸어서 그 공포의 땅에 들어갔다니! 대단하구나. 그 편지 속에는 굶주린 자를 먹이고 병든 자를 치료하며 억눌린 자를 해방하자는 기쁜 소식이 담겨 있었다지. 너의 북한에 대한 참 희생적인 사랑을 보며 울지 않을 수 있는 사람이 얼마나 될까? 북한에 사는 형제들도 지금 같이 울고 있을꺼야.

우리는 지금 동훈이의 생사 문제로 무척 두려움에 젖어 있습니다. 동훈이를 살린다는게 무엇을 말합니까? 동훈이는 우리 가족들 사이에서는 막 굴러다니는 돌멩이였어요. 쓸모도 없는 기도만 하며 금식까지 곁들이는 약한 젊은이였어요. 우리 온 일가친척을 복음화 하려고 하나씩 이름을 불러가며 간절히 기도하던 동훈이를 우리는 얼마나 어색하게 대했었나요. 그렇게 여러 번 천국 잔치에 초대 받고도 마지못해 따라 다녔던 아버지도 동훈이를 진정 몰랐어요. 집 팔아 가난한 자들에게 나눠 주자던 너에게 당혹해 하던 아버지가 불쌍했겠지. 우리에게는 무능해 보이는 동훈이였지만 거지, 장애자, 이북난민들에게는 새생명을 불어넣고, 참 기쁨을 나누어 주는 살아 움직이는 설교가요, 기도자며, 무엇보다도 진실한 친구였어요. 다시 말하면, 우리들 주변에서는 죽은 자와 별 다를 게 없었지만, 가난하고 억눌린 자들에게는 살아 움직이는 별이었답니다.

동훈아, '원수도 사랑하라', '네 친구를 위하여 목숨을 바치면 이에 더 큰 사랑은 없느니라'라는 성경 구절도 이제 조금 알 것 같구나. 농부가 밭에서 보물을 발견한 후 모든 것을 팔아 그 땅을 샀다는 비유를 말하며 그 보물이 곧 헐벗고 억눌린 자와 장애자라고 말하던 너는 백만의 억눌린 자들을 가슴에 안고 사니 얼마나 많은 보화를 갖고 있는지 모르겠구나. 하나님이 너와 동행함을 굳게 믿는다.

하나님께서 주신 동훈이의 꿈을 무시하고 육체만 달랑 살려 온다면 동훈이의 영혼은 죽을 겁니다. 동훈이를 살리는 길은 그가 소원하던 모두를 살리는 큰 꿈을 밀어주는 겁니다. 그것만이 동훈이를 살리는 겁니다. 온 친척들도 자기 껍질 속에서 나와서 동훈이와 함께 그들을 살리는 일에 참여합시다.

2010.1.7. 씀

II. 로버트 박의 목소리 〔하나〕

집단학살을 멈춰라!

STOP GENOCIDE!

"북한은 지금 제노사이드를 저지르고 있습니다. 이것은 결코 여러분들과 무관한 일이 아닙니다. 왜냐하면 예수 그리스도의 몸이 단순히 박해를 받는 것이 아니라 몰살당하고 있기 때문입니다.

국제법에서는 통치세력이 국민적, 민족적, 인종적 혹은 종교적 집단의 전부 또는 일부를 파괴할 의도가 있을 경우 제노사이드로 규정합니다. 지금 북한은 이 협약을 갖가지 방법으로 모든 면에서 위반하고 있습니다.

수십만 명의 북한 사람들이 생존을 위해 중국으로 탈출했습니다. 그 중 과반수가 여성입니다. 그리고 이 중에서 80%는 성매매 희생자가 됩니다. 왜냐하면 중국은 한자녀정책 때문에 남성에 비해 여성이 턱없이 부족하기 때문입니다. 그렇기 때문에 인권보장을 받지 못하는 이러한 탈북여성들이 희생양이 되고 있습니다. 그래서 셀 수 없이 많은 탈북여성들이 – 우리는 지금 수만 명 또는 그 이상의 숫자를 말하는 것입니다 – 강간과 강제결혼으로 억지로 임신을 하게 됩니다.

그런데, 임신을 하게 되더라도 중국정부는 이런 탈북여성들을 발견하기만 하면, 강제로 북한으로 송환해버립니다. 그리고 북한에서는 중국인의 피가 섞인 모든 혼혈 아기들을 조직적으로 몰살시킵니다. 왜냐하면 북한 정권의 핵심에는 인종주의가 자리 잡고 있기 때문입니다. 북한은 김일성의 씨가 그 어떤 인종보다 우월하다고 믿습니다.

이렇게 임신을 막고 혼혈 아기들을 죽이는 북한 정권의 행위가 제노사이드에 해당합니다. 북한은 특히 중국 혼혈 아기들을 그렇게 죽이고 있습니다.

1907년과 일제 강점기 시절 북한에는 수백만 명의 기독교인들이 있었습니다. 기독교인들이 아주 많았습니다. 하지만 이제, 북한 정권이 아는 한은, 기독교인들은 모두 수용소에 있거나 죽었거나 둘 중 하나입니다. 물론 북한 정권이 모르는, 숨어 있는 사람들도 있지만, 일단 북한 정권이 그 존재를 알게 되면 그들은 죽거나 수용소로 가게 됩니다.

우리는 이러한 북한 형제자매들의 고통을 이야기 소재로 삼거나 낭만화해서는 절대로 안 됩니다. 왜냐하면 북한에서는 3세대정책으로 인해 믿지 않는 친척들까지 믿는 사람들과 함께 몰살당하고 있기 때문입니다. 믿지 않는 사람들까지도 죽어가고 있다는 말입니다. 믿지 않는 아이들까지 죽고 있다는 말입니다. 우리가 이러한 제노사이드를 중단시키지 않았기 때문에 이들이 계속 죽어가고 있습니다."

2011년 9월 오산리기도원 영산수련원 PINK2011 설교 중에서 발췌.

집단학살을 멈춰라! STOP GENOCIDE!

제노사이드 협약과 북한의 상황[1]
로버트 박의 아시아타임즈 기고문

"종파주의자나 계급의 적은 누구이든지간에
3대를 멸해 씨를 제거해야 한다."_김일성(1972)

북한 정권이 수백만 명의 무고한 사람들을 대상으로 정치적 및
이념적 제노사이드를 저질러왔다는 것은 확실하다. 그런데 북
한이 유엔 제노사이드 방지 및 처벌에 관한 협약(이하 제노사
이드 협약) 또한 모든 방면에서 위반해왔다는 사실은 종종 간
과되고 있다. 북한은 제노사이드 협약의 당사국이다.

1948년 유엔 제노사이드 협약 제2조에서는 제노사이드를 국
민적, 민족적, 인종적, 또는 종교적 집단을 전부 또는 일부 파
괴할 의도로서 행하여진 다음의 행위로 규정한다: (a) 집단구
성원의 살해, (b) 집단구성원에 대한 중대한 신체적 또는 정신
적인 위해의 야기, (c) 전부 또는 부분적인 육체적 파괴를 초
래할 목적으로 계산된 생활조건을 집단에게 고의적으로 부과,
(d) 집단 내의 출생을 방지하기 위하여 의도된 조치 부과, (e)
집단의 아동을 타집단으로 강제이주.

1
로버트 박,
"North Korea
and the Genocide
Convention",
Asia Times,
2011.9.9.

국민적, 민족적, 인종적 이유에 의한 제노사이드

수십만 명의 북한 사람들이 생존을 위해 중국으로 탈출했다. 이들 중 대다수는 여성으로 그 중 80%는 성매매의 희생자로 전락하거나 강제결혼으로 팔려간다. 설사 북한여성이 중국인과 결혼하게 되더라도 중국정부는 1986년 북중 조약에 따라 이들을 발견하는 대로 모두 북한으로 강제송환해 버린다. 이는 중국이 유엔 난민지위협약(및 1967년 의정서)상의 의무를 위반하는 것이다.

북한 정권은 아버지가 북한 사람이 아니라고(보통 중국인 또는 조선족) 여겨지는 아이들의 경우 영아살해와 강제낙태를 통해 조직적이고도 잔인하게 몰살시켜왔다. 미국 국무부에 따르면 "이러한 정책은 중국 혼혈아의 출생을 방지하기 위한 것"이라고 한다.

수천 명의 아기들이 국민적, 민족적, 그리고/또는 인종적 이유에 의해 살해되었다. 한 명도 남김없이 살해되었다. 이러한 확고한 혼혈아 제거 정책은 북한 정권이 인종적 순혈주의에 집착하는 것에 상응하는 것이며, 중국 혼혈아들을 파괴하려는 의도 또한 명백하며 논쟁의 여지가 없는 것이다.

인종에 기한 영아살해와 강제낙태는 집단구성원을 살해하고 집단 내 출생을 방지하려고 한다는 점에서 제노사이드를 구성하는 두 가지 행위이다.

종교적 이유에 의한 제노사이드

한국이 분단되기 전 북한에는 수백만 명의 기독교인들이 있었으며, 북한은 동아시아 기독교의 중심으로 여겨졌다. 평양 인구의 25~30%는 기독교인이었다.

그러나 오늘날 북한은 국제적으로 종교의 자유를 가장 억압하는 곳으로 인식되고 있으며, 그곳에서 진정한 종교적 믿음은 용인되지 않는다. 기독교인들은 공개처형을 당하거나 강제로 수용소에 보내져 체계적으로 굶주림을 당하고, 고문당하고, 가족 전체가 죽을 때까지 강제노동을 해야 한다. 그것도 믿지 않는 친척들과 아이들을 포함한 3대에 걸친 온 가족이 당한다.

이러한 수용소 내 잔인성과 야만성은 오늘날 세계 어디에도 유례를 찾을 수 없다. 2002년 복음주의협회는 북한이 전 세계 그 어떤 국가보다도 "더 잔인하고, 더 고의적이고, 더 적대적이며, 순전히 제노사이드적"인 국가라고 표명했다.

북한은 수용소 내 광범위한 공개처형, 조직적인 고문, 식량과 의약품의 고의적인 박탈과 기독교인들의 어린아이들에 대한 박해, 아동강제이주 및 감금을 통해 제노사이드 협약에서 제노사이드를 구성하는 행위로 규정된 모든 방법을 동원하여 토착기독교인들을 제거해왔다.

전례 없는 잔인성

2011년 5월 국제사면위원회는 위성이미지를 실은 보고서를 발표했다. 이 보고서는 북한 내 '대규모 정치범수용소'가 지난 10년간 급격히 증가했다는 것을 보여준다. 대부분의 수감자들은 다시는 나올 수 없는 일명 '완전통제구역'에 갇혀있다. 이곳에 갇힌 수감자들은 소위 정치적인 범죄를 저질렀다는 이유로 100% 몰살당하고 있다. 그러나 실상 이들은 그 어떤 범죄도 저지르지 않았다.

북한의 수용소 내 잔학행위에 대해 국제적 이목을 집중시킨 최초의 증언자인 안명철 前수용소 경비대원은 2003년 MSNBC에서 이렇게 증언했다. "그들은 수감자들을 인간 취급하지 않도록 저를 훈련시켰습니다. 어떤 사람이 공산주의에 반대하면, 어떤 사람이 수용소에서 탈출하려고 하면 죽이라는 것이었습니다. 만약 도주자를 죽인 기록이 있으면 그 경비병은 대학에 가서 공부할 수 있는 자격을 부여받았습니다. 구타와 살해는 일상이었습니다."

북한 정치범수용소 22호 前보안요원인 권혁은 '완전통제구역' 내 아이들을 포함한 수감자들을 대상으로 한 광범위한 가스실험과 생체실험을 최초로 세상에 알린 사람이다. 권씨는 2004년 BBC에서 "고통스럽게 죽어가는 어린아이들을 보면서 제가 동정심을 느꼈다고 말한다면 그것은 완전한 거짓말입니다. 제가 속했던 사회체제에서 저는 그들을 단순히 적으로만 느꼈습니다. 저는 그 사람들에 대해 일말의 동정심도, 연민도 느끼지 않았습니다."라고 증언했다.

오늘날 북한의 수용소에 갇혀있는 20만 명이 넘는 무고한 사람들 중 1/3은 어린이들이다. 이 어린아이들은 1972년 김일성 교시 "종파주의자나 계급의 적은 누구든지간에 3대를 멸해씨를 제거해야 한다"에 따라 연좌제로 갇힌 것이다.

북한에서 아이들에게 행해지는 잔학행위와 관련하여, 영화 '김정일리아' 제작자이며 유태인 출신인 헤이킨$^{N.C. Heikin}$은 지난 6월 데일리NK에 이렇게 말했다. "가장 충격적인 것은 세상과 완전히 분리된 그런 수용소가 존재한다는 사실입니다. 그리고 그 안에서 아이가 태어나고, 이 아이는 그곳을 절대로 나갈 수 없다는 것입니다. 본질적으로 그 아이는 노예나 짐승으로 길러집니다. 이것은 제가 인류 역사에서 들어본 가장 끔찍한 일입니다."

2011년 7월 북미간 대화에서는 예상했던 대로 북한 내 정치범수용소에서 매일 벌어지고 있는 자의적인 살해, 대기근, 아동노예, 끔찍하고 체계적인 고문 등의 이슈에 대해서는 전혀 일언반구가 없었다. 수많은 북한 사람들이 소리 없이 죽어가는 동안 6자회담에서도 이와 마찬가지로 2003년 회담이 시작된 이래 '인권'이라는 용어는 단 한 번도 언급된 적이 없다.

하지만 이것은 인권 문제보다도 훨씬 심각한 것이다. 이것은 제노사이드다.

홀로코스트와 제노사이드 협약의
탄생

로버트 박이 북한의 잔학행위를 지칭할 때마다 사용하는 제노
사이드Genocide라는 용어는 일반인들에게는 생소하여 눈에 잘 안
들어올 수도 있지만, 이 용어의 사용은 매우 중요한 의미를 갖
는다. 얼마 전 유엔 북한인권조사위원회COI에서 북한의 잔학행
위를 반인도죄Crimes against Humanity로 결론 내렸지만, 일반적으로 국
제사회에서 인권침해 중 가장 심각한 유형은 제노사이드로 받
아들여지고 있다. 그래서 북한의 잔학행위가 제노사이드에 해
당되는지의 여부는 우리 정부 뿐 아니라 각국 정부의 외교정책
(즉, 북한에 대한 국제사회의 대응)에 영향을 끼칠 수 있을 만
큼 중요하고 심각한 문제인 것이다.

　그 동안 북한 당국의 가혹행위가 얼마나 끔찍한지에 대해서
는 탈북민들의 증언과 각종 자료를 통해 우리나라를 비롯한 전
세계에 알려졌다. 그런데 더 중요한 것은 이러한 가혹행위를
국제사회가 국제인권규약 위반으로만 받아들일 것인지 아니면
반인도죄, 제노사이드죄 등 국제범죄로 받아들일 것인지의 여
부이다. 어떠한 수준의 범죄로 인식하고 규정짓느냐가 북한에
대한 국제사회의 대응을 결정짓는 것이다. 로버트 박은 국제사
회가 북한의 행위를 제노사이드로 인식할 것을 촉구해 왔다.

그렇다면 제노사이드는 도대체 무엇인가?

지금으로부터 약 80년 전 독일 나치는 장애인, 동성애자, 집시, 유대인 등을 핍박하고 학살하였다. 유대인들은 특히 1935년 뉘른베르크법에 따라 국가의 적으로 간주되었는데, 유대인들의 독일 국적은 박탈되었고, 독일인과 유대인 간의 결혼은 금지되었다.[2] 제2차 세계대전이 발발하기 전부터 약탈당하고 핍박당하던 유대인들은 마침내 전쟁이 발발하자 죽음의 수용소로 보내어져 단기간에 대규모적으로 학살당하기 시작했다. 죽음의 수용소들은 폴란드, 특히 독일에 병합된 지역과 부크 강 사이에 위치했다. (세계 2차 대전이 시작된 이후) 3년 동안 수천 대의 기차가 300만 명에 가까운 유대인들을 싣고 그곳으로 달려갔다. 기차는 돌아갔지만 승객들은 사라졌다. 아침에 희생자가 기차에서 내리면, 당일 밤에 그의 시체가 소각되고 옷가지는 포장되어 독일로 발송되었다.[3]

그나마 죽음의 수용소로 끌려가지 않은 사람들은 강제수용소에서 굶어죽을 정도의 식량을 배급받으며 강제노동에 시달렸으며, 일부는 생체실험에도 동원되었다. 나치정권 하에서 약 500~600만 명의 유대인들이 죽음을 맞은 것으로 집계되고 있는데, 이는 당시 유럽에 거주하던 유대인 인구수의 2/3에 해당하는 규모로 그 중 100만 명이 어린아이들이고 200만 명이 여성들이었다. 홀로코스트로 전세계 유대인의 1/3이 사라지게 되었다.

제노사이드는 이러한 나치의 만행을 제대로 표현할 길이 없어 고민하던 당시 유대인 출신의 폴란드 법학자 라파엘 렘킨 Raphael Lemkin이 고안한 용어이다. 그는 나치가 저지른 대학살이나 1915년 아르메니아 대학살[4]과 같은 대규모적인 잔학행위를 지칭하기 위해 그리스어 [genos]인종와 라틴어 [cidere]살해를 합성

2
이 법은 후에
유대인대학살의 법적
근거가 되었다.

3
Raul Hilberg,
"The Destruction
of the European
Jews",
김학의 역,
『홀로코스트
유럽유대인의 파괴』,
개마고원,
2008, 1221p.

4
1915년~1919년
사이에
오토만제국(터키)은
자기 영토 내에 있는
소수민족
아르메니아인
약 150만 명을
대학살했다.

한 [Genocide]를 만들어냈다. 렘킨은 인류사에서 이러한 참극이 다시는 되풀이되지 않기를 바라는 마음에서 제노사이드 협약 초안을 기안하고, 이 초안이 유엔에서 채택되도록 하기 위해 피나는 노력을 했다. 제노사이드 협약은 렘킨이 없었다면 만들어지지도 않았고, 유엔에서 채택되지도 않았을 것이라고 해도 과언이 아니다. 사실 그는 유대인 대학살을 이미 1930년대부터 예견하고 이 당시에 이미 관련 보고서를 발표했지만 철저한 냉대와 무관심을 경험했을 뿐이었다.

홀로코스트가 한창 진행되던 당시 상황을 더 살펴보면, 여러 가지 면에서 유대인들이 겪었던 고통은 지금 북한 주민들이 겪고 있는 고통과 비슷한 점이 많은데, 국제사회의 철저한 무관심도 그중의 하나였다. 독일에서 유대인들이 매일매일 끔찍하게 죽어가고 있었을 때, 개개인들 중에는 필사적으로 이 처참한 현실을 외부 세세에 알리고 도움을 요청하는 필사적인 사람들이 있었다. 하지만 대부분의 사람들은 그 끔찍한 현실을 믿으려 하지 않았다. 사람들은 그것을 거짓말이라고 생각하지는 않았지만 외면하고 싶어했다. 또한, 유대인들을 학살하던 독일 나치는 자신들의 행위를 거듭 부인하면서 오히려 인도를 비롯한 일부 지역에서 벌어지고 있는 영국의 학대 행위를 지적하며 맞대응했다.

국제적십자위원회는 공개적으로 독일 나치정권을 비난하지 않았다. 그러한 대중의 저항은 효과도 없을 뿐 아니라 오히려 독일 정부가 국제적십자위원회를 대하는 태도에 부정적인 영향을 가져오고, 양측 간 관계만 불편해지지는 않을까 우려했다. 그들이 가졌던 입장은 유대인 대학살에 대한 간섭은 무익하고, 오히려 그동안 해온 적십자 활동(감옥 시찰, 인도주의적 물품 전달, 가족들 간의 편지 교환 등)을 위험에 처하게 할 수도 있다는 것이었다. 1942년 11월에 발표한 스탈린-루즈벨트-처칠의 공동 성명에서는 가스실에 대한 언급이 삭제되었는데, 그것은 가스실에 대한 증거가 신빙성이 없다는 이유 때문이었다. 일반인들은 가스실과 나치정권의 만행에 대한 이야기가 나올 때마다 이것이 연합국에서 대중 선동 노력의 일환으로 조작하고 꾸민 것이라고 믿었다.[5]

제2차 세계대전이 끝나고 나치정권이 몰락한 후에야 국제사회는 나치의 만행을 사실로 받아들이고, 이를 막기 위해 아무 것도 하지 못했던 과오를 뉘우치게 되었다. 사람들은 나치의 야만성에 경악을 금치 못했고, 국제사회에는 이러한 참혹한 일이 다시 되풀이되어서는 안 된다는 공감대가 형성되었다. 제노사이드 협약은 그러한 공감대가 있었기에 채택될 수 있었다. 이 협약은 유엔총회가 채택한 첫 번째 인권조약으로, 2014년 6월 14일 현재 146개국이 가입되어있고, 심지어 북한도 회원국이다. 이 협약에서 제노사이드는 아래와 같이 정의된다.

5
Samantha Power,
"A Problem
from Hell:
America and
the Age of
Genocide"(2002),
김보영 역,
『미국과 대량학살의
시대』, 에코리브르,
2004, 75-79p.

(제2조) 이 규정의 목적상 제노사이드genocide라 함은 국민적, 민족적, 인종적, 또는 종교적 집단national, ethnical, racial or religious group을 전부 또는 일부 파괴할 의도로서 행하여진 아래의 행위를 말한다.

(a) 집단 구성원의 살해

(b) 집단 구성원에 대한 중대한 신체적 또는 정신적인 위해의 야기

(c) 전부 또는 부분적인 육체적 파괴를 초래할 목적으로 계산된 생활조건을 집단에게 고의적으로 부과

(d) 집단 내의 출생을 방지하기 위하여 의도된 조치 부과

(e) 집단의 아동을 타집단으로 강제 이주

제노사이드 협약의 다양한 쟁점

제노사이드 협약은 다시는 역사를 되풀이하지 않기 위해서, 끔찍한 대량학살을 방지하고 그러한 범죄를 저지른 자들을 처벌하기 위해서 만들어진 협약이었다. 하지만 이 협약은 제정과정에서부터 수난을 겪게 되는데, 당초 렘킨은 '정치적 집단'도 협약이 보호하는 집단에 포함시켰으나 스탈린의 반대로 최종협약에서는 빠지게 되었다. 이 덕분에 소련은 정치범수용소^{Gulag} 운영과 국가가 조장한 기근으로 인해 수천만 명의 무고한 사람들이 희생되었음에도 제노사이드에 대한 추궁을 당하지 않았다.

분명 렘킨은 수많은 생명을 살리기 위해 이 협약을 만들었지만, 1948년 제노사이드 협약이 제정된 이후 실제 집단학살이 발생하여 사람들이 죽어가고 있는 동안 국제사회가 이 협약을 근거로 집단학살을 중단시킨 적은 단 한 번도 없었다. 다른 말로 표현하자면, 국제사회는 집단학살이 한창 진행 중일 때에는 그러한 집단학살을 '제노사이드'로 인정한 적이 없다. 제노사이드 협약이 제정된 후 '제노사이드'라는 용어의 사용은 모든 국가들에게 무거운 법적·도덕적 부담을 주게 되었다. 이 협약으로 인해 국가들은 집단학살의 예방과 사후 처리에 대한 의무만 떠안게 된 것이 아니라 만약 집단학살이 벌어지고 있다고 인지하게 되면, 그것이 어디에서 벌어지고 있든지 이에 대한 조치를 취하거나 개입해야 할 법적 의무를 부담하게 되었던 것이다. 그래서 국제사회는 이 협약을 발동하지 않기 위해 오히려 제노사이드라는 용어의 언급을 회피해왔다.

주유엔 미국대사인 사만다 파워Samantha Power는 더애틀랜틱The Atlantic에 기고한 글 〈집단학살 구경꾼〉[6]에서 미국 관료들이 '제노사이드'라는 용어의 사용을 피하기 위해 얼마나 각고의 노력을 해왔는지를 조명했다. 미국은 1994년 르완다에서 집단학살이 한창 진행 중일 때 이에 대한 증거가 너무나 명백함에도 불구하고 제노사이드라는 용어를 사용하지 않기 위해 피나는 노력을 했다. 이것을 제노사이드라고 인정할 경우 클린턴 행정부가 제노사이드 협약에 따라 떠안게 될 의무가 두려웠기 때문이다. 수잔 라이스 백악관 국가 안보보좌관은 르완다에서 집단학살이 벌어지고 있던 당시 국가안전보장회의NSC에서 일하고 있었는데, 1994년 4월 말 다음과 같이 말했다고 인용된 바 있다(당시에는 매일 8,000여 명의 무고한 사람들이 죽어가고 있었다). "우리가 만약 '제노사이드'라는 용어를 사용했는데, 아무것도 안 하는 것처럼 보이면, 11월 (의회) 선거에서 어떤 결과가 나오겠어요?" 5월 1일 미국 국방부 장관실의 한 관료가 준비한 토의자료에는 이렇게 적혀 있었다. "조심해야 한다… 제노사이드라고 하면 (미국 정부로 하여금) 실질적으로 '무엇인가를 하도록' 만들 수 있다."

사만다 파워는 "르완다 사태에 끼어들지 않는 것이 노골적인 미국 외교정책의 목표였다"라고 주장했다. 하지만 미국 정부는 르완다 사람들에게 도움을 주지 않았던 것을 넘어서서 실질적으로는 르완다에서 유엔평화유지군을 철수해야 한다고 주장하며 병력 증원을 차단하는 등 오히려 해악을 끼쳤다. 1994년 르

6
Samantha Power,
"Bystanders to
Genocide",
The Atlantic,
2001.9.1.
http://
www.theatlantic.
com/magazine/
archive/2001/09/
bystanders-to-
genocide/304571/

완다 유엔평화유지군 사령관 로미오 달라웨 장군Lt. Gen. Romeo Dallaire 이었는데, 그는 제노사이드가 발발되기 3개월 전에 이미 제노사이드가 임박했음을 인지하고 코피 아난 前유엔사무총장(당시에는 유엔 평화유지활동 담당 사무차장이었다)에게 증원을 요청했으나 이 요청은 무시되었고, 제노사이드가 발발한 후에는 오히려 병력이 90%나 축소되었던 것이다. 무엇보다도 미국은 르완다에서 저질러지고 있는 일을 있는 그대로 – 즉, 제노사이드로 – 부르기를 거부했다. 사태가 다 진정된 후 클린턴 대통령이 임기 중 르완다 제노사이드를 막기 위해 개입하지 않았던 것이 가장 큰 실패였다고 언급했던 것은 유명하다.

1994년 르완다 제노사이드가 한창 진행 중일 때 클린턴 행정부는 근거가 없다는 이유로 제노사이드라는 표현의 사용을 사실상 금지했다. 백악관의 공식 입장은 "제노사이드가 일어났을 수도 있다"는 것이었다. 1994년 당시 미국 대통령이었던 빌 클린턴은 4월 30일 라디오 연설에서 "르완다에서 벌어진 내전과 대량학살mass killings의 참사"라고 표현했고, 5월 17일 유엔안전보장이사회는 "민간인 학살killing of civilians"을 비난하는 결의안을 만장일치로 통과시켰을 뿐이다.

1948년 유엔에서 제노사이드 협약이 채택된 이래 제노사이드죄에 대한 최초의 판결은 50년이 지난 1998년에야 나왔다. 1998년 르완다국제형사재판소는 장폴 아카예수Jean-Paul Akayesu가 9가지의 제노사이드죄 및 반인도죄를 저지른 것으로 판결했다.

북한의 인권 상황:
현대판 아우슈비츠

북한의 *끔찍한* 인권 유린 실태는 이미 전세계가 다 아는 사실
이다. 수용소 생존자인 신동혁의 표현을 빌리자면 북한의 상황
은 "홀로코스트보다 더한, 지속적이고 잔인한 집단학살"[7]이며
"현대판 집단학살modern-day genocide"[8]이다. 캐나다 상원 의원인 로
미오 달라웨 장군은 작년 10월 1일 캐나다 연방의회에서 개최
된 컨퍼런스에서 르완다 집단학살과 북한의 상황을 비교하면
서, 북한에서는 사람들이 "아주 천천히, 고의적으로, 아주 계산
된 집단학살very slow, deliberate, very calculated genocide"로 죽어가고 있다고 언
급했다.[9]

　북한의 잔학행위는 여러 가지 면에서 독일 나치정권의 만행
을 떠올리게 한다. 장애인들을 죽이거나, 혼혈아의 탄생을 방
지하거나, 인간을 생체실험의 도구로 삼거나, 굶어죽을 정도
배급량을 주면서 강제노동을 시키거나, 종교집단을 완전히 제
거해버리려는 북한정권의 정책은 나치의 정책과 흡사하다. 앞
서 살펴보았지만 나치정권의 만행은 집단학살 협약의 탄생을
촉발시킨 직접적인 원인이었다. 나치-북한 간의 유사성에 대해
로버트 박은 그의 기고문 〈북한에 있어서의 보호책임〉[10]에서
아래와 같이 적고 있다.

7
http://
insidenk.org/
?page_id=295

8
https://www.
jewishjournal.com/
cover_story/
article/
letter_from_shin_
dong_hyuk

9
http://
www.theepoch
times.com/n3/
306919-aiding-
oppression-
in-north-korea/

10
로버트 박,
"Responsibility to
Protect in
North Korea",
Harvard
International
Review,
2011. 12. 7.

98 로버트 박의 목소리

독일 나치정권하의 수용소처럼 북한정권의 야만성도 북한이 해방될 때까지는 완전히 알 수 없을 것이다. 북한수용소체제에 대한 가장 실질적이고도 소름끼치는 증언은 전직 수용소 경비병이었던 안명철, 권혁과 같은 사람들에게서 나왔다. 이들은 도망 온 민주사회에서는 비난받거나 심지어 처벌 받을 수도 있는 위험을 무릅쓰고 자신들이 수용소 내에서 저질렀거나 보았던 살해 및 잔학행위에 대해 고백했다. 이들의 증언은 북한에서 정치범들을 대상으로 생화학무기실험이 조직적으로 행해지고 있음을 가리키는 구체적인 내용을 포함하고 있다.

임천용 前북한특수부대 장교는 2009년 알자지라와의 인터뷰에서 북한정권이 신체장애 또는 지체장애가 있는 북한 어린이들을 대상으로 치명적인 생화학무기실험을 행한다고 증언했다. 북한을 탈출한 의사 리광철은 2006년 3월 이 내용을 확증해 주었다.

그는 북한정권이 신체장애가 있는 사람들을 "태어나자마자" 죽였으며, 그러한 행위는 "대중을 순결하게 하는 방법"으로 받아들여졌다고 말했다. 북한정권의 장애인들에 대한 잔인함이 나치의 우생학을 보여주고 있는 것은 부정할 수 없는 사실이다.

2004년 BBC 방송이 나간 직후 예루살렘에 있는 야드바셈 홀로코스트희생자추모당국은 당시 유엔사무총장인 코피 아난에게 "유럽의 유대인들을 제거하기 위해 가스실을 이용한지 60년밖에 지나지 않았는데 북한은 수천 명의 자국민들을 대상으로 이를 시행해왔음이 명백하다"면서 북한 내 "정치적인 집단학살"을 다룬 보고서들에 대한 대응조치를 취할 것을 시급히 호소했다.

해방 후 지금까지 북한에서 약 100만 명이 정치범수용소에서 사망하고, 현재에도 약 25만 명이 수감 되어 있는 것으로 알려지고 있다. 물론 폐쇄되고 정보가 통제된 북한에 있어 외부 사람들이 정확한 통계를 내기란 힘들다. 100만 명이라는 숫자는 전 BBC방송 중국특파원이자 아시아 문제에 정통한 재스퍼 베커Jasper Becker가 추정한 수치로, 다른 전문가들과 언론매체에서 종종 인용되는 숫자이다. 하지만 실제 북한의 정치범수용소에서 근무했던 안명철은 100만 명이라는 수치가 너무 적다고 말했다.

더구나 1990년대 북한에서는 약 350만 명이 굶주림으로 사망한 것으로 알려진다. 이에 대해 지성호 NAUH대표는 "90년대 중반 나의 고향^{회령}에는 할머니를 포함한 수많은 사람들이 아사로 돌아갔다. 시체가 하도 많아 전투를 치른 전쟁터를 방불케 했다"고 당시를 회상했다. 이러한 대규모적인 기근의 원인은 자연재해가 아니었으며 수백만의 생명보다도 체제 유지를 택한 김정일 때문이었다. 김정일은 국제사회의 대규모적인 원조를 주민들에게 나누어 주지 않고 무기구입과 금수산기념궁전^{김일성 무덤} 확장 공사 등 필요 없는 곳으로 전용하였다. 그것은 분명 국가가 의도적으로 조장한, 사람이 만들어낸 기근으로 살인행위인 것이다.

수백만 명이라는 사망자 규모도 엄청나지만 그간 북한정권이 저질러온 잔학행위는 '인권 유린'이라는 용어 사용이 부적절할 정도로 너무나 참혹한 상황이다. 실상 북한은 인권을 유린당하는 곳이 아니라 단 한 명의 지도자를 제외한 다른 모든 사람들은 소모품에 불과한, 인간의 존엄성이 아예 없는 곳이다. 이런 모습은 실제 정치범수용소에서 근무했던 안명철의 증언으로 이루어진 그의 책 『완전통제구역』^{안명철 저. 2007}에서도 확인해 볼 수 있다. 아래에서는 일부 내용만 간추려 보았다.

안씨는 책에서 자신의 신병 교육 시절 주입받았던 내용들을 이야기한다. 그의 증언에 따르면 훈련소의 정치지도원은 '앞으로 생활하면 이 구역 안에 있는 종파분자들이 어떤 놈들인지 알게 될 것'이라며 수용소의 수감자들을 가리켜 '인민들을 학살한 친미분자, 친일분자, 치안대 가담자, 조국반역자들'이라고 가르친다. 그리고 절대 그들의 의견에 동조하거나 인간대접을 해서는 안 된다고 강조하며 그들을 동정하면 '너희들도 끝장'이라고 위협했다고 한다. 그들은 수감자들이 조금이라도 건방진 모습을 보이거나 일을 제대로 하지 못하면 사정 봐주지 않고 마음대로 해도 된다며 구타와 그 외 인권 유린을 부추겼다. 여기에 안씨가 증언한 수감자들의 모습은 도저히 인간의 삶이라고 할 수 없을 정도로 처참하다. 수용소에서는 여자 남자의 구분이 따로 없을 정도로 수감자들을 '짐승'으로 살게 한다. 아니 짐승으로서의 자유조차도 없었다. 여자들은 생리 때에도 주어진 천 조각 하나 없이 옷에 피를 묻히고 다니고, 유방을 내놓고 다닌다. 게다가 남자들 앞에서 부끄러움도 없이 소변과 대변을 본다고 했다.

수감자들의 생활을 조금 더 들여다보면, 그들은 구류장에 갇힐 경우 한 달에 한 번씩만 '햇볕 쪼이기' 시간을 가질 수 있다. 안씨는 수감자들이 햇볕을 제대로 쏘이지 못한데다 굶주림과 심한 매질로 일그러진 얼굴을 하고 있어 그들이 사람인지 짐승인지 구별하기조차 힘들 정도라고 했다. 상처가 난 곳에서는 고름이 썩어 들어가고, 제대로 걷지를 못해 개처럼 네 발로 걷는 사람, 햇볕 쪼이는 시간에 이를 잡아 죽여서 손톱에 묻어난 피조차도 아까워 빨아먹는 그들은 사람이 아닌 짐승의 모습이라는 것이다.

요컨대 북한의 정치범수용소는 한 마디로 인간성을 말살시키는 곳이다. 인간이 인간됨을 포기하고 짐승 이하의 삶으로 떨어지기를 강요당한 채 살아가야 하는, 전 인류의 이름으로 단죄해야 할 인간성 말살의 현장인 것이다.

(출처, 『완전통제구역』, 시대정신)

안씨의 말을 더 인용하면 수용소에서는 수십 년은 고사하고 보통 3개월간의 구류장 생활만으로도 출소 후 5~6월 내에 죽게 될정도로 그 안의 생활은 최소한의 생명유지에도 턱없이 부족하다. 우선 구류장에 들어가면 남녀를 가리지 않고 삭발한 후 무자비하게 때려 거의 초주검 상태로 만든다. 그 후 질질 끌고 들어가서 두 무릎 사이에 각자를 끼우고 24시간 동안 꿇어앉힌다. 여기에서 조금이라도 움직이면 또다시 무자비한 구타가 가해진다. 하루 100g의 콩 주먹밥과 시래기 소금국을 주는데, 이 밥을 세끼에 나누어 먹는다. 이마저도 말을 잘 듣지 않거나 움직이면 받을 수 없다. 그래서 수감자들은 다리에 피가 통하지 않고 썩어 들어가도 오직 먹으려고 안간힘을 쓰며 참아 낸다. 이렇게 하기 때문에 3개월 후 폐인이 되고 들것에 실려 나가 5개월이 지나면 병사하고 마는 것이다.

인간임을 잊어야 목숨을 부지할 수 있는 이들의 삶을 우리는 이미 독일의 유대인 학살이라는 역사 속에서 보고 들었다. 북한 정치범수용소 출생 출신으로 최초로 완전통제구역의 정치범수용소를 탈출한 신동혁 씨는 한 언론사의 인터뷰를 통해 자신이 수용소 안에서 살아갈 때는 그런 삶이 비참한지, 나쁜지 좋은지도, 그리고 가족에 대한 사랑이라는 것도 몰랐다고 했다. 오히려 그는 밖에 나와 다른 사람들이 살아가는 모습, 먹는 음식, 그리고 가족들 간의 사랑을 보고 자신이 얼마나 비참한 삶을 살았는지 깨달았을 때의 고통이 더 컸다고 말했다.

〔관절 고문〕무릎 관절 사이에 나무를 끼워 자극하는 고문. 한번 당하면 그 고통이 7~10일 지속될 정도로 힘들다.(북한 전거리교화소에서 7년 간 복역한 권효진 씨가 자신의 체험을 직접 그린 그림이다. 이하 동일)

〔비둘기 고문〕 높이 60cm의 벽에 양손을 묶어 앉지도 서지도 못하게 높이를 맞추어 놓는 일명 비둘기 고문. 3~4시간이 지나면 온몸에 감각이 없어진다.

〔각종 형태의 고문〕 감방에서 말을 하거나 몸을 긁거나 하는 행동을 했을 때 받는 처벌이다. 왼쪽부터 기중기고문, 비행기날기고문, 오토바이고문

〔강제노동〕 인분에 흙을 섞어서 '퇴비'를 만들어 운반한다. 퇴비 운반은 힘센 사람이 냄새를 피하기 위해 앞을 차지한다.

〔나무길이 3.5~4m〕 통나무를 지고 갈 때 서로 앞에 서지 않겠다고 싸운다. 그래서 힘이 약한 쪽이 앞에 서게 된다.

〔장애인도 나무를 끈다〕 다리 없거나 팔이 없고, 눈이 멀어도 징벌 노동은 달라지지 않는다. 장애인의 일을 도와준 사람은 처벌 받는다. "나무야 어서 가자"라며 장애인은 울면서 호소한다.

북한정권이 보여주는 가장 야만적이고도 잔인한 속성 중의 하나는 식량을 주민 통제 수단으로 활용한다는 것이다. 북한에서 사람들이 굶어죽는 것은 경제난이나 자연재해 때문이 아니라 잘못된 정책 때문이다.

기아로 주민을 통제하는 북한[11]
로버트 박의 내셔널포스트 기고문 발췌

11
로버트 빅,
"North Korea Uses
Hunger as Crowd
Control", National
Post, 2012.12.14.

통일부에 따르면 북한정권은 2012년 미사일 발사에 약 13.4억 불을 쏟아 부었다고 한다. 한 통일부 관계자는 이 자금이 지난 4~5년간 북한 내 식량부족문제를 해결할 수 있는 금액이라고 하였다.

다수의 유엔 안보리 결의와 국제사회의 경고를 무시한 북한의 2012년 12월 12일 미사일 발사는 북한의 역사상 식량사정이 가장 악화된 시점에 이루어진 것이다. 국제식량정책연구기관[FRI]에 따르면 북한의 기아 상태는 글로벌기아지수[GHI]가 19점으로 "심각한 수준"이다. 북한에서 기아로 200만에서 350만 명이 사망한 1990년대 글로벌기아지수[GHI]가 15.7점이었다는 사실을 고려할 때 이것은 경악할 일이다. 이 연구기관은 북한이 국제사회의 인도주의적 지원에도 불구하고 1990년 이후 세계에서 글로벌기아지수[GHI] 증가율이 가장 높은(21%) 국가라고 발표했다.

북한의 인도주의적 위기가 가난이나 자연재해 때문이라고

주장하는 사람들은 호도당한 것으로, 이는 위험한 발상이다. 비팃 문타폰 前유엔북한인권특별보고관은 유엔총회에 제출한 본인의 여섯 번째이자 최종보고서에서 북한은 세계에서 1인당 GDP 대비 군사비 지출이 가장 높은 국가로, 결코 가난한 국가가 아니라고 하였다.

문타폰 보고관은 북한정권에게 주민들을 먹일 수 있는 능력이 있으며, 진정한 문제는 자원 부족이 아니라 북한 정권의 군사우선정책과 자금의 유용 및 차별이라는 점을 분명히 했다. 지난 십년간 압도적인 증거들을 토대로 한 수많은 보고서들이 북한 정권의 차별적이고 착취적인 식량정책이 국제형사재판소ICC 로마설립협정에 규정된 반인도죄를 구성한다고 결론지었다.

북한 정권이 주민들을 억압하고 통제하기 위해 체계적으로 굶주림을 이용하고 있는 가장 대표적인 곳은 정치범수용소이다. 지난 60년 동안 북한의 정치범수용소에서는 반역자로 몰려 수감된 자들과 아이들을 포함한 그 가족들이 내부규율에 따라 체계적으로 기아로 고통 받아왔다.

그러나 "육체의 파멸을 가져오도록 고의적으로 고통을 가하는 생활환경을 조장하는 것"만이 북한 내 정치범수용소에서 저질러지고 있는 제노사이드 행위가 아니다. 정치범수용소에는 25만 명의 무고한 사람들(그 중 1/3은 어린아이들)이 현재 굶어죽을 정도의 식량을 배급받으며 강제로 노예노동에 혹사당하고 있으며, 매일 끔찍한 고문과 죽음의 희생양이 되고 있다.

사실 북한의 정치범수용소에서는 유엔 제노사이드 협약 제2조에 제노사이드로 규정된 모든 행위들이 저질러지고 있다. 즉 결처형, 체계적인 고문과 강간, 국가가 조장하는 대량기아, 강제 낙태, 영아살해, 강제이주와 아동구금을 예로 들 수 있으나, 여기에 열거된 행위에만 국한된 것도 아니다.

북한 정권으로부터 희생자들을 구하려면 국제사회가 이제는 북한의 상황이 무엇인지 정확히 인식해야만 한다. 북한에서 벌어지고 있는 일은 20세기와 21세기를 통틀어 가장 끔찍한 집단학살인 것을 직시해야만 한다.

〔몰래 먹는 뱀과 쥐〕 쥐는 생일에 주는 선물이고, 뱀도 고급요리에 속한다. 교화인들은 뱀과 쥐를 밥 두끼와 바꾸어 먹는다. 이렇게라도 먹으면 한 달을 버틸 수 있다.

〔독방처벌〕독방에서 주는 밥을 먹지 않고 손바닥 위에 놓고 자는 척하면 쥐가 와서 밥을 먹는다. 그 순간 쥐를 잡아 먹는다. 독방 안에서는 쥐를 생채로 먹는다.

〔엄마는 울고 아들은 웃고〕부모들은 어려운 살림에서도 절약하여 음식을 만들어 면회를 온다. 면회를 하려면 보안원에게 뇌물과 고급담배를 줘야 가능하다.

〔개구리 사냥〕 개구리는 모든 교화인에게 '특식'과 다름 없다. 생개구리를 잡아 그냥 먹는다.

〔음식 고문〕 굶주린 수감자들에게 음식냄새를 맡게 해 식탐을 자극한다.

※103쪽부터 삽화 및 해설 : 권효진 탈북 미술가

북한정권이 저질러온 잔학행위와 대량학살은 1995년 스레브레니차 대학살, 캄보디아의 킬링필드, 유대인대학살에 맞먹을 정도로 매우 심각한 사태이다. 북한이 저지른 일들이 만약 세계 다른 지역에서 일어났다면 개입의 구실이 되는 한계선을 명백히 넘은 것이다. 미국이 북한에 대해서 그러한 한계선을 적용하지 않는 위선적인 모습을 보여 온 것은 또 하나의 문제이다.

스레브레니차 대학살에 버금가는 학살[12]
로버트 박의 포브스 기고문

북한 회령시 근처 제22호 강제수용소에서 2만여 명 이상의 양심수들이 사라졌다. 이미 끔찍하게 짐승처럼 다뤄지고, 노예가 된 북한 주민들을 도륙한 이 사건은 1990년대 보스니아 내전 당시 스레브레니차 대학살 수준에 버금가거나 그 이상의 일이다. 22호 수용소는 지리적으로는 로스앤젤레스보다도 더 크고, 한 때에는 3~5만 명을 수감했던 곳으로 알려진다. 위성사진들은 2012년에 이 수용소의 감시초소와 취조 및 구금시설이 파괴되었다는 것을 보여준다. 그리고 이곳에서 무고하게 고발당해 착취당하는 수감자들의 수도 3,000명으로 줄어들었다.

일부 관찰자들은 7,000~8,000명의 수감자들이 밤중에 기차

12
로버트 박,
"A Srebrenica-esque Massacre Has Recently Taken Place in North Korea's Killing Fields", Forbes 및 Chicago Tribune, 2013.10.11.

로 원래 수용소와 유사한 제16호^{함북 화성시의 외딴 산에 위치}와 제25호^{청진시에 위치} 강제 수용소로 이송되었다고 주장한다. 하지만 이외 나머지 사람들은 행방불명이다. 워싱턴 소재 북한인권위원회^{HRNK}의 데이비드 호크^{David Hawk}는 8월 보고서에서 제22호 수용소 수감자 수가 급작스럽게 감소한데 대해 "약간의 신빙성만 있어도 면밀한 수사를 해야만 하는 잔혹 행위"라고 말한 바 있다.

북한이 수용소를 폐쇄한 것은 자신들이 일말의 죄책감도 없이 자행해온 제노사이드에 대한 책임을 우회 및 은폐, 회피하기 위한 것이 분명하다. 단순한 목격자가 아니라 제노사이드와 반인도죄를 직접 자행했던^{그렇게 하지 않았다면 이들도 죽임을 당했을 것이다} 전직 수용소 경비병 안명철과 권혁의 방대한 증언으로 전세계의 이목이 제22호 수용소에서 매일 일어나는 국제범죄에 집중되었다. 제22호 수용소는 말 그대로 인간도살장으로 북한 내 대다수 수용소의 전형적인 모습이다.

북한의 잔인한 만행에 대한 길고도 상세한 안씨와 권씨의 자백^{안씨가 쓴 책은 수많은 인터뷰와 연구 주제가 되었고, 권씨는 두 개의 다큐멘터리의 주요 등장인물이 되었다} 중 가장 충격적인 것은 아마도 인간 생체실험과 독성/질식성 가스실에서 일가족을 살해하는 등 수감자들을 대상으로 생화학무기실험이 이루어지고 있다는 주장일 것이다.

2004년 BBC 다큐멘터리 '악의 축 북한을 가다^{Access to Evil}'는 북한의 수용소 내에서 광범위하고도 체계적인 인간생체실험이 저질러지고 있음을 보여주는 목격자들의 증언과 구체적인 증거^{북한 공문서} 등을 전세계에 알렸다. BBC의 올렌카 프렌킬^{Olenka Frenkiel}은 북한 정권의 피해자들, 북한관료들, 인권운동가들과 외부 관찰자들 뿐만 아니라 전직 북한 제22호 수용소 보안요원이자 전 베이징 주재 북한 대사관 무관인 권혁과 긴 대화를 나누었다.

다큐멘터리에서는 권씨가 가스실 그림을 상세히 그리는 모습이 방영되었다. 그는 가스실에 대해 이렇게 묘사했다. "유리 가스실은 밀폐되어 있습니다. 폭이 3.5m, 길이가 3m이고 높이가 2.2m 입니다. 그리고 방을 관통하는 주입관이 있습니다. 보통 가족들은 뭉쳐있고 개별 수감자들은 모서리 쪽에 따로 서 있습니다. 과학자들은 위에서 유리를 통해 전 과정을 관찰합니다."

그는 프렌킬에게 무덤덤하게 말했다. "저는 일가족이 질식성 가스 실험을 당하고 가스실에서 죽어가는 것을 지켜보았습니다. 부모, 아들 하나, 딸 하나였습니다. 그 부모는 토하고 죽어가는 마지막 순간까지도 인공호흡으로 아이들을 살리려고 했습니다. 그 때 생전 처음으로 수감자들도 강한 애정을 주고받을 수 있다는 생각이 들었습니다."

이렇게 잔인한 방법으로 죽어가는 아이들에 대해 어떻게 느꼈는지에 대한 질문에 그는 다음과 같이 솔직하게 대답했다. "고통스럽게 죽어가는 어린아이들을 보면서 제가 동정심을 느꼈다고 말한다면 그것은 완전한 거짓말입니다. 제가 속했던 사회체제에서 저는 그들을 단순히 적으로만 느꼈습니다. 저는 그 사람들에 대해 일말의 동정심도, 연민도 느끼지 않았습니다."

제1교화소라고도 불리는 개천 수용소의 생존자 이순옥은 북한에서 수감자들을 생화학무기실험 대상으로 이용하고 있는 실태를 더욱 자세히 증언했다. "간수가 저보고 건강한 여자 수감자 50명을 선발하라고 했습니다. 한 수용소 경비가 젖은 양배추가 가득 담긴 바구니를 주고는 저는 먹지 말고 선발한 50명에게만 먹이도록 했습니다. 양배추를 나눠주고 나서 비명소리가 들렸습니다. 모두들 비명을 지르며 피를 토하고 있었습니다. 양배추를 먹은 모든 사람들이 격렬하게 피를 토하기 시작했고 고통에 비명을 질렀습니다. 마치 지옥 같았습니다. 그들은 20분도 채 안되어 죽었습니다."

이 다큐멘터리를 통해 1990년도 후반에 나왔던 수용소 생존자들의 증언이 사실이었다는 것이 확인되었고 북한에서 인간 생체실험이 진행된다는 주장은 북한 과학자들, 전 수용소 경비병들, 전 수감자들의 진술 등 최근의 증언들로 계속 더 분명하게 입증되고 있다. 예를 들어, 2005년 시몬비젠탈센터 부소장 아브라함 쿠퍼Abraham Cooper는 워싱턴 포스트에 실린 그의 사설에서 '독극물 개발에 참여한' 북한 과학자 이범식 박사가명. 당시 55세를 서울에서 인터뷰한 이야기를 담았다. 1979년 이씨는 두 명의 정치범을 가스로 죽였고, 자신의 동료는 이를 기록하고 있었다고 "무감정한 어투로 설명했다." 이범식 박사에 대해 2004년 LA타임즈의 바바라 데믹Barbara Demick 기자는 한국 통일부가 그가 실제로 함흥에 있는 연구소의 고위 연구원임을 확인했으며, 인권단체가 그의 증언을 신뢰할 만하다는 판단을 내렸다는 기사를 썼다.

2002년 도쿄에 있는 널리 알려진 비정부단체 RENK는 전직 영변 원자력연구소 연구원 동춘옥을 인터뷰했는데, 동씨는 영변 원자력연구소에서는 핵개발 뿐 아니라 화학무기 연구도 진행한다고 밝혔다. 동씨는 함흥의 연구실험실에서 "수감자들이나 중범죄자들을 대상으로 약물 주사를 통한" 생화학무기실험이 진행됐다고 진술했다.

2004년 중국에서 강제 북송된 탈북민 강병섭은 자신이 함경남도에 위치한 화학공장의 기술자이며, 제22호 수용소 수감자들을 "액체가스 생체실험 용도"로 화학 단지로 이관 명령하는 공식문서 "이관서"를 밀반출했다고 주장했다. 전직 유엔 직원이자 북한인권정보센터소장인 김상훈은 LA타임즈와의 인터뷰에서 그가 강씨의 가족들을 수년 전부터 알았으며, 북한 보위부의 관인이 찍혀 있는 이 공문서들을 신중히 검토한 결과 "이 공문서들이 진짜임을 절대적으로 확신한다"고 말했다. 강씨와 그의 부인 및 막내아들은 그가 이 문서들을 밀반출하여 나온 후 중국-라오스 국경에서 북중간 합작작전에 걸려들어 체포된 것으로 알려졌다. 그는 북송된 뒤 그의 증언을 완전히 철회하고 모든 사안에 대해 일일이 반대되는 진술을 하도록 강요당했으며, 이후에는 아무런 소식도 알려지지 않았다. 그의 다른 아들인 강성국은 그 때 당시 태국에서 북한 요원에 의한 납치 시도를 간신히 빠져나갔다고 전해졌다.

김상훈은 2009년 알자지라 방송과의 인터뷰에서 "인체 실험은 널리 퍼진 관행이다… 이러한 실험은 북한 대중들에게 잘 알려진 사실"이라고 전했다. 북한 특수부대 출신 임천용도 같은 방송에서 "북한 정권은 정신적으로나 육체적으로 장애를 가진 채 태어난 사람이 사회에 기여하는 최고의 방법은… 생화학무기실험 대상이 되는 것이라고 말한다"고 주장했다. 당시 그의 지휘관은 정신 지체가 있는 12살 난 딸을 실험 대상으로 내어 주었고, 실험실 경비였던 그의 동료는 "다수의 사람들"이 "유리관"에서 "독가스"로 죽는 것을 목격했다고 전했다. 2006년 북한 의사 출신 리광철은 로이터통신과의 인터뷰에서 북한 정권은 육체적 장애가 있는 사람들을 "거의 태어나자마자" 죽이기 때문에 "북한에는 육체적 결함이 있는 사람이 없다"고 진술했다. 금년 5월, 서울에 있는 북한인권시민연합의 요안나 호사낙 Joanna Hosaniak은 2012년 탈북한 북한 노동당 고위 간부의 최근 증언을 토대로 북한 정권이 장애를 가진 아이들을 대상으로 생화학무기실험을 주도하고 있다는 것을 확증하는 보고서를 냈다. 이 전직 노동당 간부는 함경남도 해안에서 조금 떨어진 곳에 위치한 "83호 병동"을 언급하며 이곳에서 장애 아동들이 "인체 기관 해부나 생화학무기실험과 같은 의료실험"에 이용된다고 진술했다.

피터슨국제경제연구소의 스티븐 해거드[Stephan Haggard]와 마커스 놀랜드[Marcus Noland]가 1,600명이 넘는 탈북민들을 인터뷰하여 2011년에 쓴 "변화의 목격자: 북한에 대한 탈북민들의 이해[Witness to Transformation: Refugee Insights Into North Korea]"는 중국에서 인터뷰한 수용소 수감 경험이 있는 탈북민 중 55%가 수감자들이 의학실험 대상으로 이용되고 있다고 믿는다고 기술했다. 질문에 대한 탈북민들의 대답이 각기 구별되고 다양했던 것으로 미루어 보아 "응답자들은 단순히 질문자들이 듣고 싶어 하는 대답을 지어내는 것이 아니었다."

독일 출신 감독 마크 비제[Marc Wiese]가 제작한 2012년 다큐멘터리 〈제14호 수용소: 완전통제구역〉은 국제적인 상을 다수 수상하는 영예를 얻었고, 북한의 경악하리만치 처참한, 사상 최악의 인권 유린 사태를 전 세계에 알리는 역할을 계속해 왔다. 다큐멘터리의 주인공은 제네바의 유엔 워치[UN Watch]의 2013년 도덕 용기상[Moral Courage Award]의 수상자이자 현재까지 '완전통제구역' 14호 관리소[개천 수용소] 탈출에 성공한 유일한 생존자로 알려진 신동혁이다. 신씨는 수용소에서 태어나 수용소에서 24살까지 노예로 살았으며, 모든 기본적인 인권을 체계적으로 박탈당했고, 이루 말할 수 없는 잔혹 행위에 시달렸고, 자신의 어머니와 형을 포함하여 셀 수 없이 많은 사람들의 공개처형을 목격했다. 그의 '죄목'은 6·25 전쟁 중 남한으로 탈출한, 자신은 전혀 알지도 못하는 친척을 둔 것이었다.

이 다큐멘터리는 토론토국제영화제에서 "우리 시대의 가장 중요한 다큐멘터리 중 하나"라고 비평가들의 극찬을 받았으며, 신동혁과 더불어 전직 북한 비밀경찰 국가안전보위부 요원 오양남과 권혁도 인터뷰에 참여하였다.

비제 감독은 가디언지와의 인터뷰에서 권혁과의 대화에 대해 이렇게 말했다. "제가 확신하건데 그 사람은 가학적인 성향이 있습니다. 강간에 대해서 이야기하면서 웃었습니다. 어떻게 웃을 수가 있습니까? 그와의 인터뷰 중 50%는 사용할 수가 없습니다. 방영하기에는 너무 부적합합니다. 만약 북한을 위한 인권재판소가 생긴다면, 제가 가지고 있는 자료를 쓸 수 있도록 할 것입니다. 그리고 이 자료는 두 사람 모두에게 선고를 내리기에 충분합니다."

비제 감독이 이전에 만든 다큐멘터리는 보스니아계 세르비아인인 전범戰犯 라도반 카라지치Radovan Karadzic를 찾는 내용을 다루었다. 그는 블룸버그와의 인터뷰에서 북한관료들이 2004년 다큐멘터리에서 인터뷰했던 살인범들과는 대조적으로 자기들이 저지른 일대량 학살과 강간을 포함에 대해 조금의 죄책감도 보이지 않아 "충격을 받았다"고 말했다. "이 사람들은 와서 이렇게 말합니다. 여자가 보이길래 강간했다… 여자가 거부하면 죽였다. 여자가 임신하는 경우에도 죽였다."

신동혁의 증언은 유엔이 북한인권유린사태에 대해 조사를 개시하게 만든 주요 촉매제 역할을 했다. 그가 2012년 12월에 만난 나비 필레이Navi Pillay 유엔인권고등판무관은 2013년 1월 "전세계 어디에도 유례가 없고," "21세기에 상상도 할 수 없는 일인" "북한에서 수십 년간 저질러진 심각한 범죄 행위에 대한 전면적인 국제조사가 필요한 시점"이라고 선포했다. 이제 마이클 커비Michael Kirby 前호주대법관이 위원장을 맡은 유엔 북한인권조사위원회가 활동 중에 있다. 탈북에 성공한 북한 피해자들의 수많은 증언에 눈물을 보이며 마음 아파한 그는 지난달 기자들에게 "2차 세계대전이 끝난 후 러시아, 미국, 영국 연합군들의 모습과 그들이 나치 점령지에서 강제수용소를 발견했을 때의 장면들이 마음속에 스쳐 지나갔다"고 말했다.

국제적인 베스트셀러 『14호 수용소 탈출: 자유를 찾아 북한에서 서방까지 한 남자의 놀랍도록 긴 여정』의 저자 블레인 하든^{Blaine Harden}은 2012년 NPR 방송과의 인터뷰에서 어떤 전직 북한수용소 경비병^{아마도 안명철일 가능성이 크다}의 말을 이렇게 전했다. "수감자들 중에는 신동혁보다 더 힘든 상황에 처한 사람들이 많았다. 신씨는 비교적 괜찮은 편이었다. 그는 강했고, 그랬기 때문에 그는 탈출할 만한 여력이 있었다" 북한 사람이 아닌 외부 사람들에게 북한수용소 내 상당수의 수감자들이 신동혁보다 '더 힘든' 상황에 처해 있다는 것을 받아들이거나 상상하는 것은 어려울 것이다. 하지만 여기서 핵심은 북한 주민들에게 가해진 범죄의 심각성을 외부 세계가 이해하기 시작하는 데 있다.

시리아 화학무기에 대한 2013년 6월 13일 백악관의 성명을 인용하자면 "수십 년간 국제사회에 존재해 온 명백한 한계선"을 소위 조선민주주의인민공화국이 지금도 계속 넘어섰다는 것을 시사하는 모든 형태의 증거들을 면밀히 검토하지 않는 이상 '전면적인 국제조사'는 완료되었다고 할 수 없다.

일단 제22호 수용소에서 사라진 수만 명의 사람들에게 무슨 일이 일어난 것인지는 파악된 것 같다.

권혁의 증언: "정치범이 수용소의 규칙을 어기면 연대책임 때문에 그의 가족뿐만 아니라 그의 이웃인 다섯 가족들도 죽임을 당합니다. 저는 다섯 가정의 구성원 31명 모두를 죽인 적이 있습니다." (BBC, 2004년 2월 1일)

안명철의 증언: "우리는 그들이 민족의 반역자이고, 그들의 3대를 멸해야 한다고 되풀이해서 교육 받았습니다."

(AP, 2008년 10월 29일)

이것은 '제노사이드'다!: 사례1

"한족의 피가 흐르는 아기는 용납할 수 없다"

이 장과 다음 장에서는 로버트 박이 제노사이드 협약 위반으로 설명한 북한 정권의 두 가지 행위에 대해서 설명하려고 한다. 한 가지 분명히 해두고 싶은 것은 북한 정권의 잔학행위는 너무나 광범위하고 종류가 많아서 한두 가지로 규정될 수도 없고, 심지어 책 한 권으로도 설명할 수 없다는 점이다. 여기에서는 북한의 제노사이드에 대한 로버트 박의 핵심적인 주장 두 가지에 대해서만 소개한다.

북한 당국이 제노사이드 협약을 위반한 것으로 볼 수 있는 한 가지 행위는 중국인의 피가 섞인 혼혈아의 출생을 방지함으로써 북한 내 중국혼혈인 집단을 말살해온 것이다. 중국으로부터 강제송환된 북한 여성들이 강제낙태와 영아살해로 고통받아 왔다는 것은 이제 부정할 수 없는 객관적인 사실로 받아들여지고 있다. 이에 대한 증언은 다양한 곳에서 찾을 수 있는데, 『감춰진 수용소2』데이비드 호크 저. 2013는 '제4부 중국에서 강제 송환된 탈북민에 대한 구류시설 및 형벌: 여성에 대한 폭력'과 '제5부 고문과 영아 살해 관련 요약'에서 이 부분에 대한 탈북민들의 증언을 체계적으로 정리해 놓았다. 탈북민들의 증언에 따르면 북한 공안 당국은 임산부들이 중국의 한족을 아버지로 둔 '반(半) 중국인 아기를 낳는 것을 막겠다'는 목표를 공공연하게 표명한다고 한다. 이 때 임산부가 인신매매를 당했는지 또는 중국 한족과 강제적 혹은 자발적으로 결혼했는지 여부는 무관하다. 아래는 그 일부를 발췌한 것이다.[13]

13
데이비드 호크,
『감춰진 수용소2:
산으로 추방된
사람들의 삶과 목소리』,
국가인권위원회,
2013, 235~288p.

> 구류자 중에는 임산부 10명이 있었는데 그중 3명은 임신 8~9개월이었다… 최영화가 도와준 임산부는 분만유도 주사를 맞고 곧 아기를 출산했다. 최영화는 태어난 아기가 산모 앞에서 젖은 수건으로 질식사당하는 장면을 공포에 떨며 지켜보았고, 산모는 실신했다… 임산부를 돕던 다른 2명의 수감자는 최영화에게 자신들이 돕던 임산부들의 아기도 산모가 지켜보는 앞에서 질식사당했다고 알려주었다. '한족의 피가 흐르는 아기는 용납할 수 없다'는 것이 이유였다.

이 밖에도 책에 소개된 여성과 영아 살해와 관련한 사례는 차마 볼 수 없을 정도로 잔인하다. 임산부들은 나무와 시멘트로 된 감방 바닥에 누워 각목으로 구타당하고 '중국인 정자를 몸에 받아 가져온 음탕한 년'이라는 욕설을 듣는다고 한다. 농축액 주사를 맞고도 자궁 속에서 죽지 않은 한 태아는 3~4개월 만에 태어났는데도 아직 숨이 붙어있지만 곧 신문지에 싸여 양동이에 버려져 죽을 때까지 방치됐다가 매장되었다고 한다. 또한 강제낙태를 당한 임산부들은 휴지나 수건은커녕 씻는 것도 허락되지 않고 어떠한 의료 관리도 받지 못한다고 한다. 청진 농포 구류장에 있었던 한 탈북민은 8개월 된 태아 셋이 낙태당하고 아기 7명이 살해당하는 것을 목격했다고 증언했다. 그의 말에 따르면 아기가 태어나면 얼굴을 아래로 한 채 땅에 놓았는데, 아기들은 거의 사망했고, 그럼에도 죽지 않은 아기는 젖은 비닐로 질식사를 시켰다고 한다. 경비대원들은 이 모습을 산모가 직접 보게 했는데 '중국인의 피를 이어받은 아기'이기 때문에 이 아기가 죽는 것을 산모가 직접 보고 들어야 한다는 것이 그 이유였다. 이 외에도 남성 수감자들에게 강제낙태를 강렬하게 저항하는 임산부의 배에서 뜀뛰기를 강요해 아이와 산모 둘 다 사망에 이르게 했다는 증언도 있었다. 너무나 끔찍해서 믿기 힘들지만, 북한에서는 이미 계속해서 벌어지고 있는 일이다.

통일연구원에서 매년 발행하는 『북한인권백서』 또한 강제송환된 탈북 여성들이 중국인의 아이를 임신했을 경우 강제낙태와 영아살해가 이루어진다는 것을 'VI장 탈북자 인권실태'에서 기술하고 있다. 이러한 보고서들에 있어 아쉬운 점이 있다면 제노사이드에 대한 수많은 증거들이 있음에도 이를 제노사이드와 연관짓지 않는다는 점이다. 대신 위 증거들은 '강제송환된 탈북 여성에 대한 인권 침해' 사례로만 다루어지고 있다.

북한에서 중국 혼혈아들이 강제낙태와 영아살해를 통해 잔인하게 몰살당하고 있다는 사실은 마이클 커비[Michael Kirby] 전 유엔 북한인권조사위원회[COI] 위원장도 충분히 인지하고 있는 것으로 보인다. 그는 한 탈북 여성으로부터 자기가 낳은 아기의 아버지가 중국인이라고 믿었던 북한 경비원들이 아기가 태어나자마자 강제로 양동이에 내던져 익사시켰다는 증언과 강제북송된 북한 여성들은 외국인의 씨를 배었을 가능성에 대비하여 임신 여부를 정기적으로 검사한다는 증언을 듣고 이렇게 말하였다. 북한 정권이 가진 인종의 순수성에 대한 관념은 "유럽에 있는 사람들에게는 특히나 더 끔찍하게 다가오는 특별한 의미가 있습니다. 이것은 제2차 세계대전의 기억 때문입니다.[14]" 물론 여기서 제2차 대전의 기억이란 바로 유대인대학살을 뜻한다. 즉, 커비 위원장조차도 북한의 행위가 제노사이드 협약을 탄생

14
http://
www.theguardian.
com/law/2013/
oct/24/
human-rights-
abuses-
china-north-korea

시킨 직접적인 원인이었던 나치의 만행과 흡사하다는 것을 말하고 있는 것이다.

로버트 박은 다수의 기고문에서 북한에서 자행되고 있는 영아살해, 강제낙태를 제노사이드 협약 제2조 (d)항(집단 내의 출생을 방지하기 위하여 의도된 조치 부과)에 따른 '국민적, 민족적, 인종적 집단에 대한 제노사이드'로 규명하였다. 그는 그의 기고문 〈보호책임R2P의 제1순위 위반자 북한[15]〉에서 미국과 유엔 차원에서도 이 문제를 인지하고 있다는 사실을 우리들에게 상기시켜주었는데, 미국 국무부는 북한이 이러한 정책을 고수하는 이유가 중국 혼혈아의 출생을 방지하기 위한 것이라고 하였으며[16], 유엔인권고등판무관실은 북한이 "특히 성매매나 강제결혼, 출산유도제 주입 또는 출산을 통한 인종적 이유에 따른 낙태, 영아살해 등 인권과 여성의 기본적인 자유를 지속적으로 위반해오고 있음"을 공식적으로 인정했다.[17]

지난 10여 년간 수많은 보고서들이 북한의 수용소에서 인종적 이유에 의한 영아살해와 강제낙태가 조직적으로 이루어지고 있다는 사실을 보여주었다. '인종청소ethnic cleansing'에도 해당하는 이러한 관행은 북한 정권이 인종적 순혈주의에 집착해왔다는 것을 보여준다. 북한 정권이 혼혈아들을 없애려는 의도를 갖고 있다는 것은 명백하며 반박의 여지가 없는 사실이다. 그리고 그것은 제노사이드 협약에서 보호하고 있는 '국민적, 민족적, 인종적 집단'을 파괴하는 행위로 협약에서 규정하고 있는 제노사이드에 해당된다.

15
로버트 박,
"North Korea: The World's Principal Violator of the Responsibility to Protect", Columbia Journal of International Affairs, 2012.2.6.

16
2004년 미국 국무부 보고서(http://www.state.gov/j/drl/rls/hrrpt/2004/41646.htm)

17
UN Resolution 2005/11, Office of the United Nations High Commissioner for Human Rights

이것은 '제노사이드'다! : 사례2

"조상을 기독교인으로 둔 후손 중에
살아있는 사람을 찾는 것은 거의 불가능하다"

북한에서 어떤 신앙이나 종교적 믿음을 가진 것이 발견될 경우 전 가족이 3대에 걸쳐 처형되거나 평생 동안 정치범수용소에 갇히게 된다는 것은 탈북민들과 북한 사정을 잘 아는 사람들에게 있어 흔히 알려진 사실이다. 그럼에도 그동안 발표된 다수의 보고서나 언론보도는 그 심각성의 정도를 충분히 전달하지 못했던 것 같다. 많은 경우 기독교인에 대한 '핍박'과 '박해' 차원에서 자료를 수집·정리하고, 기술해왔다. 물론 사람들을 혼란스럽게 만드는 가장 큰 이유는 외부세계에는 자신들이 종교의 자유를 허락하는 것처럼 보이도록 만든 북한 정권의 위장술에 있을 것이다. 하지만 여러 가지 혼란스러운 발표 자료에도 불구하고 우리는 북한 정권이 그동안 기독교인은 단 한 명도 용인하지 않았다는 사실즉, 북한에서 기독교인들에 대한 제노사이드가 저질러져 왔다는 사실을 각종 자료와 언론보도를 통해 계속 확인하게 된다.

예컨대 작년 중앙일보 보도에 따르면 북한은 11월 3일 강원도 원산을 비롯한 7개 주요 도시에서 80여 명의 주민들을 공개처형했는데, 처형당한 죄목 중 하나가 바로 '성경 소지'였다. 처형당한 주민의 가족들은 수용소로 보내지거나 오지로 추방

되었다고 한다. 북한에서는 어떤 사람이 기독교인으로 밝혀지거나 성경을 소지한 것이 발각되면 죽임을 당하고, 그 가족들은 독일 나치 시대 수용소와 비슷한 완전통제구역으로 끌려간다. 여기서 수용소로 간다는 것은 본질적으로는 사형선고나 마찬가지이다. 2009년 리현옥이라는 기독교인은 중국 접경 룡천에서 성경을 소지하고 배포한 죄로 공개처형 당했고, 남편과 아이 세 명, 부모 등 가족 전원은 정치범수용소로 이송되었다.

미국 국제종교자유위원회The U.S. Commission on International Religious Freedom는 탈북민들을 인용하면서 북한의 요덕 수용소에 현재 6,000여 명의 기독교인들이 수감되어 있다고 발표한 바 있으며, 특히 종교적 믿음 또는 종교인들과의 접촉 때문에 수감된 사람들은 타 수감자들에 비해 더욱 가혹한 대우를 받는다고 강조했다. 즉, 그들은 생존에 대한 희망이나 가능성 없이 몰살당하고 있는 것이다.

미국 국무부는 '2012 국제 종교자유 연례보고서'에서 북한에서는 "진정한 의미의 종교의 자유는 없는 상태"라고 발표했다. 북한 정권이 공인한 4개 교회 - 봉수교회, 칠골교회, 장충성당, 정백사원 - 는 진정한 종교시설이 아니라 외국의 종교단체나 국제기구의 원조를 이끌어내기 위해 만든 가짜 교회일 뿐이다. 통일부도 북한이 종교시설을 "대외적으로 다양한 종교와의 접촉을 통해 외부의 인도적 지원을 확대하는 외화벌이 수단으로 활용하고 있다"고 지적했다.[18]

북한은 전세계 그 어느 국가보다도 많은 수의 종교인들을 구금하고 있는 것으로 받아들여지고 있다. 세계 기독교 박해 감시 기구인 오픈도어즈는 현재 북한의 완전통제구역에 5만 명에서 7만 명의 기독교인들이 수감되어 있다고 추정한다. 2014년 오픈도어즈는 12년 연속으로 북한을 전 세계에서 가장 기독

18
통일부, "北 종교시설
외화벌이용",
파이낸셜뉴스.
2011.9.22.

19
http://
www.worldwatchlist.
us/world-watch-list-
countries/
north-korea/

교인들을 극단적으로 박해하는 국가로 지목했다. 북한은 시리아나 소말리아보다도 훨씬 심각하다[19]. 하지만 로버트 박도 지적했듯이 북한 정권이 기독교인들을 대하는 것은 '박해'를 넘어서서 국제법 하의 '제노사이드'에 해당하며, 따라서 국제사회에서도 이 문제를 박해가 아닌 제노사이드로 명명하고, 제노사이드의 차원에서 다루어야 한다. 북한에서 기독교인들은 타 수감자들에 비해 항상 더욱 가혹한 처벌을 받았고, 독일 나치를 방불케 하는 수용소로 보내졌다. 이렇게 수용소로 보내지는 것은 실질적으로는 사형선고나 마찬가지이다.

지금도 북한에서 수많은 기독교인들이 죽어가고 있다는 사실을 보여주는 증거는 많다. 만약 오픈도어즈가 추정한대로 북한에서 5만~7만 명의 기독교인들이 현재 수감되어 있는 것이 사실이라면, 북한 전역의 정치범수용소 수감자의 1/3이 기독교인이라는 뜻이 된다.

20
개천 교화소는
신동혁씨가 수감되어
있었던 14호
관리소, 즉 개천
정치범수용소와는
다른 일종의
교도소이지만 그 인권
실상은 수용소와 큰
차이가 없는 것으로
알려져 있다.

이순옥은 1987년~1993년 간 개천 교화소[20]에 수감되어있던 탈북민이다. 1996년에 출판된 그의 책 '꼬리 없는 짐승들의 눈빛'은 아마 수용소 생존자가 쓴 가장 끔찍한 증언 중의 하나일 것이다. 한 때 노동당 간부이기도 했던 이씨가 억울하게 수감된 이유는 종교적인 이유 때문은 아니었지만 이 책은 북한에서 기독교인들이 끔찍하고 야만적인 처벌을 받고 있다는 것을 보여주고 있다. 수감 당시 이씨는 가혹한 처벌은 기독교인들에게 부과된다는 것을 목격했다. 다음은 이씨가 미국 상원 의회에서 증언한 내용을 발췌한 것이다[21]: "용광로 공장에서 일하는 것은 수용소에서 특히 고된 일로 여겨졌습니다. 보통 기독교인들이 그리로 보내졌습니다. 그 용광로 공장에서 일하던 한 기독교인은 1998년 겨울에 공개처형 되었는데, 이유는 친구를 집에 숨겨주었다는 것이었습니다. 1990년 봄 저는 남성 수

21
의회 증언 내용은
영어로 (번역) 되어
있는 것을 한국어로
(재)번역한 것임.
http://
www.judiciary.
senate.gov

감자들이 있는 용광로 공장에 지시를 받고 갔습니다. 5~6명의 기독교인들이 줄서 있었는데, 기독교를 부정하고 주체사상을 받아들이도록 강요당하고 있었습니다. 하지만 그 수감자들은 반복되는 개종의 명령에도 모두 침묵했습니다. 그러자 독이 오른 교도관은 용광로의 펄펄 끓는 쇳물을 그 사람들 위에 부어 죽였습니다." 이씨는 2003년 미국 MSNBC 방송에서도 증언했다.

아래는 우리나라에 잘 알려진 이씨의 증언을 발췌한 것이다.

1,500도 이상 시뻘겋게 타오르는 용광로의 고열 속에서 노동하고 있는 많은 사람들은 무슨 짐승의 무리 같기도 하고 외계인 같기도 하고 도무지 사람의 모습을 찾아보려 해도 찾아볼 수가 없었습니다. 머리에 머리카락이 붙어있는 사람은 하나도 없었고 얼굴은 해골 같고 이빨이 하나도 없었습니다. 키가 다 줄어들어서 120~130cm 정도로 딱 붙었고 하루 열여섯 시간, 열여덟 시간씩 먹지도 못하고 그 고열 속에서 일하고 있었습니다.

교도관들은 소가죽 채찍을 휘두르고 다니면서 묵묵히 일하는 사람들을 사정없이 내리쳤습니다. 예수를 믿는 그 사람들의 몸에는 옷이 입혀져 있지 않습니다. 용광로의 뜨거운 불꽃이 앙상하게 말라붙은 살가죽에 튀고 또 튀어 딱지가 앉고 그 자리에 쇳물이 또 떨어지고, 타버리고 해서 그 사람들의 피부는 한 곳도 성한 곳이 없었습니다.

어느 날 오후 공장에 들어갔을 때 공장안이 쥐 죽은 듯 고요했습니다. 작업장 한 가운데 수백 명의 그 죄수 아닌 죄수들에게 담당 교도관 두 명이 눈에 핏발을 세우고 미친 듯이 고함을 치며 날뛰고 있었습니다. 교도관들은 "너희들 가운데서 단 한 사람이라도 좋으니 대열 앞에 나서라. 하늘을 믿지 않고 수령님을 믿겠다고 하면 자유 세상으로 내보내서 잘 살 수 있게 만들어 주겠다"하면서 하늘을 거부하라고 그렇게 채찍으로 때리고 발로 찼지만 그들은 매를 맞으면서도 아무 말 없이 침묵으로 맞섰습니다.

그러자 독이 오른 교도관이 그 사람들에게 달려가서 닥치는 대로

22
크리스천투데이,
"(남산편지) 어느
정치범수용소에서
일어난 일",
2011.06.25.

아무나 여덟 명을 끌어내다가 땅바닥에 엎어놓고는 구둣발로 내리밟고 짓이겼습니다. 순식간에 피투성이가 되고 허리며 팔·다리뼈가 부러졌습니다. 짓밟힐 때마다 그들은 신음소리를 냈습니다. '주님', '하나님'이란 소리였습니다. 저는 그 사람들이 당했던 고통의 천만 분의 일도 제대로 여러분에게 전해 줄 수가 없습니다."[22]

2013년 10월 세계기독교연대[CSW] 스튜어트 윈저[Stuart Windsor] 국장은 유엔 북한인권조사위원회 앞에서 한 탈북민의 증언을 다음과 같이 전달했다. "기독교는 북한에서 제1의 공공의 적입니다. 만약 북한에서 누가 기독교인이면… 처형당하거나 정치범수용소로 보내집니다… 저는 1998년 무산에서 19살, 24살, 32살 된 기독교인 3명이 처형되는 것을 지켜보았습니다. 그들은 중국에 갔다가 기독교인이 되었고 그래서 처형당하는 것이라고 들었습니다. 주민들은 강제로 참석해서 처형을 지켜보아야 했습니다. 처형당한 사람은 눈이 가려져 있었는데, 몸이 옷으로 완전히 덮여 있었기 때문에 상처는 확인할 수 없었어요. 하지만 그 누구도 혼자 걷지 못했고, 끌려와서 기둥에 묶이고 총살당했습니다. 보통 1명에게 3발을 쏘는데 이들에게는 6발씩 쏘았습니다. 이것은 그들이 조국을 배반했기 때문이었습니다.

세계기독교연대[CSW]의 2007년 보고서에서 안명철 전 수용소 경비대원은 이렇게 말했다. "북한 정권의 기독교인들에 대한 처우는 제노사이드의 정의에 딱 들어맞습니다. 100% 맞아 떨어집니다. 모든 종교는 사회악이라는 상부의 특별한 지시가 있었습니다. (북한에서는) 전멸시켜버릴 목적으로 기독교 집단에 대해 언급한 각종 자료들이 넘쳐납니다. 연설, 문서, 지시, 교과서, 팜플렛에 다 나와 있습니다. 종교는 마약처럼 여겨졌고, 그래서 없어져야 했습니다. 제가 수용소에서 근무할 때 많은 기독교인들을 보았습니다. 인민은 오직 수령님만 경배해야

하고 그에게서 벗어나는 것은 북한체제에 대한 일탈행위였어
요… 기독교인이 되고 싶어 한다는 것은 이해할 수도, 상상할
수도 없는 것이었습니다. 조상을 기독교인으로 둔 후손 중에
살아있는 사람을 찾는 것은 거의 불가능합니다. 수용소 규칙들
은 기독교인 생산을 막는 것을 의도하고 있어요. 수용소 내 모
든 사람들은 아기를 가질 수 없습니다. 제가 있었던 수용소의
목적은 수감자들을 죽이는 것이었습니다. 수감자들을 총을 쏘
아서 죽이는 대신 죽을 때까지 부려먹는 것이 목적이었습니
다. 수용소의 목적은 노동력을 착취하는 것이 아니라 죽이는
것이었습니다. 죽이는 것이 최종목표였어요. 단지 방법이 달랐
을 뿐입니다."

故황장엽 전 노동당 비서 또한 "북한에서는 종교를 믿는다고
공개리에 말하면 죽는다"[23], "만약 어떤 사람이 교회를 진정으
로 가고 싶어 하거나 믿음을 선포하면, 5분 안에 총살당할 것"[24]
이라고 언급했다. 그에 따르면 "김일성과 김정일은 신앙의 자
유를 허용하지 않으며 종교인들을 증오하고 있다. 그들은 자기
만을 사랑하고 존경할 것을 요구하며 그 누구도 다른 사람을
존경하고 사랑하지 못하게 할 뿐 아니라 사람들이 신을 믿고
사랑할 권리까지 빼앗고 있다."[25]

북한정권이 종교인들에 대한 제노사이드적 정책을 수행해오
고 있다는 것을 가장 단적으로 증명하는 발언은 김일성 본인에
게서 나왔다. 김일성은 심지어 "종교인들은 죽여야 그 버릇을
고친다."고까지 말하였는데, 다음은 1971년 사회안전부에 하
달된 김일성 교시의 일부이다.[26]

우리 당의 사회 안전 정책에는 종교인들에 대한 처리방침이 명확히
제시되어 있습니다. 그대로 하면 됩니다. 나이 많은 늙다리 종교쟁이
들은 죽어야 그 버릇을 고칩니다. 그러니 그들은 무자비하게 없애버

23
데일리NK,
『김大 종교학과,
남한 속이려 만든 것』,
2006.06.23.

24
Crosswalk,
"A Look at
Christianity in
North Korea",
2002.04.15.

25
황장엽,
『황장엽 비록 공개:
어둠의 편이 된 햇볕은
어둠을 밝힐 수 없다』,
조선일보사, 2001,
146p.

26
고태우,『북한의
종교정책』민족문화사,
1988, 81p.

려야 합니다.

그리고, 철없는 젊은이들이 종교에 물이 드는 것은 우리가 사상 교양을 강화하고, 종교의 허위성과 비과학적인 내용을 잘 해설해 주면 얼마든지 막을 수 있습니다.

그 중에서도 악질은 제거하고 피동분자들 특히 적대 계층 출신자들의 경우는 모두 수용소에 가두도록 하면 됩니다. 그렇게 걱정하지들 말고 머리를 쓰시오.

북한 제노사이드에 대한 추가적인 보고 1

"일부 혼혈아들은 살아남았다는 이야기를 단 한 군데에서도 발견할 수 없다"

북한정권이 종교집단과 혼혈집단을 파괴하는 제노사이드를 저지르고 있다는 주장은 로버트 박이 최초로 제기한 것은 아니다. 북한의 제노사이드에 대한 논의는 미국 국무부에서 근무했던 그레이스 강 법학교수가 쓴 2006년 보고서 〈반인도죄, 제노사이드, 전쟁범죄에 대한 김정일 기소 사례연구〉에서도 확인할 수 있다.[27]

27
Grace M. Kang,
"A Case for the
Prosecution of Kim
Jong Il for Crimes
Against Humanity,
Genocide, and War
Crimes", 2006.5.22.

http://
law.bepress.com/
cgi/viewcontent.cgi?
article=6372&conte
xt=expresso

북한의 상황은 국제형사재판소[ICC]에서 현재 조사 중인 다르푸, 콩고민주공화국, 북 우간다 상황에 비해 최소한 그와 맞먹거나 더 심각한 수준이다. 지금까지 북한의 수용소에서 최소한 백만 명이 사망한 것으로 추정되고 있다.(…) 북한이 국민적, 종교적 집단을 공격 대상으로 삼은 것은 제노사이드의 정의에 아주 잘 맞아 떨어지는 것으로 보인다. 국민적 집단(민족적 집단으로 볼 가능성도 있다)에 대한 제노사이드는 아버지가 중국인이거나 다른 외국인일 경우 이루어지는 강제낙태와 영아살해이다. 가해자들은 이런 행위를 하는 이유가 태아 또는 아기가 중국 혼혈이기 때문이라고 노골적으로 말해왔다. 보통 아기 엄마는 중국으로 도망갔다가 그 곳에서 임신하고 강제 북송된 북한 여성들이다.

또한, 북한에서는 종교(예를 들어 기독교) 때문에 더 가혹한 고문을 당하고 죽임을 당하는 사람들에 관한 수많은 자료들이 있다. 처형의 희생자들 중에는 지하교회 신도가 포함된다.(…) 2002년 미국 의회에서는 1990년대 초까지 북한의 수용소에서 수감자들이 어떻게 다루어졌는지에 대한 목격자들의 증언이 있었다. 목격자들은 종교적 믿음 때문에 갇힌 수감자들은 일반적으로 타 수감자들보다 가혹한 대우를 받았다고 말했다.(…) 한국 통일연구원은 2001년 종교를 전파하려고 하다 붙잡힌 5명의 사람들이 총살당했다는 한 탈북민의 증언을 보도했다.(…) 미국 국무부는 북한에서 선교를 하거나 강제북송된 사람들 중 외국에서 선교사들과의 접촉이 있었다는 사실이 발각되는 사람들은 더욱 가혹하게 처벌당하고, 고문 또는 처형당한다고 발표했다.(…) 통일연구원은 북한이 남한의 종교인들과 접촉이 있던 사람들에게 더욱 가혹한 처벌을 부과한다고 보도했다.(…) 서울에 있는 한 NGO는 중국에서 기독교로 개종한 한 탈북민 가정 4명이 2002년 북한으로 강제송환된 후 그들의 믿음을 부정하지 않아 즉결 처형되었다고 보도했다.

중국 혼혈아와 관련해서는, 수감자들이 낳은 모든 혼혈아들이 공격 대상이 되는 것으로 보인다. 이들은 최소한 질적으로는 국민적 성격으로 정의된 일개 집단의 상당한 부분을 구성한다. 이와 관련한 보도에서 일부 혼혈아들은 살아남았다는 이야기는 단 한 군데에서도 발견할 수 없다. 모든 아기들이 구금소에서 살해당한 것으로 보인다. 통일연구원은 이렇게 보도했다. "구금당했던 여성 수감자가 그 아이들을 데리고 출감하는 것은 한 번도 본 적이 없다고 모든 탈북민들이 증언했다. 이 사실은 구금시설에서 영아살해가 일상적으로 벌어지고 있다는 것을 뒷받침한다." 기독교인들도 또한 공격의 주요 대상으로 보인다. 예를 들어, 북한에서는 강제송환된 사람들 중 외국에 있었을 때 기독교인들과 접촉이 있었던 모든 사람들을 색출하여 더욱 가혹한 형벌을 부과한다. 종교활동과 관련된 혐의로 고발된 11명을 체포하는 일에 연루되었던 한 경찰관은 2명은 조사 중에 고문 받다 죽고, 나머지 9명은 처형당했다고 보고했다. (북한에서는) 성경 또는 여타 종교적인 물품을 소지하면 구금당하거나 심지어 처형당한다.

북한 제노사이드에 대한
추가적인 보고 2

"김일성 3대 정권은 북한정권 수립부터
제노사이드와 정치적인 대량학살을 벌여왔다"

제노사이드 분야에 있어 공신력이 있는 국제 NGO 제노사이드위치Genocide Watch의 입장도 주목된다. 제노사이드위치는 제노사이드를 예측하고, 방지하며, 멈추고, 처벌하기 위해 만들어진 NGO로, 이 단체의 자문위원들 중에는 로미오 달라웨 장군Lt. Gen. Romeo Dallaire과 사만다 파워Samantha Power 주유엔 미국대사 등 존경받는 반제노사이드운동가들이 다수 포함되어 있다. 이 기관은 북한인권운동단체와는 관련이 없으며, 따라서 선입견이나 편견이 없이 순수 객관적인 자료들을 가지고 북한의 실상을 제노사이드로 인정한 것이라는 점이 주목되는데, 2011년 12월 19일 처음 발표한 보고서에서 아시아타임즈에 실린 로버트 박의 기고문을 인용하여 북한 정권이 포괄적이고도 명백하게 유엔 제노사이드협약에 규정된 제노사이드를 위반하였다고 결론내린 보고서를 아래와 같이 발표하였다. 이것은 이제 북한의 상황에 대한 제노사이드위치의 공식적인 입장이다.[28]

김일성은 1994년 사망할 때까지 북한을 통치했다. 그의 공산당은

28
제노사이드위치는
제노사이드중단을 위한
세계동맹(International
Alliance to End
Genocide)의
코디네이터이다. 이
세계동맹은 1999년
설립되었으며, 현재
전 세계 47개 기관이
참여하고 있고, 전적으로
제노사이드 예방에
집중하는 기관이다.

공포와 제노사이드로 북한을 다스렸다. 권력 세습은 조선왕조 시대를 묘하게 연상시켰는데, 김일성의 아들인 김정일이 권력을 잡고, 계속해서 전체주의적 공산주의 통치 방식을 유지했다. 이제 김정일도 죽고 권력은 왕조의 다음 혈통인 그의 아들, 김정은에게로 넘어갔다. 김씨 정권은 북한정권 수립부터 제노사이드와 정치적인 대량학살을 벌여왔다. 제노사이드워치는 북한에서 집단학살이 저질러져왔고, 대량학살이 아직도 계속되고 있다는 충분한 증거들을 가지고 있다.

북한은 인종적, 종교적, 정치적 그리고 국민적 소수집단에 속하는 사람들에 대한 제노사이드를 이미 범했다. 1948년 한국이 분단되기 전, 북한 땅에는 수백만 명의 기독교인들이 있었다.(…) 하지만 김일성이 북한을 통치하게 되면서 북한은 "전세계 최악의 종교의 자유 침해 국가"가 되었고 기독교인들을 대량으로 학살했다. 수십만 명의 기독교인들이 정권에 의해 살해당했고 오늘날 아직도 많은 사람들이 강제수용소에 갇혀있다.

국민적, 인종적 집단도 북한정권이 학살하는 대상이 되었다.(…) 북한의 순수혈통이 아닌 혼혈 자녀들은 정권에 의해 살해당했다. 북한은 연쇄살인 정권이다.(…) 북한은 자국민에 대한 대량학살을 자행할 뿐 아니라 세계 평화와 안보도 위협하고 있다.

북한이 천안함을 공격했을 때, 미국, 남한, 유엔 모두 북한의 지도층에 타격을 줄만한 그 어떤 보복행위도 하지 않았다. 대신, 미국은 경제 제재를 강화했을 뿐이며 유엔 안전보장이사회는 중국의 거부권 압력으로 북한에 책임을 물을 수조차 없었다.

(…) 미국, 유엔 그리고 특히 남한은 북한 내부에서부터 반체제 세력을 키워내는 데에 집중해야 한다. 북한 군대가 자국민들을 탄압하려할 때, 군대 내부에서의 봉기를 지원해야 한다. 이들이 결국 정권을 무너뜨릴 것이다.

제노사이드워치는 북한 주민들에 의한 비폭력 저항운동이 북한의 폭압을 끝내게 될 것이라고 확신한다. 민주적인 자본주의 체제 하에서 남한의 성공적인 성장은 북한의 민주화를 이끌어낼 좋은 예가 될 수 있을 것이다. 서방세계의 민주주의의 성공 사례가 동유럽과 소련 민주화의 촉매제가 된 것과 마찬가지로 말이다.

(…) 우리는 단호하게 진실을 말하고, 자금, 통신 자원, 비폭력 저

항 운동지원 등을 통해 반체제 세력에 힘을 실어주고, 북한 지도층이 자국민 학살을 멈출것을 끊임없이 요구해야 한다. 결국에는 북한 주민들이 자신들을 자유로부터 그들을 분리시켜 놓은 벽을 헐 것이다.[29]

제노사이드 관련하여 인지도가 있는 다른 전문기관, 예컨대 뉴욕에 기반하고 있는 비영리기관인 제노사이드연구소The Institute for the Study of Genocide [30]도 자신들의 홈페이지와 정기간행물을 통해 로버트 박의 기고문을 발표하는 등 북한의 실상을 제노사이드로 인정하는 추세가 확대되고 있다.

29
http://
genocidewatch.
net/2013/03/20/
genocide-alerts-
north-korea/

30
이 기관은
제노사이드가
널리 저질러지고
있음에도 이를
인정하지 않는 학계/
인권활동가들과의
공백을 메우기 위해
1982년 설립되었다.
이 기관은
International
Association
of Genocide
Scholars도
설립했다.

논점: 이것은 제노사이드가 아니다?

앞에서도 밝혔지만 국제사회는 제노사이드 협약이 제정된 후 제노사이드라는 용어의 사용을 꺼려왔다. 웬만해서는 사용하지 않으려는 것이 국제사회의 분위기이다. 북한에 대해서도 마찬가지이다. 북한 당국의 행위는 유엔 제노사이드 협약 상의 제노사이드가 아니라고 주장하는 시각에서는 북한을 공산주의 정권으로 바라보고 소련과 마찬가지로 북한에 대해서도 면죄부를 주려고 한다. 즉, 북한 당국의 행위는 소련과 마찬가지로 정치집단에 대한 제노사이드^{political genocide}이고, 제노사이드 협약에는 '정치적 집단'은 보호하고 있지 않기 때문에 북한은 제노사이드 협약을 위반한 것이 아니라는 논리이다.

그러나 이는 북한체제에 대한 오해에서 비롯된 것이다. 많은 사람들이 북한 정권을 독재 및 공산주의와 결부시키지만, 수령 절대주의 북한은 전세계 유례가 없는 독특한 체제이다. 북한체제는 표면상 공산주의를 내걸고 있을 뿐 실질적으로는 1명의 교주가 다스리는 종교국가이다. 북한에서는 김일성, 김정일을 '인류의 태양'으로 선전하며, 체제 내에 오직 김씨 일가를 사랑하는 사람들만 살려둔다. 故황장엽 전 노동당 비서의 말을 빌리자면 모든 사람들이 수령과 생각을 같이 하지 않고서는 살 수 없는 것이 북한사회이다.

김정일이 명령만 내리면 북한의 인민군대는 남한을 무찌르기 위하여 미친 듯이 달려 나오리라는 것은 의심할 바 없다.(…) 북한 인민에게는 그 어느 나라 인민이나 어느 나라 지도자에 대하여 호감을 가지는 것이 허용되지 않는다. 미국·일본은 사람이 못 살 제국주의 국가로 묘사되고 있으며, 중국이나 베트남도 돈밖에 모르는 자본주의 나라로 변질되었다고 비방하고 있다. 김일성·김정일의 초상화 외에는 우리의 민족적 영웅의 초상화도 세계명인들의 초상화도 걸지 못하게 하고 있다.(…) 결국 김정일은 자기를 내세우기 위하여 다른 나라 위인들을 깎아 내리며 다른 나라 인민을 비방함으로써 북한 인민들 속에 사실상 '인간증오 사상'을 고취하고 있다.(…) 그들은 자기만을 사랑하고 존경할 것을 요구하며 그 누구도 다른 사람을 존경하고 사랑하지 못하게 할 뿐 아니라 사람들이 신을 믿고 사랑할 권리까지 빼앗고 있다.

수령절대주의는 철저한 수령이기주의이다. 이기주의에 기초해서는 도덕이 성립될 수 없다. 사회공동의 이익, 민족공동의 이익, 인류공동의 이익에 개인의 이익을 복종시킬 때에만 도덕이 성립될 수 있다. 북한 통치자들은 내놓고 수령을 신격화함으로써 수령에 대한 충성과 효성만을 최고의 도덕으로 내세우고 있다.[31]

북한체제는 북한 주민들이 김일성 일가만 사랑하고 충성할 것을 확보하기 위해 어릴 적부터의 세뇌교육은 물론 전 세계 유례가 없는 공포정치를 해왔다. 외부세계로부터 방어하기 위해서는 핵무기 개발에 전념했고, 내부의 적을 차단하기 위해서는 정치범수용소를 운영해왔다. 북한에서 인권유린은 비단 정치범수용소 내에서만 벌어지는 일은 아니다. 교화소나 집결소 등 여타 구금시설에서 벌어지는 가혹행위도 우리의 상식을 뛰어넘을 정도로 끔찍하다. 이것은 위 글에 나타나듯이 "김정일(김씨 일가)은 자신을 내세우기 위하여… 북한 인민들 속에 사실상 '인간증오 사상'을 고취하는" 수령절대주의의 산물이다.

김정은의 고모부이자 북한에서 실질적인 2인자로 영향력을

31
황장엽,
『황장엽 비록 공개:
어둠의 편이 된
햇볕은 어둠을 밝힐
수 없다』,
월간 조선사, 2001,
145-146p.

행사하던 장성택조차도 하루아침에 처형당하는 곳이 바로 북한이다. 그의 죄목에는 "건성건성하게 박수를 치며 오만불손하게 행동"했다는 이유가 포함되어 있다. 김씨 일가, 그 중에서도 김일성-김정일-김정은으로 이어지는 이 3명의 사람들만을 위해서 체제의 모든 조직과 사람들이 동원되고 움직여지는 곳이 북한이다. 수령절대주의 북한에서 주민들은 실질적으로 단 한 사람을 위한 소모품에 불과하다. 북한이 과연 공산주의 국가로 규정될 수 있는가?

북한정권이 정치범수용소를 운영하는 행위를 정치적 집단에 대한 제노사이드로 보는 시각은 근본적으로 문제가 많다. 북한정권이야 그들을 국가에 대한 반역자로, 반체제인사로, 정치범으로 부를 것이고, 그들을 학살하는 나름의 근거와 이유가 있을 것이다. 하지만 북한정권이 학살의 대상을 '정치범', '반혁명분자', '반동분자' 등으로 지칭하고 그렇게 간주한다고 해서 그들을 '정치범'으로 보아야 할까? 정치범수용소(실제 북한에서는 '관리소'로 불린다)에 갇혀있는 대부분의 수감자들은 영문도 모른 채 끌려온 것으로 북한 내에서 정치적 의견을 달리한 사람들이 아니다. 친인척 관계라는 이유로 잡혀온 사람들과 어린아이들, 심지어는 그곳에서 태어나 평생을 노예로 살다가 죽임을 당하는 그 사람들을 우리가 정치범으로 보는 것이 맞을까? 신앙을 가진 사람들이 정치범인가? 북한정권이 종교인들을 체제에 대한 위협으로 인식하고 '정치범'이라고 간주하여 몰살시키면 이것은 제노사이드 협약의 적용대상이 되지 않는 것인가?

제노사이드 협약에 규정된 제노사이드는 분명히 '국민적, 민족적, 인종적 또는 종교적 집단'을 보호하고 있다. 여기에서 학살당하는 집단이 '국민적, 민족적, 인종적 또는 종교적 집단'에 해당하는지의 여부는 희생자들이 어떠한 사람들인지에 대한 객관적 사실에 근거해야하는 것이지 학살의 주체가 그들을 국민적, 민족적, 인종적 또는 종교적 집단이라고 간주하는지의 여부가 아닐 것이다. 학살의 주체가 그들을 정치적 집단으로 간주한다고 그 집단이 정치적 집단으로 인정되어 제노사이드 협약의 적용대상이 되지 않는다고 해석하면, 우리는 제노사이드를 행하거나 행하게 될 모든 영악한 범죄자들에게 이 협약의 적용으로부터 벗어날 훌륭한 구실을 만들어주는 꼴이 된다. 그러한 식의 법률적 해석은 렘킨의 의도와도 배치될 것이며, 이 협약의 제정 취지와 정신에도 맞지 않을 것이다. 우리는 북한 정권이 히틀러나 르완다 후투족 보다 훨씬 위장술에 강하고 영악하다는 점을 잊지 말아야 한다.

북한정권의 속성을 모르고, 실제 무슨 일이 벌어지는지 잘 모르는 일부 외부관찰자와 소위 북한전문가들은 '정치범수용소'라는 용어를 듣자마자 '북한 내 정치범수용소에서 이루어지는 잔학행위는 유엔 제노사이드 협약 상 규정된 제노사이드가 아니다'라고 주저 없이 말하는 것 같다. 국제사회에서는 북한의 사례를 소련과 마찬가지로 '정치적 제노사이드'로 간주해 버리려는 경향이 있다. 하지만 외국인들보다 훨씬 북한 내 사정을 자세히 알고 있는 우리들은 객관적인 사실과 본질을 보고 판단할 수 있어야 할 것이며, 그 판단에 대해 확신을 가지고 오히려 외부관찰자들과 국제사회 지도자들에게 설명해야 할 위치에 서있는 것이다. 앞에서도 밝혔지만 북한체제는 여타 공산주의 정권과도 전혀 다른 수령절대주의 체제로 단 한 사람이 마음먹기에 따라 모든 일들이 이루어지는 곳이며, 학살당하는 사람들의 상당수는 북한 정권은 뭐라고 부르든지 간에 아이들

^{영아와 태아 포함}, 여성, 신앙인 등 정치범이라고 규정될 수조차 없는 사람들인 것이다.

북한 당국은 정권 수립 직후부터 끔찍하고 야만적인 인권유린 행위를 수도 없이 저질러왔다. 그리고 그 중에는 유엔 제노사이드 협약이 보호하고 있는 집단을 파괴하는 제노사이드죄도 분명히 포함되어 있다. 북한 정권은 기독교인들을 말살하는 정책을 고수해왔고, 인종의 순수성을 지키기 위해 강제낙태, 영아살해를 통해 혼혈아들의 출생을 방지해왔다. "종파주의자나 계급의 적은 누구이든지간에 3대를 멸해 씨를 제거해야한다"는 1972년 김일성 교시는 북한 정권이 여타 공산주의 정권이나 독재정권과는 구별되는 극히 비정상이라는 체제라는 것과 체제 자체가 본질적으로 제노사이드적이라는 점을 분명하게 상기시켜준다. 북한정권은 공산주의에 반내하는 정치범들을 처벌하는 합법적인, 합리적인 정부가 아니다. 북한은 미래의 위협이 될 만한 가능성이 조금이라도 있다고 생각되는 집단은 그것이 종교집단이든지 인종집단이든지 완전히 파괴하는 제노사이드죄를 분명 저질러왔다.

북한의 위협과 도발,
물러서는 국제사회

우리는 북한이 '체제 유지'를 위해 핵무기를 개발해왔다는 말을 익히 들어왔다. 여기서 체제 유지란 현 수령절대주의 체제 유지로, 즉 김일성-김정일-김정은으로 내려오는 김씨 일가의 권력 유지에 다름 아니다. 이를 확실히 보장하기 위해 북한은 내부적으로는 정치범수용소 운영을 통한 공포정치로 사람들을 통제해 왔고, 외부적으로는 이러한 북한 내부 통치에 간섭하지 못하도록 힘을 과시하고 외부 사람들에게 두려움과 공포를 심어주기 위해 각종 테러 및 핵무기 개발과 국지적인 무력도발 등 위협적인 행동을 반복해왔다.

지난 20년간 북한을 둘러싼 각종 회담과 논의, 여론 등을 돌이켜보면 이러한 북한의 책략은 그동안 성공적이었다는 것을 알 수 있다. 북한 전문가들과 정부 관료들은 북한 '외부'에 인명 피해를 초래할지도 모르는 북한의 핵무장과 무력도발을 방지하는 것이 최우선 목표가 되었고, 북한이 이 문제만 약속해준다면 체제 보장과 경제지원을 얼마든지 해줄 준비가 되어 있었다. 북한의 계략대로 북한을 둘러싼 주변 국가들의 대북정책은 '두려움'이 지배하게 되었고, 북한 내 자행되고 있는 참혹한 학살에 대해서는 침묵하는 것이 대세가 된 것이다. 수많은 무고한 사람들의 죽음이 북한에 있어서는 '정치적인 문제'가 되어버렸고, 국제사회 또는 주요 강대국들이 죽어가는 북한 주민들의 고통을 끝내기 위한 그 어떤 실질적인 조치를 취하지 않는 것도 정당하고 합리적인 결정인 것처럼 보이게 되었다. 북한은 핵무기 개발을 통해 그들이 언젠가는 반드시 처벌받고 죄값을 치러야 하는 제노사이드에 대해 외부세계로부터 오랜 기간 동안 추궁당하지 않고 지적을 회피할 수 있었다. 그리고 핵무기만 포기하면 체제 보장을 약속했던 국제사회는 실질적으로는 제노사이드적인 북한 체제를 지지하고 원조해온 공범자가 된 것이다.

인권문제는 제쳐두고 안보문제에만 집중해온 그간의 대북정책은 북한의 핵무장을 막는데도 실패했을 뿐 아니라, 그동안 동북아시아의 안보는 더 위태로워졌고, 그 긴 시간 동안 수많은 생명을 앗아간데 대해 북한정권을 상대로 추궁조자 안하게 만들었다. 로버트 박은 북한정권이 벼랑끝전술과 위장평화공세를 통해 북한 내 인권유린의 참상으로부터 국제사회의 대응을 막아온 데 대해 그의 기고문 〈북한에 있어서의 보호책임〉[32]에서 아래와 같이 설명하고 있다.

32
로버트 박,
Responsibility to
Protect in North
Korea, Harvard
International
Review,
2011.12.7.

실로 북한정권은 자신들이 목적달성과 권력유지를 위한 속임수 구사에 정통하다는 것을 증명해 보였다. 그러한 속임수의 가장 대표적인 예는 북한 당국이 호전성과 거짓 약속의 패턴을 구사함으로써 파격적인 양보를 받아내며 핵확산 방지를 위한 국제사회의 노력을 항상 피해가는 데에서 발견할 수 있다.

1993년 북한은 국제원자력기구IAEA가 북한이 플루토늄 생산량을 정직하게 보고하지 않았다는 결론에 따른 핵시설 사찰요구를 거부했다. 클린턴 행정부는 북한 핵무기 개발에 대한 강력한 증거에 따라 애초에는 핵시설을 파괴하기 위한 공습을 고려했으나, 결국은 협상을 통해 군사대결을 피하기로 결정했다. 지미 카터 前대통령은 개인

자격으로 방북하여 김일성과 대화하였으며, 둘은 표면적으로는 핵위협에 대해 외교적인 해결책을 찾았다. 클린턴 행정부는 북한이 무기수준의 플루토늄을 생산하는 핵시설을 해체하는 조건으로 북한에 중유 및 다른 형태의 개발 원조를 제공하는 내용의 기본합의서에 서명하였다.

오늘날 우리는 이 기본합의서가 완전한 실패작이었다는 것을 안다. 북한은 기본합의서에 서명하자마자 합의서를 어기고 비밀리에 우라늄을 농축하기 시작했으며, 이를 통해 핵무기를 만들 수 있는 추가적인 방법을 얻었다.

탈북민들과 전문가들은 북한이 그 어떤 경우에도 現체제하에서는 자발적으로 핵무기를 포기하지 않을 것이라고 이구동성으로 말한다. 왜냐하면 '군사우선' 독재정권인 북한정권은 핵무기 프로그램에 깊이 의존하고 있기 때문이다. 북한 정치체제의 핵심에 있는 '개인숭배'는 정권이 핵을 포기하는 순간 위험에 처하게 될 것이다. 왜냐하면 핵 포기는 국가적 수치로 받아들여지기 때문이다. 김정일과 그 일당은 무엇보다도 북한의 군사적 용맹에 큰 자부심을 갖고 있다. 그들은 수백만 명의 무고한 생명을 희생시키면서 수십억 불의 인도주의적 원조와 자원을 핵무기 개발에 전용하였으나 조선중앙통신은 여전히 김정일 국방위원장을 전 세계 최고 군사천재라고 찬양하였다. 또한, 지난 리비아 사태 때 국제개입과 관련한 북한의 발언이 증명하듯이, 북한은 핵무기 포기를 국제협상에서 사용할 수 있는 모든 카드를 잃어버리는 것으로 받아들이고 있다. 금년 3월 발표한 선언문에서 북한은 교섭을 통해 리비아를 무장 해제시킨 것이 군사조치의 전조였다고 미국을 비난하면서, 리비아 개입은 북한의 군사우선정책과 핵무기가 외부침략에 대한 근본적인 억제책이라는 점을 확인시켜주었다고 강력히 주장하였다. 現북한 정권에게 있어 핵무기 포기는 협의할 사항이 아니며, 따라서 북한을 상대로 핵무기 개발에 관해 협상을 시도하는 것은 무용지물인 것이다.

한편에서는 핵무기를 이용한 벼랑끝전술을, 또 다른 편에서는 위장 평화공세를 가지고 북한은 자국 내 인도주의적 위기에 대해 너무 시급해서 이미 오래 전에 일어났어야 할 국제사회의 단호하고도 강력한 대응을 막아오는데 성공했다.

북한 문제는 이란 핵문제보다 덜 중요한 것일까? 과연 이란이 북한보다 더 위험하고, 세계평화에 더 위협이 되는 나라일까?

북한 문제에 침묵하는 미국[33]
로버트 박의 코리아타임즈 기고문

33
로버트 박,
"US Silence on
North Korea",
Korea Times,
2012.11.14.

선거캠페인에 60억불 이상을 쏟아 부은 역대 가장 비싼 미국 대통령 선거가 막을 내렸다. 그러나 캠페인 전 과정에서 오바마 대통령과 롬니 후보 모두 오늘날 미국 및 전 세계 가장 시급한 인도주의적 문제이자 안보문제인 '북한'에 대해서는 거슬릴 정도로 말을 아꼈다.

양 대선주자 간 외교정책 논쟁의 대부분은 이란의 핵문제를 다루었으며, 대선주자 모두 북한의 △최대 18개 플루토늄 핵무기 보유, △우라늄 농축기술 등 새로운 핵기술 획득 추진, △국제법과 다수의 유엔 안보리결의에 반하는 끈질긴 핵실험과 미사일테스트, 그리고 △세계 제1위의 핵무기 기술 확산자로서의 역할대부분은 이란과 시리아와 같은 불량.독재국가로 수출에 대해서는 침묵했다. 최근 과학 및 국제안보연구소Institute for Science and International Security가 발표한 보고서에 따르면 북한은 외부 제지가 없을 경우 2015년까지 48개의 핵무기를 만들게 될 것이라고 한다.

이란과 마찬가지로 북한 지도층도 틈만 나면 미국의 가장 가까운 동맹국(남한)을 없애버리겠다고 협박해왔다. 사실 지난 역사를 돌이켜보면 북한은 말로만 협박한 것이 아니라 꾸준히 남한 사람들을 죽이거나 납치해왔다.

(…) 북한만큼 수많은 비용을 지불하면서 미국의 외교정책이 이토록 명백하게 실패한 사례도 없을 것이다. 지난 20년 간 미국은 북핵 문제를 협상으로 해결하기 위해 국제법상 반인도죄와 제노사이드에 해당할 정도의 시급한 북한인권문제에 대해서는 침묵하는 비윤리적인 접근방법을 취해왔다. 그러나 미국의 이러한 정책은 미국과 동맹국들에게 평화나 안보를 가져오기는커녕 오히려 북한 정권이 미국이 제공한 원조를 바탕으로 광대한 자원을 핵개발에 투입하는 등 대담해지게 만들었다. 북한은 굶어죽는 북한 주민들을 위해 지원된 식량을 유용하는 방법과 북핵 협상을 통해 얻은 원조를 바탕으로 핵무기를 개발했다.

10년 전, 이미 그 당시에도 북한 내에 반인도죄가 저질러지고 있다는 충분한 증거가 미국 외교정책 결정과정에 널리 알려졌던 그 시절에 만약 미국이 북한의 계략에 말려들지 않고 시급한 북한의 인권문제를 제대로 제기하고 해결했다면, 미국 및 그 동맹국뿐 아니라 전세계가 더 안전해졌을 것이며, 무엇보다 북한의 수많은 사람들을 구할 수 있었을 것이다.

북한 정권이 핵무기를 포기하겠다는 시늉만 보이면 실질적인 조치가 없음에도 그대로 수용하고 어떤 타협도 가능하다고 보는 것이 위정자들의 모습이다.

지키지 못한 약속[34]
로버트 박의 크리스천포스트 기고문

34
로버트 박,
"President
Obama's Broken
Promise to the
North Korean
People", The
Christian Post,
2012.11.26.

35
김동식 목사는
북한에 납치된
이듬해인 2001년
고문과 영양실조로
사망한 것으로
알려진다. 로버트
박은 북한 억류
당시 그를 취조하고
고문했던 사람들에게
김동식 목사 문제를
제기했는데, 당시
그의 취조와 고문에
연루된 모든 사람들이
김 목사가 누구인지
알고 있었고, 그 중
한 명은 북한 정권이
김 목사를 살해한
것이 사실임을 확인해
주었다고 한다.

2008년, 나는 오바마 대통령이 북한 사람들을 위해 어떤 좋은 일을 할 수 있을 것이라는 희망을 가시고 있었다. 비록 오바마 대통령이 일리노이주 상원의원이었을 때 이미 북한에 대한 중요한 약속을 저버리고 스코키 마을 출신의 한국계 미국인 가정을 비탄에 잠기게 하였음에도 불구하고 말이다.

오바마 대통령이 저버린 그 약속은 미국영주권자인 김동식 목사[35]에 관한 것으로, 그의 부인과 두 아이는 미국시민권자이다. 김 목사는 중국에서 탈북자들을 돕던 중 2000년 북한요원에 의해 납치되었다. 중국은 자국 영토 내에서 발견되는 모든 탈북민들을 강제송환하는 잔인하고 불법적인 정책으로 수많은 사람들을 죽음으로 내몰고 가족들을 이별하게 하였다. 북한에 강제로 잡혀가 수감생활 중 고문과 영양실조로 사망하기 전, 김 목사는 중국 연길에서 탈북민들을 돕는 쉼터 9개를 운영하면서 이들에게 물질적인 도움을 제공하고, 남한으로 갈 수 있도록 도와주고 있었다.

2005년 김 목사의 부인과 교회 성도들의 탄원에 대해 당시 오바마 상원의원과 다른 일리노이주 의원들은 공동으로 서명한 서한을 북한의 유엔대표부에 송부하였다. 이 서한에서 이들은 김 목사를 영웅으로 칭하며 그를 링컨대통령의 노예해방선언 이전에 지하철도^{남북 전쟁 전의 노예의 탈출을 도운 비밀 조직}를 만든 위대한 노예해방론자인 해리엇 터브먼^{Harriet Tubman}과 제2차 세계대전에서 나치독일이 점령한 헝가리에서 수만 명의 유대인들을 구한 라울 발렌베르크^{Raoul Wallenberg} 스웨덴 외교관에 비유하였다.

당시 오바마 전의원과 동료들의 비유는 정확했다. 북한은 '노예 국가'로 수백만 명의 무고한 사람들을 죽이고 정치범수용소를 운영하는 국가이다. 이 정치범수용소에서는 아이들을 포함한 정치범들이 체계적으로 굶주림을 당하고, 고문, 강간, 공개처형을 당하고, 가스실에서 죽거나 생체실험을 당한다. 즉, 반인도죄와 제노사이드가 매일매일 일어나는 곳이다. 김 목사가 진정한 영웅인 것은 사실이다. 그렇다면 질문은 이것이 되어야 할 것이다. 오바마 대통령은 이렇게 중요한 문제에 있어 어떻게 그렇게 쉽게 입장을 바꿀 수 있는가?

2005년 북한 유엔대표부에 보냈던 서한의 서명권자들은 "무엇보다도 김 목사 가족들에게 김동식 목사의 행방에 대해 북한이 충분한 설명을 제공할 때까지" 미국 국무부의 테러지원국 명단에서 북한정권을 제거하는 것에 반대하였다. 그러나 2008년 부시 행정부가 북한정권의 핵프로그램을 종결시키자는 시도에서 북한정권과의 교섭을 위해 북한의 핵개발 포기에 대한 조건으로 북한을 테러지원국 명단에서 제거하기로 동의한데 대해 오바마 대통령은 당시 민주당 대선주자로서 "한 개인에 집중하여 그러한 협상에 걸림돌이 되지 않기로" 결정하였다고 워싱턴포스트지가 보도했다.

이것이 도덕적인 관점에서뿐 아니라 전략적 관점에서도 끔찍한 결정이었다는 것은 의심의 여지가 없다. 오늘날 북한은 세계 제1위 핵무기 기술 확산자로서 과학및국제안보연구소ISIS의 2012.8.16일자 보고서에 따르면 북한은 2015년까지 48개의 핵무기를 보유하게 될 것이라고 한다. 놀랍게도 북한은 아직까지도 부시 행정부가 테러지원국 명단에서 원칙 없고 비극적인 실수로 북한을 제거한 이후 여전히 명부에 등재되어있지 않다.

그렇다면 나는 왜 희망을 가졌을까? 그것은 부분적으로는 오바마 대통령이 사만다 파워를 2008년 대선캠페인에서는 외교정책 고문으로, 대통령 당선 이후에는 국가안보위원회NSC의 다자문제 및 인권 담당 참모로 임명했기 때문이다. 사만다 파워는 2003년에 출간한 책 '지옥으로부터 문제: 미국과 제노사이드시대'에서 20세기에 저질러진 다양한 제노사이드에 대해 완전히 무반응으로 일관했던 미국을 파헤치고 비판했다. 나는 이 책을 읽고 나서 사만다 파워가 북한에서의 잔학행위를 다루는 데 기여하고 잊혀진 북한의 희생자들을 미국 정부 내에서 강력하게 대변해줄 것이라고 희망을 가졌던 것이다. 말할 필요도 없이 내 생각은 틀렸다. 오늘까지도 오바마 행정부는 북한에서의 인도주의적/인권 위기문제를 해결하기 위해 어떤 의미 있는 행동도 취하지 않았다. 대신 그 전임자들과 마찬가지로 소득도 없으면서 순전히 안보문제에만 치중하였다. 북한은 2009년 핵실험을 하였고, 가장 최근에는 4월 미사일실험을 하였다.

북한의 수많은 무고한 사람들이 지옥 같은 곳에서 잔인하게 고통 받고 죽어가는 동안 우리는 귀중한 시간만 계속 낭비했다. 미국은 이미 오래전에 북한의 제노사이드와 반인도죄를 유엔 안보리에 회부하고 북한 사람들의 기본적인 자유, 권리 및 생명을 최우선시하기 위한 양자 및 다자논의를 시작해야 했다.

북한이 체제를 유지하도록 지원하는 데에 반감이 없는 사람들도 북한정권
이 그 동안 무슨 일을 저질렀는지 상기할 필요가 있다. 이토록 심각한 인
권유린에 대해 한국은 물론 국제사회는 어쩌면 이렇게 관대할 수 있는가.

북한의 유산, 테러리즘[35]
로버트 박의 월드어페어즈저널 기고문

2013년 4월 30일, 북한은 미국시민권자인 케네스 배에 대해 북
한에 대한 '적대범죄행위'를 이유로 15년 노동교화형을 선고했
다. 같은 해 5월 15일, 조선중앙통신은 이제 케네스 배가 "특별
교화소"에서 수감생활을 시작하였다고 발표하였다. 독실한 기
독교신자인 케네스 배는 북한관광회사 소유주로 그 이전해 11
월3일 북한 당국에 억류될 당시에도 공식적인 허가를 받은 상
황이었다. 그가 체포당하게 된 실질적인 이유에 대해서는 추측
이 난무하지만, 한 가지는 확실하다. 북한에서 버림받고 굶어
죽는 고아들을 안타까워했던 인도주의자 케네스 배는 그 어떠
한 범죄로도 기소될만한 사람이 아니다. 오히려 그는 북한정권
이 장차 미해결의 아젠다를 해결하기 위한 인질로 잡혀있는 것
이다. (중략)

미국의 북한인권위원회가 2011년 발표한 보고서에 따르면
북한은 12개 국가로부터 18만 명을 납치해왔다. 납치는 미국
연방법에서 테러행위로 규정되고 있기에, 위원회는 미국 정부

35
로버트 박,
"North Korea's
Legacy of
Terrorism", World
Affairs Journal,
2013.6.7.

가 북한을 테러지원국 명단에 다시 등재할 것을 촉구하였다.

　미국 관료와 안보 분석가들은 대북정책에 있어 북한으로 하여금 어떻게든 핵무기개발을 포기하도록 설득하는데 집중하는 중대한 실수를 계속 저지르고 있다. 그러나 북한문제는 現북한 정권이 집권하고 있는 한 해결될 수 없다는 것이 역사적으로 확연하게 드러났다. 북한은 그 어떤 것보다도 핵보유국가로서의 지위에 자부심을 느끼고 있으며, 자신들의 핵기술은 '보검'으로 교섭대상이 아님을 여러 계기에 언급하였다. 또한, 북한 정권은 정치적 자살행위와 같은 핵공격으로는 결코 전쟁을 개시하지 않을 것이며, 대신 지난 4월 15일 보스턴 마라톤 테러와 같이 은밀한 테러공격을 자행할 것이다. 북한은 정권 출범부터 대한민국과 대한민국 국민들을 대상으로 그러한 형태의 테러공격을 반복적으로 일삼아 왔다. 4월 20일 조선중앙통신은 보스턴 폭탄테러사건과의 연관성을 부인하는 공식성명을 내야만 할 압박감에서 북한이 "온갖 형태의 테러를 반대하는 입장을 일관되게 견지하고 있다"는 논평을 냈다. 이어서 "우리가 미국을 타격할 필요가 제기되면 구태여 숨어서 비열한 테러에 매달리지는 않을 것"이라고 강조했지만, 북한이 그간 국제적으로 저질러온 행위를 보면 그러한 말의 신빙성이 떨어진다.

　예를 들어, 1969년 4월 15일에는 미국 정찰기가 북한 미그 전투기 2대의 공격을 받고 추락하여 31명의 미군이 전사하였다. 동 정찰기는 통상적인 항로를 이용하고 있었고, 결코 북한의 영공을 침범한 적이 없다. 이전 3개월 동안 미국 해군 정보기는 동일한 항로를 아무 문제 없이 비행했다. 그러나 그 날은 북한에서 1년 중 가장 중요한 김일성 생일이었다. 북한은 그 정찰기가 북한의 영공을 깊숙이 들어왔으며, 조선인민군 공군 추격기가 이를 단방에 격추하였다고 주장했다. 앞서 1968년 1

월에는 미국 푸에블로호가 공해상에서 북한군의 공격을 받고 나포되었다. 82명이 인질이 되어 고문을 받았고, 1명은 사망했다.

1976년 8월, 미군 병사들은 시야를 가리던 나무의 전지작업을 하기 위해 남과 북을 가르는 비무장지대에 들어갔다. 추후 계획된 공격으로 밝혀진 이 사건에서 35명의 북한군은 남한 병사들과 유엔군 미군 병사들을 매복공격하였다. 미군 아서 보니파스Arthur Bonifas 대위와 마크 배럿Mark Barrett 중위가 말 그대로 도끼에 맞아 사망하였다. 오늘날 이 공격은 판문점도끼살인사건으로 명명된다.

위에서 열거한 공격은 1953년 정전협정과 국제 해양법 등을 명백히 위반하는 것으로 전쟁행위나 다름없다. 그럼에도 불구하고 그런 행위들에 대해 단 한 번도 어떠한 보복이나 의미 있는 대응이 없었다. 북한은 그러한 도발과 인질납치, 고문에 대한 국제적인 규탄에 대해 뉘우침을 보이기는커녕 나포한 USS 푸에블로호와 판문점도끼살인사건에서 사용된 도끼를 북한의 경계와 용기에 대한 기념물로서 각각 평양과 판문점에 전시하는 등 미국과 국제법을 철저히 경멸하고 있음을 보여주었다.

북한 주민들을 제외하고는 대한민국과 대한민국 국민만큼 북한의 만행으로 고통 받은 국가와 국민도 없을 것이다. 수백만의 남북한 사람들의 목숨을 빼앗아간 6·25전쟁을 차치하고서라도 심지어 1953년 정전협정 이후에도 북한은 동 협정과 국제인도법을 위반하여 살인, 납치, 테러 등을 어떠한 처벌도 받지 않고 자행해왔다.

박근혜 대통령의 모친도 1974년 조총련계 재일교포에 의한 박정희 대통령 암살시도 과정에서 살해되었다. 1968년에도 박정희 대통령을 살해하려던 시도가 있었다. 31명의 북한 특공대는 박정희 대통령의 목을 베고, 사진을 찍어, 그것을 제20주년 조선인민군 창건기념일에 맞추어 송달하라는 지령을 받고 남침하였는데, 당시 포격전에서 68명의 남한사람이 사망하였고, 66명이 부상당했다. 미군 6명도 부상을 입었다.

1983년, 북한공작원들은 전두환 대통령의 미얀마 공식방문에 맞추어 북한대사관에서 폭발물을 모아 수도 양곤에 위치한 아웅산 묘역에 3개의 폭탄을 설치하였다. 이 폭발로 대한민국 외교부장관과 부총리를 비롯한 정부각료 및 미얀마인 4명 등 21명이 사망하고 46명이 부상당하였다. 미얀마 정부 조사 결과 북한군 3명이 범인으로 밝혀졌지만 북한 정권은 늘 그래왔듯이 동 사건과의 관련성을 부인하였으며, 교묘하게 책임을 피해갔다.

1987년, 일본인 아버지와 딸을 가장한 두 명의 북한 공작원이 대한항공 858편에 탑승했다. 비행기가 아부다비에서 기착하는 동안 당시 25세의 김현희는 기내에 폭발물을 장착했다. 이로 인해 탑승객 115명 전원이 사망하였다. 동 사건을 계기로 미국은 1988년 북한을 테러지원국가 명단에 등재했다.

더 최근에는 2010년 3월 북한의 어뢰공격으로 천안함이 침몰하고 46명의 해군이 전사하였으며, 그 해 11월에는 대한민국 영토에서 일어난 연평도포격도발사건으로 무고한 시민 4명이 사망하였다. 두 사건 모두 전쟁범죄 명목으로 국제형사재판소ICC에 고발되었다.

납치, 살인, 테러 공격 이외에도 북한은 전세계 최악의 핵무기 기술 확산자이며, 가장 근본적으로는 자국민을 대상으로 반인도죄와 제노사이드를 저지르는 국가이다. 이제 미국이 북한을 테러지원국 명단에 다시 등재하고, 미국인과 동맹국 국민,

그리고 수백만 명의 무고한 북한 사람들을 위해 정의 구현에 노력을 쏟아 부어야 할 시기이다.

북한 사람들을 보호해야 할 책임

2013년 말 유엔 총회는 북한인권결의안을 투표 없이 컨센서스로 채택하였다. 이것은 북한의 상황이 심각하다는 데에 국제사회가 인식을 같이한다는 것을 뜻한다. 하지만 결의문은 '인권유린' 또는 '조직적이고 광범위한 심각한 인권침해'와 같은 표현을 사용하고 있을 뿐이었다. 실상 이러한 결의문은 북한 주민들을 구하는 데에 별로 소득이 없다. 북한 당국의 행위가 제노사이드와 같은 국제범죄로 지칭되지 않는 한, 인권 유린은 국내문제일 뿐이고, 우리는 그에 대한 국제사회의 책임을 논할 수 없기 때문이다. 어떠한 용어를 선택하고 사용하는지의 여부는 북한 인권문제에 있어서는 그야말로 수많은 사람들의 생사 生死를 결정짓는 문제이다.

그렇다면 국제사회가 북한정권의 행위를 제노사이드로 받아들일 경우 국제사회는 어떠한 의무를 부담하게 될까? 로버트 박은 왜 국제사회를 향해 북한이 제노사이드죄를 저질러왔다고 외쳐왔을까.

제노사이드 협약은 제1조에서 이렇게 규정하고 있다. "체약 당사국은 제노사이드가 평시에 행해졌든지 전시에 행해졌든지를 불문하고, (당사국들이) 방지하고 처벌해야하는 국제법 하의 범죄임을 확인한다." 또한, 제8조에서는 체약국이 유엔의 관계기관에 제노사이드 중단을 위한 적절한 조치를 취하도록 요청할 수 있다고 규정하고 있다. 앞에서도 밝혔지만 이 협약의 가입국은 현재 146개국에 달한다. 이 협약은 제노사이드를 예방하고, 제노사이드가 발생하고 있는 경우에는 외부 개입을 용이하게 할 법적인 기반을 제공하기 위해 만들어진 것이다.

이에 더해 국제사회에는 보호책임Responsibility to Protect이라는 규범이 있다. 2005년 유엔 세계정상회의에서 전 세계 정부 지도자들은 제노사이드, 전쟁범죄, 인종청소, 반인도죄로부터 사람들을 보호하기로 약속하였다. 이 보호책임은 1990년대 저질러졌던 르완다 제노사이드, 보스니아 인종청소 등 대규모적인 인권 침해 사태를 막지 못했던 국제사회의 무기력한 모습에 대한 반성으로 고안된 것이다.

참고로 보호책임이 나오기 전까지는 '인도적 개입Humanitarian Intervention'이라는 용어가 사용되었다. 하지만 이 용어는 '개입'이라는 단어 자체가 가진 내재적 한계가 있었다. 한편에서는 주권 존중의 원칙, 국내문제 불간섭 원칙이 확립된 국제사회에서 언제, 어떤 경우에 '개입'이 정당화되는지에 대한 논란이 끊이지 않았고, 현실에서는 순수하게 인도적 목적만으로 개입하는 경우보다 정치적인 목적이 결부되는 경우가 훨씬 많았다. 그러다 보니, 막상 개입이 수많은 생명을 구하는 결과를 가져오게 되었더라도 개입을 행했던 국가들은 비난과 냉소적인 반응에 마주쳐야 했다.

이러한 '인도적 개입'의 한계를 극복하고 인류를 대규모적인 잔학행위로부터 보호하기 위해 탄생한 것이 보호책임이라는 개념이다. 보호책임은 '국가 주권'의 개념을 '통제'로부터 '책임'으로 전환시켰다. 보호책임의 기초원칙은 주권이 '책임'을 내포하고 있다는 것으로, 만약 국가가 자국민을 보호할 수

36
박기갑·박진아·임예준,
『국제법상 보호책임』,
삼우사, 2010, 20~21p
: '간섭의 권리'가 더 이상
간섭을 행하는 주체인
권리자의 선택이나
선별사항이 아니라,
보호를 해야 하는 대상에
대한 책임을 가지고
있는 자에게 부과되는
'보호책임'으로 전환된
것이다. 보호책임은
기존의 인도적 간섭의
논리, 즉 타국가에 대한
인도적이고 시혜적인
간섭 내지 개입이
아니라 국제공동체
구성원으로서의 책임의
차원에서 다루고자 하는
목적을 담고 있다.

없게 되면 국제사회에 보호책임이 있고, 이것은 국내문제 불간섭원칙에 우선한다는 것이다.[36] 보호책임은 2005년 10월 24일 제60회 유엔 총회에서 결의 제60/1호로 만장일치로 통과된 세계정상회의결과물 제138항 및 제139항에서 명시적으로 언급되었다.

138. 개별 국가는 제노사이드, 전쟁범죄, 인종청소, 반인도죄로부터 사람들을 보호할 책임을 진다. (중략)

139. 국제공동체는 유엔을 통해 사람들을 제노사이드, 전쟁범죄, 인종청소, 반인도죄로부터 보호하는 것을 돕기 위해 유엔헌장 제6장 및 제8장에 따른 적절한 외교적, 인도적, 그리고 다른 평화적 수단을 사용할 책임이 있다. 이러한 맥락에서, 만약 평화적 수단이 부적절하고 국가 당국이 제노사이드, 전쟁범죄, 인종청소, 반인도죄로부터 사람들을 보호하는 데 명백히 실패하는 경우에는, 우리는 각각의 사안에 따라 관련 지역기구들과 협력하여 안전보장이사회를 통하여 제7장을 포함한 유엔헌장에 따라 시기적절하고 단호한 태도로 집단적 조치를 취할 준비가 되어있다.

제노사이드 협약과 보호책임은 우리가 북한 동포들의 고통을 중단시킬 수 있도록 조치할 수 있는 법률적, 제도적, 규범적 장치를 마련해준다. 문제는 이러한 법률적, 제도적, 규범적 장치를 사용할 의지가 있는지의 여부이다. 우리들이 그 의지를 북돋아주지 않으면 국제사회는 지금까지와 마찬가지로 제노사이드라는 용어 자체를 사용하지 않을 것이고, 제노사이드 협약은 지금까지와 마찬가지로 아무 역할을 하지 못할 것이다. 보호책임도 무용지물로 남을 것이다. 사실 우리 정부는 보호책임 개념이 〈2005년 세계정상회의결과물〉에 포함되는 것을 환영하였으며, 그 동안 여러 계기에 보호책임의 필요성에 대한 지지

의사를 표명한 바 있다. 이제 그 보호책임과 제노사이드 협약
이라는 장치들을 북한 동포들을 위해 사용할 것인지의 여부는
우리에게 달려있는 것이다.[37]

북한 정권이 자국민에 대해 저지르는 반인도죄에 맞서 아무런 조
치도 취하지 않는 국제사회의 불명예(수치)도 해가 거듭할수록 커지
고 있다. 그렇게 오랜 기간 동안 수백만 명의 북한 사람들 편에 서서
행동하지 못한 국제사회도 공범이라는 주장이 제기되고 있다. 2005
년 유엔 세계정상회의에서 전세계 정부 지도자들은 사람들을 제노사
이드, 전쟁범죄, 인종청소, 반인도죄로부터 보호할 것을 엄숙히 약속
했다. 북한은 그 어떤 나라보다도 이 요구에 거역하여 대규모 잔학행
위를 행할 수 있도록 방치되었다. 나를 포함한 많은 관찰자들은 이제
필요한 것은 국제사회 구성원들이 북한보다 훨씬 덜 시급한 곳에서
도 국제개입을 정당화하는 이유로 원용했던 보호책임원칙[R2P]을 북한
에 대해 적용하는 것임을 믿고 있다. 이는 북한 정권의 자국민 대상
제노사이드적 정책을 모든 핵에너지/무기 관련 외교와 북한 관련 모
든 양자/다자 논의/시도에서 제1순위 의제로 다루는 것을 의미한다.

북한의 핵무장, 그리고 자국민에 대한 범죄는 김씨왕국이 낳은 샴
쌍둥이이다. 전세계는 더 이상 이 두 문제를 서로 분리된, 무관한 이
슈로 다루지 말아야 한다.[38]

37
박기갑·박진아·임예준,
『국제법상 보호책임』,
삼우사, 2010,
242~250p:
"…대한민국 정부는
보호책임이 조속한
시일 내에 국제적
정당성과 적법성을 얻을
수 있도록, 이에 관한
국제법적·국제정치적
연구를 수행함으로써
보호책임 개념의 정립에
기여할 필요가 있다."
"…보호책임은 북한의
급변사태에 대해 적용
가능한 새로운 제도로
부상할 수도 있을
것이다."

38
로버트 박,
"The Forgotten
Genocide: North
Korea's Prison
State", World Affairs
Journal, 2013. 7-8

한국과 국제사회가 해야 할 일

2014년 3월 유엔 북한인권조사위원회는 약 1년간의 조사 결과를 담은 최종보고서를 발표했다. 보고서의 내용은 그다지 충격적인 것이 없었다. 사실 이러한 내용들이 지난 10년간 탈북민들의 증언을 청취하며 북한의 잔학행위에 관한 보고서들을 읽었던 사람들에게는 별로 충격적이지 않다는 것이 더 안타깝고도 충격적인 현실일 것이다. 국가 및 정부들로 하여금 우리의 '보호책임R2P'을 불러일으켜야 할 상황들이 북한에서는 현상유지상태로 지속되고 있다. 북한의 '인권상황'을 묘사하는 특정 용어의 선택과 사용은 그야말로 수많은 사람들의 생사生死를 결정짓는 문제이다. 북한에서 일어나고 있는 참상은 국제형사재판소ICC 로마규정에서 규정한 반인도죄와 유엔 제노사이드 협약에 기술된 제노사이드에 해당하며, 결코 그 이하가 아니다.

그런데 조사위원회의 보고서는 북한의 만행을 반인도죄로 규정지었으나, 제노사이드에 대해서는 '정치적 제노사이드'에 이를 수 있다고만 언급했다. 보고서는 북한의 정치범수용소는 기본적으로 정치적 의견과 출신성분에 기하여 집단을 몰살하고 있고, 따라서 이것은 제노사이드 협약 상의 제노사이드에 해당하지 않는다고 하였다. 즉, 조사위는 몰살당하는 집단을 북한 정권이 간주하는 대로 정치적 집단으로 받아들이고 있는 것이다.

그러면서도 이 보고서는 육체적 파괴를 초래할 목적으로 의도된 생활조건을 집단에게 고의로 과하는 방법을 통해 한 계층을 완전히 몰살하는 개념이 제노사이드를 떠올리게 한다고 하면서, 북한의 사례가 제노사이드 협약 상의 제노사이드에 해당되는지의 여부에 대한 의문이 제기될 수 있다고 하였다. 조사위는 그들이 무엇을 했느냐 때문이 아니라not for what they had personally done 그들이 누구인지 때문에because of who they were 그 아이들과 함께 온 가족이 정치범수용소에서 죽게 되는 것은 제노사이드 또는 그에 버금가는 국제범죄가 아닌지의 의문을 제기한다고 하였다. 하지만 조사위는 이미 반인도죄에 대한 많은 사례들이 발견되어 굳이 제노사이드 협약이 적용될 수 있는지 이론적인 가능성을 조사할 필요성을 느끼지 못했다는 것이다.

근래 북한정권의 악행을 반인도죄 차원에서 다루려는 시도는 많이 증가했다. 하지만 북한은 국제형사재판소ICC 로마규정 회원국이 아니다. 반면, 북한은 1989년 1월 31일 제노사이드 협약에 가입하였다. 이것은 우리가 가볍게 여길 만한 무가치한 사실이 아니다. 북한정권이 제노사이드 협약에 공식적으로 가입했다는 사실은 북한의 가입 이후부터 저질러진 제노사이드 죄에 대하여 응당한 조치가 취해질 수 있다는 것을 의미한다. 더욱이 제노사이드는 보편적 관할권universal jurisdiction을 갖는다. 다시 말해 제노사이드가 어디에서 저질러졌든지, 가해자나 희생자의 국적이 무엇이든지 국가들은 제노사이드를 처벌할 수 있고, 또한 처벌해야만 하는 의무를 부담한다는 것이다.

그동안 너무 많은 시간이 흘렀다. 그 오랜 시간 동안 북한 문제는 제노사이드 차원에서 논의되지 못했고, 우리는 오히려 이 심각한 제노사이드 문제는 입에 올리지 않고 북한정권과 협상을 하여 체제 보장을 약속해주는 것에 더 익숙해져 버렸다. 국제사회가 북한의 제노사이드를 막는데 실패한 것이 1994년 르완다 제노사이드, 1995년 스레브레니차 제노사이드, 2003년 이래 다르푸 사태에 대응하는 데 실패한 것보다 더 지독하게 실패한 것은 아니라고 치더라도, 최소한 그에 맞먹을 정도로 실패한 것은 맞다. 우리들은 북한에서 수많은 무고한 사람들이 잔인하게 고통 받고 죽어가는 동안 중요한 기회들을 놓쳤으며, 시간만 계속 낭비했다. 미국을 비롯한 국제사회 일원들은 이미 오래전에 북한의 제노사이드와 반인도죄를 유엔 안보리에 회부했어야 했다. 이미 한참 전에 북한 사람들의 기본적인 자유, 권리 및 생명을 최우선시하기 위한 양자 및 다자논의를 시작했어야 했다.[39]

대한민국 정부와 유엔은 북한의 참상을 제노사이드 협약과 보호책임[R2P]의 차원에서 면밀히 검토하고 소사해야 한다. 로버트 박의 주장대로 이제 국제사회는 북한에서 일어나고 있는 작금의 상황이 20세기와 21세기를 통틀어 가장 끔찍한 제노사이드라는 것을 인정해야 하며[40], 한반도에서 벌어지고 있는 제노사이드로부터 사람들을 구하기 위한 실질적인 조치를 취하기 시작해야 한다. 북한 주민들의 유일한 희망은 국제사회가 사랑compassion, 용기, 진실성integrity을 가지고 보호책임을 발동하는데 있다.[41]

이러한 참상을 멈출 수 있는 방법은 명약관화하다. 해답은 유엔 제노사이드협약 및 보호책임 원칙에 있다. 우리는 먼저 "적정한 외교적, 인도적, 그리고 다른 평화적 방법"으로 개입해야하며, 자국민을 제노사이드, 전쟁범죄, 인종청소 및 반인도죄로부터 보호하지 못하는 국가에 대해서는 필요하다면 무력으로라도 개입해야 한다.

비극적인 현실은, 그 어떤 미국 정부도 수용소에서 죽어가는 무고한 북한 사람들의 편에 서서 심지어 외교적으로라도 개입하려는 시

39
로버트 박,
"Memo to the
Security Council:
the Human Rights
Emergency in North
Korea Can No
Longer Be Ignored",
World Tribune,
2012.12.12.

40
로버트 박,
The Hill,
"Responsibility to
Protect in North
Korea", 2011.11.9.

41
로버트 박,
Battling a System
of Starvation,
Haaretz, 2011.12.9.

도조차 하지 않았다는 것이다. 수백만 명의 북한 사람들은 아무리 많은 식량원조가 유입되더라도 결코 수혜자가 될 수 없다. 북한 정권의 잔학행위는 항상 북한의 핵과 대량살상무기라는 이슈 때문에 밀려났다. 그러나 결과적으로 세계안보는 전혀 개선되지 않았으며, 오히려 세계는 북한과의 관계에 있어서는 더 위험하고 위태로운 상황에 처하게 되었다.

제2차 세계대전이 발발한 이유가 유대인들의 대학살을 막기 위해 국가들이 개입하거나 결단을 내리지 못한데 대한 하나님의 심판이라고 주장하는 사람들이 있다. 마찬가지로, 이 시대에 있어 제2의 한국전쟁(6·25)을 막기 위한 유일한 방법은 지금 당장 수많은 북한의 무고한 희생자들을 위해 단호한 행동을 취하는 것이다. 우리는 '보호책임'에 따라 북한의 제노사이드 문제를 유엔 안보리에 회부하는 등 외교적, 인도적, 평화적 수단을 통해 개입을 시작해야 하며, 탈북민들에 대한 금전적 지원을 늘려야 한다. 이들이 북한에 남아있는 가족과 친구들에게 정기적으로, 효과적으로 지하채널을 통해 송금함으로써 수백만 명의 북한 사람들을 구할 수 있으며, 이는 북한 정권의 종말을 촉진시킬 수 있다.[42]

42
로버트 박,
"The Ongoing
Human Rights
Tragedy Occurring
in North
Korea", Forbes,
2012.6.14.

이 장을 마치기 전에 북한 정권의 잔인성과 야만성에 부모를 잃은 한 소녀의 슬프고 감동적인 이야기를 소개하려고 한다. 이 글은 북한정권이 기독교를 말살하기 위해 어떤 악행을 저지르는지 보여주는 생생한 증언이다.

저는 평양에서 태어났습니다 손경주

저는 1992년 평양에서 태어났습니다. 친할아버지께서는 중국에서 태어나셔서 6·25 전쟁 시기 중국지원군 장교로 북한에 가셨습니다. 그리고 할머니를 만나 평양에 정착하셨습니다. 외할아버지께서는 북한 공군 제1기로서 북한 최초 공군이셨습니다. 아버지는 북한 인민군 호위사령부 김부자[父子] 경호부대에서 10년을 근무한 핵심계층이었고 어머니는 고등학교 영어 선생님이셨습니다. 큰아버지, 고모부 등을 포함한 친척 모두 북한 정권의 핵심계층이었습니다. 외동딸로 태어난 저는 북한 최고의 엘리트 집안에서 부유하게 살았습니다. 하지만 일찍부터 북한 정권에 반감을 가졌던 어머니는 늘 중국으로 탈북을 하자고 아버지를 설득했습니다. 하지만 아버지께서는 오직 북한정권에 충실하셨습니다.

탈북인. 2008년 12월 북한에서 신앙 때문에 처형당한 손정남의 딸. 미국 기독교 사립대학 바이올라(Biola) 대학에서 유학했다.

그러던 어느 날, 어머니께서 김정일 체제에 대한 발언을 잘 못하여 평양에서 교도소로 가게 되었습니다. 어머니는 교도소에서 심한 구타와 고문을 당하여 뱃속에 밴 제 동생을 유산하고 말았습니다. 북한정권에 늘 충실하셨던 아버지께서는 그 사건 이후 정권에 대한 환멸을 느끼게 되셨고 가족과 함께 탈북을 결심하셨습니다. 그러다가 친삼촌께서 먼저 단신으로 1997년 탈북을 하셨습니다. 그 이후 아버지께서는 병으로 아픈 아내와 당시 6살인 저와 작은 아버지의 하나밖에 없는 아들 원주(당시 3세)까지 챙기며 탈북을 추진하셨습니다. 저희 가족은 청진 등을 통해 1998년 1월 19일 북한 브로커에 의해 마침내 탈북을 하게 되었습니다. 국경을 무사히 넘어서고 늦은 새벽 국경 마을에 있는 한 가정집에서 저희 가족과 브로커 아저씨가 함께 하룻밤을 머물게 되었습니다. 이튿날 아침, 중국 도시로 들어가는 버스에 올랐는데 얼마 가지 않아 중국 변방 군대의 군인 3명이 총을 메고 버스에 올라 신분증 검열을 하기 시작했습니다. 안타깝게도 앞자리에 앉아있던 저희 브로커 아저씨가 제일 먼저 잡혀갔습니다. 그리고 군인들이 다시 우리 쪽으로 오고 있을 때, 갑자기 아침까지 멀쩡하던 제가 심한 구토를 하기 시작하였습니다. 제가 울면서 심하게 구토를 하자 옆에서 자고 있었던 사촌동생이 바지에 오줌을 싸며 함께 울기 시작했습니다. 어머니와 아버지 모두 정신없이 저희들을 달래느라 우왕좌왕하자 군인들은 별다른 말없이 저희 가족만 건너뛰고 다른 사람들을 검열한 뒤 버스에서 내렸습니다. 당시 버스에는 저희 가족 외에도 다른 몇몇 북한 분들이 계셨는데 그분들은 모두 중국 군인들에게 잡혀갔습니다. 처음 중국으로 오기 전 그 브로커에게 거액을 주기로 하고 탈북을 하였는데 브로커가 잡혀 다시 북송되는 탓에 저희 가족은 돈 한 푼 쓰지 않고 무사히 중국까지 오게 되었습니다.

중국에 온 후 저희 가족은 친척 할머니의 인도로 연길교회를 처음 나가게 되었습니다. 어머니께서 제일 먼저 하나님을 영접하시면서 아버지를 전도하셨습니다. 그리고 저희 친삼촌도 함께 전도를 하셨습니다. 그러면서 저희 가족은 중국에 온 지 한 달도 되지 않아 가족 모두가 교회를 나가게 되었습니다.

북한에서 오랜 시간 교육에 몸담으셨던 어머니는 하루도 빠짐없이 아침 일찍부터 저녁까지 저에게 글쓰기와 책읽기 등 공부를 가르쳐 주셨습니다. 하지만 어머니는 하루에도 약만 한줌씩 드실 정도로 몸이 많이 허약해지셨습니다. 병원에 가서 치료만 받는다면 금방 나을 수도 있었지만 숨어 지내야만 했던 탓에 병원에 갈 수가 없었습니다. 그러던 어느 날, 아버지가 어머니와 함께 어디론가 떠나셨습니다. 그리고는 한 달 뒤에 아버지 혼자 돌아오셨습니다. 아버지는 저에게 어머니에 대한 어떤 얘기도 해주지 않으셨습니다. 단지 물으면 어머니가 많이 아프며, 다 나으면 돌아오실 거라고 하셨습니다. 어머니가 백혈병으로 돌아가셨다는 사실은 한국에 와서 작은 아버지로부터 들은 후 알았습니다. 이전에 어머니께서 교도소에서 유산을 하시면서 많은 피를 흘리시고 제때에 치료를 받지 못하신 것이 백혈병의 원인이 되었다고 합니다.

그 후로 어느 날, 한 조선족 아주머니께서 아버지에게 외국 선교사님들이 오셔서 북한 아이들에게 성경 공부를 가르치는 좋은 가정집이 있으니 저를 그저 하루 재미삼아 다녀오게 하는 것이 어떠냐고 제안을 하셨습니다. 평소 그 아주머니와 친하게 지내셨던 아버지는 아무런 의심도 없이 선뜻 저를 하루 놀다 오라고 보냈습니다. 하지만 그 아주머니는 저를 북한 아이들이 모여 지내는 어떤 가정집에 데려간 후 저희 아버지와 연락을 끊었습니다. 그렇게 저는 '납치'되어 아버지와 생이별을 했습니다. 그 가정집에는 저만한 여자아이가 한명 있었고 나머지는 모두 저보다 3~4살 많은 오빠들이었습니다. 그리고 우리를 돌보는 사람은 조선족 부부였습니다(후에 알게 되었는데 그 부부는 그렇게 부모 없는 아이들을 데려다 보살피는 척 하고는 중국 먼 곳으로 아이들을 인신매매 하는 사람들이었습니다). 저는 그렇게 아무런 이유도 모르고 그들과 함께 한 달을 지내게 되었습니다. 그러던 어느 날, 옆집 사람의 고발로 중국공안이 집을 찾아왔습니다. 중국공안들은 집에 있던 모든 북한아이들을 잡아 공안 차에 실었습니다. 아무런 영문도 모르던 저는 공안들의 말대로 옷을 입고 공안들에게 물었습니다.

"아저씨, 어디 가는 거예요? 저희 아버지도 알아요? 그리고 오빠들은 어디 가는 거예요?" 그 공안 아저씨들은 한참을 아무 말 없이 저를 쳐다보시더니 그 조선족 부부에게 이 아이는 내일 데리러 올 것이니 하루만 더 머물게 하라고 당부하고는 그 자리를 떠났습니다. 그날 밤, 그 부부는 저와 그 부부의 어린 딸을 데리고 어디론가 떠났습니다. 그리고 이튿날, 아내 분은 저와 그의 어린 딸을 데리고 외출했습니다. 그분은 어느 길거리의 큰 시장 문 앞에 저를 세워두고 잠깐만 기다리라 하고는 딸과 함께 시장 어디론가 들어갔습니다. 하지만 시간이 지나도 그분은 오지 않았습니다. 저는 힘들고 배고픈 상태로 오랫동안 기다려도 아무도 오지 않자 겁에 질려 울먹였습니다. 그리고 그분을 찾으려고 시장으로 들어가려는 순간, 차 길 건너편에 너무도 익숙한 한 사람이 지나갔습니다. 아버지였습니다. 그렇게 저와 아버지는 한 달 만에 다시 상봉을 하게 되었습니다. 아버지는 저에게 이 모든 게 다 하나님의 뜻이었다며 눈물을 글썽이셨습니다. 사실 그날 아버지는 버스를 잘못 타서 다시 갈아타려고 내렸는데 그곳에서 저를 봤던 것입니다. 아버지는 한 달 동안 친척들과 함께 저를 찾으러 다녔지만 소용이 없었다고 했습니다. 넓은 중국 땅에서 신고를 하지 않고 찾는 것은 불가능했기 때문이었습니다. 하지만 국적 없는 아버지에게 신고는 '자수'나 마찬가지였기 때문에 신고도 할 수가 없었습니다.

저와 아버지는 외국 목사님들의 도움으로 친척들 집에서 나와 월세 집에서 단 둘이 살게 되었습니다. 그리고 저는 중국인 유치원에 가게 되었습니다. 아버지는 유치원 또래 아이들보다 중국어나 모든 공부면에서 많이 뒤쳐졌던 저를 매일 아침 다른 아이들보다 2시간을 먼저 유치원에 보내 유치원에 있는 책들을 읽게 하고 남들보다 몇 십 배 더 열심히 해야 한다며 저녁에 집에 돌아와서도 공부를 시키셨습니다. 그런 아버지의 엄한 교육 때문에 저는 금방 중국어를 익혔습니다. 한편, 예수님을 영접한 이후로 아버지는 한 주도 빠짐없이 제 손을 꼭 잡고 교회에 나가셨습니다. 그리고 늘 저에게 앞으로 꼭 성경공부를 해서 훌륭한 하나님 나라 일꾼이 되라고 당부하셨습니다.

1999년 겨울, 중국 선양瀋陽에 거주하던 한국인 목사님의 도움으로 아버지는 새로운 인생을 살게 되었습니다. 아버지는 몇 개월간 선양의 비밀아지트에서 신학공부를 했고, 전도사가 되셨습니다. 아버지는 함께 공부했던 탈북민 팀을 이끌며 중국에서 탈북민 선교에 나섰고, 외국 목회자 분들과 함께 북·중 국경을 통해 성경책을 보내는 일도 하셨습니다. 그 해에 저는 '이은경'이라는 한 죽은 아이의 신분증을 가지게 되었습니다. 저와 동갑이었기에 저는 가짜 국적으로 초등학교에 입학할 수 있었습니다. 아버지는 매일 아침 학교에 가기 전에 꼭 이런 말씀을 하셨습니다. "다른 아이들은 그냥 공부를 위해 학교를 다니겠지만 너는 네 목숨을 걸고 학교를 다니고 목숨을 위해 공부를 해야 한다. 그것이 네가 너를 보호할 수 있는 길이기 때문이다." 당시 중국 초등학교는 학비와 교과서 비용을 모두 자비로 내야 했습니다. 하지만 전교 1등에게는 학비와 교과서 비용이 모두 면제가 되었습니다. 아버지께서는 평소 작은 시험이나 숙제에서 한 문제를 틀리면 집에 와서 무거운 책가방을 들고 한 시간동안 벌을 서게 하셨고, 그렇게 엄하고 독한 교육 덕분에 저는 1학년부터 전교 1등을 하여 학비와 교과서 비용을 면제받을 수 있었습니다.

아버지께서는 제 교육뿐만 아니라 아버지 자신도 3년 동안 아주 열심히 신학을 학습하면서 자신과 미래에 대한 투자를 어디에 할 것인가를 고민하셨습니다. 또한 매일 선양에서 함께 성경공부를 한 사람들과 함께 집에서 한국 선교사님들로부터 성경을 배웠습니다. 그러나 2001년 그 학습반 중에서 한 사람이 중국 공안에 체포되고 그의 밀고에 의해 아버지도 같이 체포되었습니다.

그날은 2001년 1월 추운 겨울날이었습니다. 어느 날 아침 갑자기 밖에서 시끄럽게 문을 두드려서 문을 열었더니 중국 공안들이었습니다. 그들은 저의 집에 들어와 아버지에게 중국어로 몇 마디 건네고는 아버지가 대답을 못하자 아버지 손에 수갑을 채웠습니다. 엉엉 울고 있는 저에게 아버지는 소리쳤습니다. "뚝 그치고 정신 차려!" 그 한마디에 저는 그 자리를 떠나 집을 뛰쳐나왔습니다. 저는 속옷 차림과 맨발로 추운 겨울날 밖으로 뛰쳐나와 한달음에 평소 저희와 가족처럼 지내고 아버지에게 직접 신학공부를 가르쳐주셨던 한국인 목사님 집으로 향했습니다. 그 집 앞에 도착해 문을 마구 두드리자 사모님이 나오셨는데, 속옷 차림에 맨발로 파랗게 질려있는 저를 보시고는 깜짝 놀라시며 무슨 일이냐고 물었습니다. 제가 아버지가 지금 중국공안에 잡혔다고 우리 아버지 살려달라고 울면서 얘기하자 사모님은 갑자기 돌변하시더니 "그럼 여기 오면 어떡하니? 빨리 가! 그리고 다시는 여기 찾아오지 마! 그리고 앞으로 영원히 누구에게도 우리를 안다고 하면 안 된다. 알겠지?" 하며 저를 쫓아내셨습니다. 무릎을 꿇고 사모님의 다리를 붙잡고 살려달라고 빌었지만 아무 소용이 없었습니다. 사모님은 다시는 여기 오지 말라며 기어이 저를 쫓아내셨습니다. 밖에 나오자 갑자기 눈앞에 경찰차가 지나갔는데, 너무도 놀랜 저는 아파트 구석에 있는 나뭇가지 사이로 숨었습니다. 영하 20도의 날씨는 너무도 추워 얼어 죽을 것만 같았고 정신을 잃을 것 같았지만 이를 악물고 경찰차 소리가 들리지 않을 때까지 견뎠습니다. 조심스럽게 다시 집으로 왔는데 집안에는 아무도 없었고 옆집 아주머니께서 나오셨습니다. 마음씨 착한 아주머니는 자기 집에 데려가 제 몸을 녹여주고 저의 친척들을 찾아주셨습니다. 그렇게 저는 친척집에서 살며 학교를 다시 다니게 되었습니다.

사실 어린 시절 저에게 있어서 교회란 가족, 집과 같은 존재였습니다. 하지만 제가 가장 존경했고 사랑했던 그 목사님 부부로부터 냉정하게 버림받은 것은 어린 제 마음 속에 교회에 대한, 하나님에 대한 증오로 남겨졌습니다. 또한 아버지께서 북송된 이후 평소 가족처럼 따뜻하게 저를 사랑해주었던 모든 친척들의 태도도 돌변하여 구박과 학대, 따돌림이 계속 이어졌고 어린 제게는 고통스러운 일들만 반복되었습니다. 하나님은 세상 모든 사람들을 하나같이 사랑해주시고 지켜주신다고 배웠는데 왜 아버지는 지키지 못하신 것이고, 나를 사랑한다면 왜 이렇게 힘든 상황에 내버려 두시는 것인지 어린 저로서는 도무지 알 수가 없었습니다. 그래서 아버지가 북송되신 이후 3년 동안 저는 한 번도 교회에 나가지 않았습니다.

그렇게 시간이 흘러 2004년 1월, 아버지께서 북한에서 돌아오셨다는 얘기를 듣게 되었습니다. 아버지가 체포됐을 때 중국 측에서 북한으로 넘겨준 자료에는 아버지가 한국의 기독교 목사에게 교육을 받았고 탈북민들에 대한 포교활동을 했다고 기록이 되어 있었다고 합니다. 북한으로 송환된 후 아버지가 이 사실을 그대로 시인하면 즉시 정치범수용소에 가게 되는 아주 위험한 상황이 벌어질 것이 분명하였기 때문에, 아버지는 이런 신앙적 활동을 끝까지 부인하셨습니다. 그 후 3년 동안 아버지는 함경북도 보위부에서 모진 고문과 박해를 받았고 하루하루를 기적적으로 버텨나갔다고 했습니다. 3년 동안 같은 방에는 200여 명 이상이 있었는데 이들 역시 모두 중국에서 신학 교육을 받은 전도사였거나 기독교 신도들이었습니다. 그러나 모두 6개월 내에 다 죽어나갔고 그걸 목격하면서도 아버지는 마음으로 기도하며 모든 고통을 이겨냈다고 하셨습니다. 다행히 친인척의 보증으로 2004년 봄에 드디어 석방되셨으나 아버지는 이미 거의 걷지도 못하는 폐인이 되어 있었습니다.

그 해 봄, 아버지는 저를 만나러 중국으로 오셨습니다. 그리고 저와 함께 짧은 2주 동안의 시간을 보낸 후 저를 흑룡강 성에 계시는 중국인 목사님 부부에게로 입양을 보내셨습니다. 저는 다행히 아주 착하고 정말 부모님같이 저를 아끼고 사랑해 주시는 목사님 부부에게 입양이 되었습니다. 그리고 입양됨과 동시에 그 부부의 국적에 '손문정'이라는 이름을 올리게 되면서 한국에 오기 전까지 '손문정'이라는 이름을 쓰게 되었습니다.

그 이후 북한에서 인민군 로켓연구소·미사일 연구소에 근무하던 아버지는 출장으로 위장해 중국으로 몰래 나온 뒤 한국으로 탈북한 작은 아버지와 극적으로 상봉했습니다. 작은 아버지는 당시 아버지에게 한국행을 권유했으나 "나는 기독교인이고 북한에 복음을 전파할 것이며 끝까지 김정일과 싸우겠다."라고 말하시는 아버지의 의지를 꺾을 수 없어 다시 북한으로 돌려보냈다고 합니다. 그 이후에도 아버지는 작은 아버지에게 편지로 "보위부의 모진 고문을 받을 때는 죽는 것보다 고통스러웠지만 신앙의 힘으로 극복했으며 그곳에서 믿음은 더 확고해졌다. 믿음을 가지고 여기 북한에서 죽어도 두려운 것이 없다."며 자신의 신앙고백을 했다고 하였습니다. 그러나 수차례 북·중 국경을 통해 남한의 작은 아버지와 연락을 주고받던 아버지는 다음 해 1월, 다시 중국에서 작은 아버지를 만나기 위해 국경을 넘으려다가 국가안전보위부에 체포됐습니다. 작은 아버지의 말로는 아마 이때 중국에서 만나 작은 아버지가 준 성경과 기독교 자료가 집에서 발견되었을 지도 모른다고 합니다. 아버지의 죄명은 '민족의 반역자', '스파이' 혐의. 구체적으로는 중국에서 친척을 만나 남조선 소식을 듣고 북조선 정황을 알림으로써 국가기밀을 누설했고 반주체적이고 반민족적 사상인 기독교 사상을 외국에서 받아 북조선 인민들에게 유포한 혐의로 체포됐습니다. 이때가 2005년 1월경이었는데, 3월 20일경 무산에서 아버지의 지인이 휴대폰으로 이 소식을 한국의 작은 아버지에게 전하며 아버지가 정치범 사범으로 곧 공개처형을 당할 것이라 말했다고 합니다.

작은 아버지는 한국에서 돈을 준비하여 북한의 고위관료에게 로비활동을 해서라도 아버지를 구하려고 시도했습니다. 그러나 총살 확정이 된 사람에게는 담당 관리에게 로비가 되지 않았습니다. 왜냐하면 반드시 죽게 될 사람이기에 로비를 받을 수 없는 것입니다.

북한의 공개처형은 크게 두 가지 종류가 있는데, 하나는 일반 경제사범을 공개처형하는 것으로 도적질이나 일반적인 범죄를 일으키는 범죄자를 공개적으로 처형하는 장면을 인민들에게 보이는 것입니다. 때로는 국경을 넘나들며 불법적인 장사를 하는 장사꾼이나 인신매매 범죄자들을 공개처형하기도 합니다. 둘째는 정치범 공개처형입니다. 그러나 이 죄범의 공개처형 방식은 문건기록으로만 공개처형이라고 쓰고 그냥 내부에서 처형해 버립니다. 왜냐하면 일반대중 인민들에게 정치적인 이유로 공개처형 한다고 하고 인민을 소집하여 그 사안을 공개하면 오히려 인민의 의식변화를 일으키는 독이 될 수가 있기 때문입니다. 이런 공개처형의 안건이 작성되면 그 즉시 집행되는데 1~2개월 늦춰지기도 합니다.

아버지는 2001년에 중국으로부터 체포되어 북으로 송환되어 함북 청진 도보위부에서 겪은 일들을 2004년 석방되어 저를 만났을 때 들려주었습니다. 그곳에서는 전기고문, 물고문과 각목으로 목과 무릎관절을 집중 구타하면서 "한국인 목사의 이름을 대라, 북한의 비밀을 한국의 누구누구에게 주었는가? 너는 주체사상의 나라에 독 씨앗을 뿌린 놈이다."라며 고문했고, 아버지는 잠도 제대로 못 자고 집중적인 고문을 받으며 숨만 내쉬는 송장으로 지냈다고 합니다.

아버지는 "기독교 단체가 밥을 주고 먹을 것을 주어서 먹고 살기 위해서 그냥 만나며 중국에서만 시키는 대로 했다. 기독교 포교나 활동을 북조선에서는 한 일이 없다."라고 하면서 끝까지 이 주장을 견지했다고 합니다. 다행이 이 강한 부인으로 인해 죽지는 않았고 결국 지위가 높았던 친인척 보증으로 풀려난 것입니다. 그러나 아버지는 자신 뒤에 특수한 미행과 감시가 따라 붙는지를 몰랐고, 그걸 인식하지 못했던 결과는 너무나 컸습니다.

석방 뒤 작은 아버지는 돌아가지 말 것을 권고했으나 아버지는 소신이 있는 기독교 사역자로서 다시 평양으로 가야한다고 했다고 합니다. 그리고 "이런 소신으로 남한에 가서 할 일은 없을 것 같다. 차라리 독재와 비인도적인 이 땅에서 예수를 영접한 내가 북한에 예수의 복음을 전하고 기독교 의식으로 변화를 가져오는 것이 소망이다."라는 고백을 했다고 합니다. 아버지는 북한에서 가끔 일요일에 평양의 칠골교회와 봉수교회를 지나며 조선노동당원들로 구성된 사람들이 성도로 위장하고 외국인 손님들이 올 때만 예배를 참석하여 예배드리는 것을 목격했다고 합니다. 그때에 아버지는 예배당에 들어갈 수 없지만 하나님의 구원의 역사가 그들에게 임하시도록 기도하고 진정한 예배가 드려지도록 잠깐 서서 기도하고 지나갔다고 합니다.

저는 이 모든 사실을 하나도 모른 채 목사님 가정에서 아무런 걱정 없이 학교를 다녔습니다. 중학교 시절은 미국 선교사님들의 도움으로 동북 삼성 쪽에서 가장 비싼 사립학교에 갈 수 있게 되었습니다. 그 학교에서 많은 외국학생들과 한국학생들을 만나고 교제하면서 즐거운 중학교 생활을 보내기도 했습니다.

그러던 2007년 8월, 목사님 가족 모두가 미국으로 이민을 가게 되면서 저는 파양이 되었습니다. 저에게는 '사형선고'와 다름이 없었습니다. 입양이 되면서 흑룡강 성에서 살았던 제가 다시 아버지가 잡히셨던 연길로 돌아간다는 것은 매우 위험한 일이었고 연길에 있는 학교로 옮긴다는 것 또한 매우 위험한 일이었습니다. 뿐만 아니라 친척들도 가짜 국적을 가지고 있는 저를 아무도 받아주려 하지 않았습니다. 그때에는 모든 것을 알면서 무책임하게 저를 떠나버린 목사님 부부가 너무 원망스러웠습니다. 때마침 다행히도 한국에 계시는 작은 아버지와 연락이 닿았고 작은 아버지를 통해 한국계 미국인 목사님을 알게 되었습니다. 작은 아버지는 아버지의 뜻대로 저를 미국에 보내려고 했습니다. 그래서 저는 그 한국계 미국인 목사님의 인도하에 베이징 유엔기관에 진입하게 되었습니다. 하지만 목사님이 떠나신 후 저는 영문도 모르는 채 유엔기관의 직원들에 의해 베이징 대한민국 영사관으로 들어가게 되었습니다. 베이징 대한민국 영사관에서 저는 1년 5개월을 보냈는데, 그 곳은 인터넷도 안 되고 전화도 할 수 없고 뉴스도 볼 수 없는 '고급감옥' 같은 곳이었습니다. 저는 그곳에서 영사님들에 의해 아버지가 순교를 하셨다는 사실을 처음 알게 되었습니다. 제일 처음 그 사실을 들었을 때는 믿을 수가 없었습니다. 그리고 15살이라는 나이에 아버지의 죽음은 너무나도 감당하기 힘든 현실이었습니다. 다른 이유도 아닌 순교라는 사실 또한 받아들이기가 힘들었습니다. 하나님을 믿었다는 것이 그렇게 큰 죄가 되는지, 그리고 그것이 사형에 이를 정도의 큰 죄가 되는지에 대해서도 이해할 수가 없었고 받아들일 수 없었습니다. 이미 파양 때문에 마음에 또 한 번 깊은 상처를 받은 저는 세상에서 하나님이 가장 원망스럽고 미웠습니다. 목사님은 하나님의 일을 하는 사람들인데, 왜 나는 항상 목사님들로부터 상처 받고 버림을 받아야 하는지, 그리고 우리 아버지는 하나님의 일을 하다가 목숨을 잃었는데 왜 하나님은 그것을 지켜주지 못하고 외면 하셨는지, 우리 가족은 탈북을 해서 중국에 오자마자 하나님을 믿었고 하나님을 사랑했는데 왜 하나님은 그런 우리 가족에게 죽음이라는 길을 주셨는지 모든 것이 다 원망스러웠습니다. 만약 하나님이 정말 살아계신다면 그 이유들을 꼭 직접 들어보고 싶었습니다.

저는 영사관에서 매일 같이 이렇게 기도했습니다. "하나님, 북한 사람들은 저주를 받은 겁니까? 왜 북한 사람들은 북송이 되어야 하고 왜 북한 사람들은 이렇게 아픈 삶을 살아야 하는 겁니까? 그리고 왜 저는 어머니, 아버지를 잃어야 하고 어린 나이에 이렇게 힘든 삶을 살아야 하는 겁니까? 만약 하나님이 정말 살아계신다면 저에게 이 모든 것들을 설명해 주시고 이해 시켜 주세요."

그러던 어느 날 밤, 저의 꿈에 예수님이 나타나셨습니다. 하얀색 방에 나타나신 예수님은 눈에 눈물을 머금고 계셨습니다. 그리고 저에게 다가오셔서 저를 꼭 안아주시면서 "경주야, 이젠 나를 그만 원망하고 나와 함께 걸어가면 안 되겠니? 네가 지금까지 어떤 삶을 살아왔던, 그리고 앞으로 어떤 삶을 살아가던 그 모든 것들은 다 내가 너를 너무너무 사랑하기 때문에 허락한 것들이란다. 사랑한다, 내 딸아."

잠에서 깬 저는 아무 것도 할 수가 없었습니다. 예수님의 형상이 너무나도 생생했고 예수님의 목소리가 자꾸 귓속에서 맴돌았기 때문입니다. 그 때 처음으로 하나님 앞에 무릎을 꿇고 눈물을 흘리면서 기도를 했습니다. 그때서야 저는 하나님의 살아계심과 저를 향한 주님의 깊은 사랑을 이해할 수가 있게 되었습니다. 저의 짧은 삶을 돌아보았을 때, 하나님은 매순간마다 저와 함께 하셨습니다. 아버지가 북송 되셨을 당시에도 저를 중국공안의 시선을 피해 안전한 곳으로 인도해주셨고 국적도 없고 부모님도 없으며 언제 잡혀갈지 모르는 그 위험한 중국 땅에서 12년이라는 시간 동안 제가 아무런 근심, 걱정 없이 공부를 할 수 있게 하셨고 부모님의 사랑과 보살핌이 필요한 시기에 저에게 목사님 부부를 보내주셔서 돌보게 하셨습니다. 그리고 목사님 부부가 떠나고 절망에 빠져있던 저에게 한국으로 갈 수 있는 새로운 희망도 주셨습니다. 그 모든 것이 다 제 삶과 함께 하신 하나님 덕분임을 저는 뒤늦게 깨달은 것입니다.

그 뒤로 하나님을 믿으며 인내하였고 결국 저는 베이징 대한민국 영사관에서의 긴 시간을 뒤로 한 채 2009년 1월 마침내 대한민국에 입국하게 되었습니다.

처음 대한민국에 들어와서 저는 저와 같은 탈북자들을 위한 시설인 '하나원'에서 지내게 되었습니다. 그러나 하나원에서의 생활은 결코 저에게 순탄치 않았습니다. 중국에서 오랜 시간을 보내온 저와 북한에서 탈북을 한 지 얼마 되지 않은 다른 또래 친구들과의 거리는 너무도 멀었기 때문입니다. 하나원에서 만났던 또래 친구들은 저의 행동 하나하나를 이해하지 못했고 저의 생각, 가치관 등을 모두 이해하지 못했습니다. 때문에 저는 하나원에서 친한 친구 하나 없이 스스로에게만 의지하며 두 달 동안 힘든 시간을 보냈습니다.

2009년 4월, 드디어 하나원에서 퇴소를 한 후 저는 작은 아버지 집에서 학교를 다니게 되었습니다. 하나원을 퇴소한 다른 탈북 아이들은 일반 학교에 가는 것에 대한 두려움 때문에 주로 대안학교를 선택하였지만 두려움보다는 호기심이 더 많았던 저는 일반 인문계 고등학교를 선택해서 다니게 되었습니다.

하나원에서 금방 나왔을 때, 저는 저를 한국까지 인도해 주셨던 한국계 미국인 목사님의 교회에 매주 예배를 드리러 다녔습니다. 그 목사님께서는 저를 중국에서부터 늘 딸로 입양하겠다고 말씀하시며 제가 한국에 오게 되면 꼭 함께 생활을 하자고 하셨습니다. 하지만 제가 한국에 왔을 때 목사님 내외분의 사정으로 저는 함께 지낼 수 없게 되었고 매주 토요일, 일요일만 함께 지내며 예배드릴 수 있었습니다. 저는 목사님 내외분을 엄마, 아빠라고 불렀지만 제 마음 한 구석에는 여전히 불안

감만 가득했고 안정감이 없었습니다. 이전에 중국에서 함께 지냈던 목사님 부부의 파양에 대한 상처를 극복하지 못했기 때문이었습니다. 그래서 비록 목사님 내외가 지금은 나를 사랑하고 아껴주시지만 언젠가는 버릴 것이라는 불안감이 있었고 결국 그 교회를 떠나기로 결심하였습니다.

그 교회를 떠난 후, 새로이 다닐 교회를 찾던 저는 '사랑의 교회'를 오랫동안 다니셨던 작은 어머니의 제안으로 사랑의 교회에 다니게 되었습니다. 그리고 사랑의 교회 북한사랑선교부에 매주 출석했던 저는 2010년 5월, 북한사랑선교부 목사님의 소개로 고성삼 목사님을 만나게 되었습니다. 고성삼 목사님은 저에게 10월 남아프리카공화국 케이프타운에서 있는 로잔대회에서 간증해줄 것을 제안하셨습니다. 로잔대회에 대해서 평생 단 한 번도 들어본 적이 없었던 저는 해외로 나간다는 신나는 마음에 흔쾌히 하겠다고 승낙했습니다. 그지 해외로 놀러간다는 생각에 가벼운 마음으로 시작한 일이었지만 막상 제 앞에 닥친 현실은 제 생각과 전혀 달랐습니다.

로잔대회는 세계 100개가 넘는 나라에서 온 5천여 명의 사람들과 각 분야에서 일하시는 많은 분들, 말 그대로 글로벌 크리스천 리더들의 모임이었습니다. 그곳에서 저는 첫 날, 영어로 간증을 해야 했습니다. 하지만 평생 영어로 한 마디도 제대로 해본 적이 없었던 저는 영어로 5천여 명의 사람들 앞에서 간증을 해야 한다는 일에 부담을 느끼며 이곳까지 오겠다고 한 저의 선택을 후회했습니다. 그러나 고 목사님께서는 "네가 하는 것이 아니라 하나님이 하시는 일이란다. 잘하려고 하지 말고 하나님께 모든 것을 맡기면 된단다. 영어도 하나님께 맡기거라." 라고 하시면서 저에게 자신감을 주셨습니다.

드디어 대회 첫 날, 저는 영어로 간증을 하게 되었고 저의 간증이 끝남과 동시에 기립박수를 받게 되었습니다. 저에게는 평생 잊을 수 없는 순간이었습니다. 간증하기 전, 저에게 있어서 북한에서 태어난 것과 탈북 한 것, 그리고 부모님 두 분 모두 돌아가심으로 인해 10년 넘게 고아로 살아 온 것, 이 모든 것들은 숨기고 싶은 상처들이었습니다. 하지만 그날, 하나님께서는 저의 가장 나약한 부분을 쓰셨고 가장 숨기고 싶은 상처를 가장 반짝이는 별로 만들어 주셨습니다.

이듬해 4월, 저는 미국에 있는 바이올라 대학교 총장님을 만나게 되었습니다. 총장님께서는 저에게 고등학교 졸업 후, 바이올라 대학교에서 공부할 것을 제안해 주셨습니다. 뿐만 아니라 공부하는 4년 동안 전액 장학금을 지원해 주시겠다는 조건도 함께 제안해 주셨습니다. 그 기회로 저는 졸업 후 2013년 8월 바이올라 대학교에 입학을 하게 되었습니다.

제가 처음 한국에 왔을 때 하나님께서는 저에게 예레미야 29장 11절 말씀을 주셨습니다. '여호와의 말씀이니라 너희를 향한 나의 생각을 내가 아나니 평안이요 재앙이 아니니라 너희에게 미래와 희망을 주는 것이니라.' 15년 전, 탈북을 한 후 제 부모님께서 처음 하나님을 영접하시고 하신 첫 기도제목이 바로 제가 미국의 크리스천대학에 가서 공부를 하는 것이었습니다. 부모님은 그 당시 어린 저에게도 늘 미국의 크리스천대학에 가서 공부를 할 수 있게 해달라고 기도를 하게 하셨습니다.

하나님은 마침내 15년 전의 제 부모님의 기도를 들어주셨고, 어린 저의 기도에도 응답해 주셨습니다. 어린 시절 일찍 부모님을 여의고 고아로 살아가면서 어느 누구도 손 내밀어 주지 않고 편히 쉴 곳 하나 없을 때 주님은 항상 제게 손 내밀어 저를 잡아주셨고 항상 저의 따뜻한 집이 되어주셨습니다. 그리고 어려운 일에 처해 있을 때마다 항상 제 옆에 천사 같은 분들을 보내주셔서 그 어려움 속에서 벗어날 수 있도록 해주셨습니다. 뿐만 아니라 항상 저에게 꿈과 희망을 품을 수 있게 해주셨고 미래를 그려나가는 것을 가르쳐주셨습니다. 저는 그런 하나님 으로부터 사랑을 배웠고 사랑 받는 사람으로 자랄 수 있었습니다. 지금 이 순간도 북한과 세계 곳곳에는 가장 기본적인 인권 조차 누리지 못한 채, 그리고 하나님을 모르는 채 자라고 있는 많은 어린아이들이 있습니다. 그리고 종교의 자유와 그 어떤 자유도 없이 저의 아버지와 같이 북한에서 억울하게 죽어가는 사람들이 있습니다. 저의 꿈은 바로 그런 아이들을 위해 일하 는 것입니다. 저는 그런 아이들에게 가장 먼저 제가 경험한 하 나님, 그리고 제가 알고 있는 하나님의 사랑을 가르쳐 주고 싶 습니다. 그리고 특별히 북한에서의 6년, 중국에서의 11년, 한 국에서의 3년이라는 시간 동안 제가 배우고 경험했던 모든 것 들과 앞으로 미국에서 배우고 경험하게 될 모든 깃들을 하나님 의 나라를 위해 쓰임 받고 싶습니다.

III. 로버트 박의 목소리 〔둘〕

북한 주민의 손에 직접 송금하자!

"어두운 현실 속 한 가닥 희망은 해외에 있는 탈북자들이 고향으로 돈을 송금하는 것이다. 오늘날 남한에 거주하고 있는 약 24,000명의 탈북자 과반수 이상이 아직까지 북한에 갇혀 있는 가족, 친구, 지인들에게 정기적, 효과적으로 돈을 송금하는 것으로 추산되고 있다. 2011년 1월 북한인권정보센터 조사에 의하면 탈북자 1인당 매년 평균 약 백만원(또는 $920)을 송금한다고 한다. 현금 송금은 공식채널에 의한 것은 아니며, 북한 밀입국을 돕거나 북한 안팎으로 소식/물품을 전달하는 브로커들에 의해 이루어진다. 송금에 대한 수수료는 총액의 약 21~30%라고 한다. 탈북자의 90%는 수신인으로부터 돈을 전달받았다는 사실을 증명할 수 있는 확인서를 받는다고 한다. 1,000불은 북한에서 정치범수용소 밖에 있는 1가족을 1년간 먹여 살릴 수 있는 돈이기 때문에 탈북자들은 자신들이 보내는 돈이 생사를 결정짓는 의미를 지닌다는 것을 알고 있다.

만약 인도주의적 국제NGO, 종교 집단, 자선가, 여타 관련 개인 또는 단체가 이러한 탈북자들을 조직적으로 도와 비공식적 채널을 통해 북한내부로 많은 돈을 송금할 수 있게 된다면, 북한에 변화가 찾아올 것이다. 북한 내부로 돈을 송금하는 것은 북한 주민들의 끔찍한 고통을 덜어줄 뿐 아니라, 김정은 체제 내 보위부 및 군부의 충성심을 약화시킬 수 있다. 점점 더 많은 사람들이 자기들이 외부세계에 대해 속아왔고, 극소수의 사람들에게 사악하게 착취당해 왔다는 것을 깨닫게 될 것이기 때문이다. 북한내부에 돈을 송금하는 것은 김정은 정권의 고립과 쇠약을 가져오는 반면, 일반 북한 주민들에게는 힘을 실어주고, 종국에는 김정은 정권의 몰락을 가져올 것이다. 탈북자들을 지원하는 것은 우리가 북한내부에 긍정적인 변화를 촉진하고 제노사이드를 저지르는 북한정권을 해체시킬 수 있는 몇 안 되는 방법이다."

로버트 박, [잊혀진 제노사이드: 감옥국가 북한], 월드어페어즈저널,

2013년 7·8월호에서 발췌.

북한 주민의 손에 직접 송금하자!

필요한 사람들을 직접 돕는 방법

로버트 박이 우리에게 긴급히 호소하는 또 하나의 메시지는 탈북민들을 통해 북한 내부 주민들에게 대규모적으로 돈을 보내주는 일이다. 북한 주민들이 굶어죽는 것은 경제난이나 자연재해 때문이 아니라 주민들의 배고픔을 해결해 줄 의지가 없는 북한 당국 때문이다. 그는 북한정권에게 인도적 지원을 제공할 것이 아니라 북한 주민들에게 직접 돈을 보내줄 것을 말하고 있다. 북한내부 송금에 있어 나는 전문가도 아니고, 직접적으로 관여해본 적이 없기 때문에, 이 장에서는 로버트 박의 기고문과 실제 이 일을 하고 있는 북한인권운동가들의 글을 소개하는 데에 주안점을 두고자 한다.

이 책을 준비하는 과정에서 나는 탈북민들이 지금까지는 개개인의 차원에서 친인척들이 굶주림을 면할 수 있도록 송금해왔지만, 만약 수십억에서 수백억 원 정도만 뒷받침이 된다면 지금 형성되어 있는 네트워크를 활용하여 조직적으로 송금할 수 있고, 이것이 북한내부에 엄청난 변화를 초래할 것이라는 이야기를 듣게 되었다. 북한은 표면적으로는 계획경제이지만 이미 내부적으로는 나름의 규율이 잡혀있는 시장경제가 돌아가고 있고, 돈만 있으면 식량과 물건을 살 수 있으며, 군대와 간부들도 매수할 수 있다고 한다. 돈만 있으면 정치범수용소에 갇힌 수감자도 빼낼 수 있는데, 이것은 우리가 수용소 간수들을 매수하여 수감자들의 생명을 구할 수 있다는 뜻이다!

북한의 붕괴가 가속화되는 이 시점에서 북한 내부에 대규모로 돈을 보내는 일은 어느 때보다도 시급해 보인다. 왜냐하면 북한 정권이 스스로 자초한 고립과 국제사회의 제재로 북한 동포들의 굶주림과 경제난은 더욱 악화되고 있고, 체제단속을 위한 대대적인 숙청과 공포정치로 더 많은 사람들이 죽어나가고 있기 때문이다. 더구나 북한에서는 급변사태시 정치범수용소에 갇힌 수감자들을 모조리 죽여 증거를 인멸하도록 되어있다.

하지만 지금부터 우리가 치밀하게 북한내부 송금을 계획하여 실행한다면, 통일이 될 때까지 북한 주민들은 식량을 조달할 수 있게 될 것이고, 북한의 군대, 보위부, 정치범수용소 간부들의 충성심은 약화될 것이다. 만약 정치범수용소 간부들을 돌이켜 세우는 데에까지 성공하게 되면, 수많은 수감자들이 급변 사태가 발생하더라도 생존할 수 있게 될 것이다. 로버트 박의 지적대로 탈북민들을 지원하는 것은 우리가 북한내부에 긍정적인 변화를 촉진하고 제노사이드를 저지르는 북한 정권을 해체시킬 수 있는 몇 안 되는 방법이다.

북한 주민들을 도우려고 할 때 우리가 가장 주의해야 할 점은 북한 정권을 통한 인도적 지원이라는 함정에 빠지지 말아야 한다는 것이다. 로버트 박은 국제사회가 지난 수십 년간 북한에 제공한 인도주의적 지원이 그 당초 의도와는 달리 어떠한 결과를 가져왔는지를 상기시켜 준다.

북한 정권을 통한 지원의 문제점[1]
로버트 박의 하버드인터내셔널리뷰 기고문 발췌

1995년 이래 지금까지 북한에서는 400만 명이 넘는 사람들이 굶어죽었다. 지난 10월 로이터통신의 얼러트넷[AlertNet]에서 발표한 사진들은 북한에서 기근이 지속되고 있다는 탈북민들의 증언을 뒷받침해 주었다. 유엔은 현재 아이들과 임산부 및 수유 중인 여성들을 포함한 600만 명이 넘는 북한 사람들이 굶어죽을 위험에 처해있다고 발표했다.

그런데 흥미롭게도 탈북민들은 거의 모두가 정부에 의한 대북식량지원에 반대한다는 것이 연구결과 밝혀졌다. 현재 가족과 친구들이 위험에 처해있음에도 불구하고 탈북민들은 북한 정권을 통한 식량원조가 이를 절실히 필요로 하는 사람들에게는 전해지지 않고 오히려 식량을 주민통제수단으로 활용하는 제노사이드적인 북한체제만 더 강화시켜준다고 경고하고 있다.

故황장엽 노동당비서가 이끌었고, 지금은 탈북민들이 선도하고 있는 연합체인 북한민주화위원회는 종종 유화적 제스처

1
로버트 박,
"Responsibility to Protect in North Korea", Harvard International Review, 2011.12.7.

로써 북한에 대한 무조건적인 원조를 해주는 것에 대해 단호히 반대해왔다. 그들은 이러한 원조가 죽어가고 있는 북한 주민들에게는 돌아가지 않고 북한 당국에 의해 은밀히 이용된다는 것을 경고한다.

스티븐 해거드Stephan Haggard와 마커스 놀랜드Marcus Noland가 중국 및 남한에 있는 1,600명이 넘는 탈북민들과의 인터뷰에 근거하여 2011년에 발표한 '탈북민을 통한 북한에 대한 통찰Refugee Insights into North Korea'에 따르면 상당수의 탈북민들은 지난 10년간 국제사회가 북한에 인도주의적 원조를 제공한 사실을 전혀 모르고 있었다. 한 때 그런 원조가 북한 전체인구의 1/3을 먹여 살린 것으로 알려졌음에도 불구하고 말이다. 국제원조에 대해 알았던 탈북민들도 대부분은 자신들은 전혀 수혜자가 되지 못했으며 대신 그러한 식량은 당 간부와 군 간부에게 돌아갔다고 했다.

북한에 기근이 지속되는 원인이 가난이나 자연재해 때문이라고 말하는 것은 잘못 판단한 것이다. 비팃 문타폰Vitit Muntarbhorn 前북한인권특별조사관은 2010년 유엔총회에 제출한 최종보고서에서 북한은 전세계에서 1인당 군대 수 및 군사비 지출이 가장 높은 국가로 결코 가난한 국가가 아니라고 말했다. 문타폰 조사관은 북한이 광대한 자원을 보유하고 있으며 수출과 무역을 통해 수십억 불을 벌어들이고 있으나 이러한 수입이 전부 당 간부와 핵기술 개발에만 쓰여진다고 지적했다. 그는 북한 정권이 주민들을 먹일 수 있는 수단을 가지고 있으며, 진정한 문제는 자원부족이 아니라 북한 정권의 군사우선정책과 자금의 유용이라고 결론 내렸으며, 이후 각종 인터뷰에서도 이 점을 분명히 했다.

1990년대 북한은 전세계 어떤 국가보다도 식량 원조를 많이 받았다. 그러나 이제는 북한이 그 당시 수십억 불 어치의 인도주의적 원조를 조직적으로 전용하였다는 명명백백한 증거가 있다. 당시 북한에서는 기아로 350만 명이 굶어죽었는데, 이는 국제적으로 20세기를 통틀어 가장 참혹한 기근으로 인식되고 있다. 기아가 극에 달했을 때 북한 정권은 수입을 금지시키고 이렇게 절감된 자금은 군대 보강과, 핵무기프로그램 지속에 투입 하였다. 북한 정권은 막대한 자금을 8대의 헬리콥터와 40대의 MiG-21 전투기 등 무기 구입에 쏟아 부었다. 북한은 이렇게 인도주의적 식량 원조를 전용하는 방법과 함께 수용소 감금과 처형 등 가혹한 형벌체계 유지를 병용해왔다.

이제 실제 북한내부 송금에 관계된 탈북민의 글 두 편을 소개하려고 한다. 이 글들은 북한내부 사정을 적나라하게 보여주고 있으며, 우리들의 노력으로 북한 체제를 뒤흔들 수 있고 많은 생명을 구할 수 있다는 점을 깨닫게 해준다. 어쩌면 우리는 그동안 질기게 버텨온 이력으로 인해 북한 정권을 과대평가하고 있었던 것인지 모른다.

북한은 변하고 있다 _{주경배}

한반도가 분단된 지 60년이 넘었습니다. 전세계를 전쟁과 기아와 빈곤에 몰아넣었던 공산주의 시대는 끝장나고 냉전이 종식된 지도 오랜 시간이 지나갔습니다. 열강들의 힘 대결 속에서 한민족이 둘로 갈라져 서로 죽이고 물어뜯는 한반도 전쟁을 겪은 지도 60여 년의 세월이 흘렀습니다. 그 시간 동안 세계는 참 많이도 변했습니다. 많은 민족과 국가들이 참된 자유와 민주주의와 인권을 되찾았으며, 자유민주주의를 위한 흐름은 더욱 거세어지고 있습니다.

그런데 그 흐름과 역행하는 악의 근원이 지금 이 땅에 존재하고 있습니다. 헤아릴 수 없는 죽음과 피와 눈물을 흘린 이 땅에 엄연히 존재하고 있는 인류의 암, 바로 '북한'입니다. 바로

북한에 가기 전부터 로버트 박과 가까웠던 탈북인으로 북한인권운동가로 활동하고 있다.
61쪽 필자와 동일.

그 암으로 인하여 수많은 생명들이 지금 죽어가고 있습니다. 정치범수용소가 따로 없습니다. 온 땅이 감옥이고 지옥임을 이제 우리는 느껴야 합니다. 김정은 한 개인을 위해 수천만의 생명이 죽어야 하는 이 위기 상황을 우리는 똑바로 보아야 합니다. 거기에 바로 우리의 부모님과 형제들 그리고 처와 자식이 있습니다. 그들이 죽어가면서 마지막 피의 절규를 하고 있습니다. 그들은 지금 생명의 위협을 당하는 것이 아니라 죽어가고 있습니다.

진정으로 정의와 진리를 사랑하는 사람들은 이제 그 절규를 듣는 것이 아니라 죽어가는 그들의 모습을 보아야 합니다. 북한은 이제 더 이상 독재 국가나 인권을 유린하는 정부로 생각해서는 안 됩니다. 지금 이 시각에도 생명을 죽이는 제노사이드가 감행되고 있습니다. 북한은 정부가 아니라 살인 집단입니다. 평화 시기에 300만 명에 달하는 자기 백성을 굶겨 죽이고, 때려 죽이고, 총으로 쏘아 죽이는 살인 집단이 인류 역사상 언제 또 있었습니까? 과연 지금 평화가 이 세상에 있습니까? 암을 가지고 있는 인류에게 평화가 있다고 볼 수는 없습니다.

북한을 그 무슨 국가로 착각하고 인권 문제를 논하는 것은 참된 정의와 진리에 맞지 않은 엄청난 착오입니다. 북한을 탈출하는 탈북자들은 국경선을 넘어서는 순간 사격 명령을 받은 사형수들입니다. 그러나 죽음을 각오한 2만 명이 넘는 탈북자들은 지금 자유민주주의 품안에 안겨 있습니다. 이들은 지금 삶의 현장에서 열심히 살고 있습니다.

2만 여명 탈북자들의 가슴에는 북한에서 지금 죽어가고 있는 혈육들이 있습니다. 이들의 귀에는 죽은 영혼과 죽어가는 영혼들이 외치는 피의 절규가 들립니다. 자고, 먹고, 일하고, 생활하는 그들의 삶 그 자체가 기도입니다. 지금 이들은 자기의 삶으로 북한의 죽어가는 혈육을 먹여 살리고 있습니다. 살아야 할 이유가 있기에 이들은 억척같이 살아갑니다. 많은 상처를 입고 그대로 죽을 수 없기에 피와 눈물과 밥을 함께 먹으면서 살아갑니다. 그래서 북한에 물질을 보내고 복음을 전하고 있습니다.

지금 자유세계에 정착한 탈북자들은 2만6천명에 달하며, 지금도 탈북은 계속 진행되고 있습니다. 탈북자들은 모든 힘을 동원하여 북한에 있는 부모, 형제, 처자와 지인들에게 돈을 보내고 있습니다. 현재 탈북자 수는 북한 인구 비례 900명당 1명이며, 이들의 혈육이나 지인 5명을 알고 있다고 해도 10만 명이 훨씬 넘습니다. 결국 북한 인구 200명당 1명이 지금 자유의 품에 안긴 탈북자들의 손을 바라보고 있습니다.

실제로 지금 북한 주민들은 탈북자들과 비밀리에 내통하고 있는 사람들을 선망의 대상으로 보고 있으며, 국가 폭력기관, 즉 군대와 보위부, 경찰에 종사하는 자들도 이들에게 기대어 살아가는 생생한 현실입니다. 겉으로는 국가가 운영한다고는 하지만 북한 지원 단체들과 탈북자들의 비밀스런 연계 하에 유지, 운영되는 고아원과 심지어는 공장이나 기관도 늘어가고 있습니다. 군대도 이에 추종하고 있습니다. 실지 국경을 지키는 군인들을 통해 40여만 명이 탈북하였으며 그들이 우리의 돈을 받고 협력하지 않았다면 지금도 탈북 행렬이 이어질 수가 없는 것입니다. 이 시간에도 북한 군인들의 협조 하에 국경을 넘는 사람이 있습니다.

북한에 그 어떤 변화를 유도한다는 것은 한갓 시대착오적인 이론에 불과합니다. 북한은 이미 많이 변해 있습니다. 지금 북한 주민들은 김정은의 얼굴이 아니라 여러분들의 손을 쳐다봅니다. 많은 주민들이 탈북자를 통해 소생하고 있습니다. 이제 우리는 동정과 연민이 아니라 사활을 걸고 과감하게 행동해야 합니다. 북한의 공장도 우리가 장악하고, 군대도 우리가 장악하여야 합니다. 오랜 고통의 시간 속에서 그들이 세뇌만 된 것은 아닙니다. 우리는 그들의 영혼에 있는 강렬한 불빛, 그 간절함을 보아야 합니다. 그들에게 먹을 것과 함께 빛과 용기를 주어야 합니다. 우리가 사랑하고 손 내밀에 줄 때, 그들도 과감하게 행동해 나아갈 수 있습니다. 함께 손잡고 나아가야 합니다.

장마당은 힘이 세다 정광혁

지금 북한은 열려 있다. 많은 탈북자들이 가족, 친척, 친구들과 연결되어 송금하고 있다. 과거에는 탈북자 가족들이 정치범수용소로 끌려가고 강제추방 당하였으나 이제는 사정이 달라졌다. 대한민국 정부와 미국을 비롯한 전세계에서 제재가 이어지고, 북한의 깡패집단에 식량과 물자를 지원하던 NGO 단체들이 지원을 중단하면서 간부들과 군대와 보위부와 인민 보안서는 궁지에 몰리게 되었다. 이제 그들이 생존을 위해 약탈할 대상은 탈북자 가족이 되었다. 그들을 잡아 가두면 돈줄이 끊어지므로 오히려 그들을 보호해 주는 입장으로 바뀌었고, 많은 국경 경비대 군인들이 돈을 받고 탈북을 방조해 주고 있다. 심지어는 당 간부들과 보위부, 군 간부 가족들이 돈을 지원받는 탈북자 가족 자녀들과 혼인을 약속하고 가족같이 되려고 노력하는 형편이다.

과거 김일성 시대에는 김일성이 빨치산을 했다는 '백두산 줄기를 붙들어야 산다', 또 일본이 재일 귀국자들의 송금을 허가했을 당시에는 '후지산 줄기를 붙들어야 산다'고 주민들은 이야기했다. 그러나 이제는 '한라산 줄기를 붙들어야 잘 살 수 있

탈북인. 정광혁은 가명으로서 신변보호를 위해 자세한 소개는 생략한다.

다'고 말하고 있다. 즉 탈북자들을 통해 대한민국에 연결되어야 살 수 있다는 이야기다.

또한 생계형 밀수꾼들이 늘어나고 있다. 모든 자원이 고갈되고 생활 원천이 마비된 북한 주민들은 이제 생사를 밀수와 밀도강(渡江)에 걸고 있다. 심지어는 철광석 가루 한 배낭을 메고 두만강과 압록강을 밀 도강하여 쌀과 부식물을 바꾸어 가고 있다. 또한 중국 땅에 넘어와 며칠씩 산에 숨어 살면서 산열매와 약초를 캐어 팔아서는 식량과 돈을 벌어가고 있다.

우리는 지금 이들에게 있는 힘껏 식량을 지원하고 있다. 그네들의 우상인 김일성, 김정일이 죽고 모든 배급이 끊어진 지금 그들은 우리에게 필사적으로 매달리며 우리의 메시지를 너무나도 잘 받아들이고 있다. 김씨 일가 독재에 대한 분노를 깨닫고, 그들이 살기 위해서는 싸워야 한다는 결사의 각오를 가지고 돌아간다.

우리는 그들에게 그리고 탈북자 가족들에게 식량뿐 아니라 자유와 희망의 메시지를 전하는데 총집중해야 할 것이다. 그리고 그들의 자유의지를 깨워주고 힘을 실어주어야 한다. 그 힘은 메시지와 돈이다. 주민들은 돈만 있으면 식량을 비롯해 모든 것을 구매할 수 있다.

북한의 시장경제는 그 보장과 활성화를 위한 법적, 제도적 장치가 없고 정부가 통제한다고 하지만 안으로는 정연한 체계와 질서가 이미 잡혀 있다. 심지어는 주민들 속에 비공개로 진행되는 용역서비스까지 이루어지고 있다. 공장과 공공기관에서 돈을 주고 인력을 채용하는 일이 많아졌다. 돈만 있으면 식량을 비롯한 모든 물건을 구매 또는 축적할 수 있으며 운수 수단과 공장, 기업소를 우리가 실질적으로 장악할 수 있다. 주택과 건물, 토지와 상가는 암암리에 공공연히 거래가 된다. 실례로 지방 주요 도시들에서 아파트 한 채 값은 5~6천 달러, 평양에서는 2만 달러에 버젓이 거래된다. 돈으로 군인들을 장악할 수 있으며 필요한 경우 무기 사용도 충분히 가능하다. 이제는 그들의 자유의지를 깨워주고, 독재와 정면으로 맞서 싸워야 할 시간이다. 이에 대해 우리는 측면 지원밖에 할 수 없다. 세계 그 어느 나라 정부도 어느 NGO 단체도 북한 민주화를 정면으로 도울 수는 없다. 왜냐하면 북한도 유엔에 가입되어 있어 내정간섭과 도발로 규정되어 그들의 생존과 독재의 구실을 강하게 만들어 주기 때문이다. 따라서 세계 모든 정의 단체들과 양심적인 인사들과 정부들은 측면 지원에 총 박차를 집중해야 할 때이다.

모든 정의로운 사람들과 종교 및 관련 단체들은 북한의 민주화와 갇힌 자들의 생존을 위해 총력을 기울여야 할 때이다. 성경에서는 사랑하기 위해 준비하라고 말하지 않는다. 바로 지금 사랑하라고 한다. 그 사랑으로 지금 우선은 그들의 목숨을 살리는 것이다. 북한 정치범수용소에는 어린이와 노약자, 병약자를 포함한 수십만의 생명이 갇혀 죽을 시간을 기다리고 있다. 이들을 우리가 구하고 살려내야 한다. 일반 수용소도 많으며 북한 전체가 감옥이 되었다.

우리는 이들을 살릴 수 있다. 그 감옥을 지키는 간수들과 책임자들을 돈으로 매수하여 돌려 세워야 한다. 그들을 납치하고 잡아 가두는 보위부 대원들과 책임자들을 우리가 장악해야 하며, 우리는 그렇게 할 수 있다. 군 간부들을 매수하여 정권에 반기를 들거나 대량 탈북을 유도해야 한다. 장성택 처형으로 북한에서는 군 간부들과 많은 간부들에 대한 대대적인 숙청과 검거가 이미 시작되었다는 통보를 우리는 구체적으로 듣고 있다. 이 사건으로 군과 간부들은 지금 결정적으로 흔들리고 있다. 이들을 우리가 사야 한다. 정의와 진리의 돈으로, 양심의 돈으로 사야 한다.

정치범수용소 수감자 한 명을 비밀리에 빼내는 데는 최소한 2만 달러가 소요된다. 교도소 군인들을 매수하여 수감자 한명 한명을 살리는 것도 방법이다. 머지않아 잔학행위자들에 대한 재판이 이루어질 때 우리가 장악한 교도소 간수와 책임자들은 처벌을 면하게 될 것이다. 이 방법은 간수들과 책임자들을 살려주는 길이다. 이렇게 하여 우리는 수백, 수천 명의 신동혁^{북한} 14호 정치범수용소 탈출 생존자과 안명철^{북한 정치범수용소 전직 간수}을 만들어 내야 한다. 탈북자들을 통해 김정은에 추종하는 간부들을 한 명 한 명 뜯어내어 돌려세우고 탈북 시켜야 한다. 그것이 바로 장성택과 같은 처참한 운명에서 그네들을 살리는 길이다.

김일성, 김정일을 자기 손으로 처단하지 못한 것에 대해 수많은 탈북자들은 분노하고 있다. 김정은 깡패 집단은 김일성, 김정일의 시체를 수십억 달러를 들여 지은 금수산기념궁전에 보관하고 수만 달러를 쏟아 부으면서 관리하고 있다. 그러나 영생한다던 그들의 주검을 참배하는 북한 주민들 마음에서는 이미 우상이 떠나가고 있다. 이제 잘 보관된 죽은 시체가 독재 속에 억울하게 죽어간 영혼들과 북한 주민들의 심판을 면치 못하게 될 것이다. 김정은에게는 승리가 기약되지 않았다. 김정은 살인깡패 집단은 죽음에서 벗어나고 그 시간을 연장하기 위해 발악을 하고 있다. 그들은 이미 미쳐버려 이제 무슨 짓을 할지 모른다.

금년 3월 유엔 북한인권조사위원회의 최종보고서가 제출되기 전, 김정은은 김일성과 김정일 때부터 저지른 범죄를 감추기 위해 정치범수용소의 수감자들에 대한 학살을 자행할 것이다. 김씨 깡패 일가의 지난 역사를 볼 때 이것은 추상이나 짐작이 아닌 과학적인 사실이라는 점이 우리를 떨며 경악하게 하고 있다. 우리는 그들을 최대한 한명이라도 더 살려내야 한다. 탈북자들은 이것을 알기에 기도모임을 만들고 이미 결사대를 만들었다. 그들의 가족과 친구들이 간부들이고 군 장령들과 교도소 간수들이다. 이제는 북한정권의 제노사이드를 막기 위해 우리의 모든 것을 집중해야 한다. 이 시각에 우리는 필요하다면 탈북자를 구출하는 자금조차도 돌려야 할 수 있다. 왜냐하면 중국에 넘어온 탈북자는 살아날 확률이 90% 이상이지만 수용소에 수감된 자들은 살아남을 확률이 0.1%도 안 되기 때문이다. 장성택 처형으로 인한 간부들과 군인들의 대량 탈북을 돕고, 수용소 수감자들을 대량학살로부터 한명이라도 살려내려면 이제 우리는 어떤 행동을 해야 할까?

우리는 바로 지금 다각도에서 전면적인 전쟁을 선포해야 한다. 북한정권이 그 어떤 제재나 봉쇄보다 가장 두려워하는 것은 북한내부 주민들의 해방의식과 반발이다. 우리는 북한 주민들의 민주의식을 깨워주고 자유의지를 키워주어야 한다. 북한 내부에서 주민들이 직접 제작하는 反김정은 포스터와 전단 살포는 핵무기보다 더 큰 위력으로 김정은 깡패집단을 타격할 것이다.

이미 준비되어 때를 기다리는 우리의 친구들이 있다. 또한 비무장지대와 북중 국경, 북러 국경에서 우리는 대대적인 대북 풍선을 날려 보낼 수도 있고 또 하고 있다. 이 풍선을 통해 자유의지를 깨우는 라디오와 중국 휴대폰과 카메라, USB와 CD를 보내어 주고 있다. 여기에 먹을 것과 함께 필요하다면 무기와 폭약과 뇌관조차 공급할 수도 있을 것이다. 목숨을 건 기도와 갈급한 마음이 있다면 우리는 많은 것을 할 수 있으며 많은 것을 설계할 수 있고, 죽으면 죽으리라 결사의 각오를 가진 탈북자들은 이미 하고 있다. 이제 남은 것은 김정은 살인 깡패집단에 맞서 북한 주민들과 함께하는 우리들의 전면 전쟁이다.

로버트 박의 기고문들은 다른 북한 전문가들의 글과 비교하여 차별화된 특징이 있다. 그의 글은 북한 주민들의 생명을 살리고자 하는 확고한 목표 아래, 북한 사람들을 구할 수 있는, 다시 말해 북한 정권을 변화시킬 수 있는 효과적인 방법을 제시한다.

이제는 반체제인사를 지원해야 할 때[2]

로버트 박의 월드어페어즈저널 기고문

2
로버트 박,
"It's Time to Aid
North Korea's
Dissidents", World
Affairs Journal,
2013.12.

전세계가 유엔 북한인권조사위원회 구성을 환영하며 이것이 북한 사람들의 생존 및 기본권 투쟁에 있어 획기적인 전기를 마련하였다고 보고 있다. 하지만 탈북민들과 북한 내 잔학행위를 상세히 알고 있는 거의 대부분의 사람들은 북한 정권이 남아있는 수감자들을 학살하여 강제수용소 내에서 저질러진 국제범죄의 증거들을 인멸해버릴 것을 두려워하고 있다. 국제인권단체들은 악명 높은 회령의 제22호 노예/죽음의 수용소를 이러한 사례로 보고 있다. 북한에서 탈출한 전직 수용소 경비병들은 정치범에 대해 생화학무기실험을 포함한 생체실험이 제22호 수용소에서 일상이었다고 시인한다. 하지만 제22호 수용소는 2012년 중반 완전히 폐쇄되었다.

2013년 8월, 워싱턴에 기반한 북한인권위원회HRNK는 제22호 수용소 내 2만 명의 수감자들의 행방을 조사해야할 것을 촉구하는 보고서를 발표했다. 2012년 자유아시아방송^{RFA}은 수감자들의 수가 약 3만 명에서 3천명으로 급감했다고 보도했다. 자유아시아방송의 소식통은(비밀리에 활동하는 북한 사람들) 대부분의 수감자들이 굶어죽은 것으로 결론 내렸다. 탈북민들이 주도하는, 온라인 뉴스매체 데일리NK는 작년 9월, 제22호 수용소 폐쇄를 확인하면서 동 수용소는 "그간 탈북민들의 증언과 위성사진을 통해 대대적으로 문서화되었으며," "수용소의 폐쇄는 북한 정권이 그 증거를 숨기기 위한 시도로 보인다"고 언급했다. 북한인권위원회^{HRNK}는 제22호 수용소 내 활동이 계속 감지되는 위성자료 때문에 초기에는 조심스러웠으나, 이후에는 수감자들이 지역 농부와 광부들로 은밀하게 대체되었음을 확인하였다. 이 과정에서 경비초소 및 취조와 구금을 위해 사용된 건물들은 파괴되었다. 워싱턴포스트는 2013년 9월 논평에서 제22호 수용소의 폐쇄에 대하여 이렇게 기술했다. "수천 명의 수감자들이 – 아마도 제22호 수용소 내 소각장을 통해서 – 갑자기 흔적도 없이 사라진 것으로 보인다."

우연치 않게도, 제22호 수용소 내에서 저질러진, 나치를 연상시키는 끔찍한 잔학행위는 북한 정권의 잔학행위 중 가장 잘 알려진 내용이다. 2004년 BBC 다큐멘터리는 북한의 수용소 생존자들 및 전직 제22호 수용소 보안요원 권혁의 방대한 인터뷰를 담고 있다. 권혁은 다른 반인도죄와 함께 절멸범죄 extermination에 대해 증언했다. 권혁 및 수용소 생존자들이 제공한 상세한 증언은 정치범수용소에 노예로 갇힌 수감자들이 지난 수십 년간 조직적으로 생화학무기의 생체실험 대상이 되어 온 것을 암시했다. BBC 다큐는 이후 실질적으로 모든 주요 언론에서 인용, 기술, 재상영, 게시되었다. 또한, 권혁의 증언은 독일의 마르크 비제^{Marc Wiese} 감독이 만든 최근 다큐멘터리 〈제14호 완전통제구역^{Camp14: Total Control Zone}〉(2012)으로 다시 주목받았다. 비제 감독은 권혁과의 인터뷰 자료가 국제재판소에서 그에게 형을 내리기에 충분한 증거에 이른다고 언론에서 밝혔다.

권혁의 증언이 나오기 전에도 또 다른 제22호 수용소 前경 비병 안명철이 북한의 잔학행위에 대해 미국의회에서 증언하였고, 회고록을 발간하였고, 각종 언론에서 증언하였다. 그는 한 때 북한 정권의 범죄적/야만적인 시스템의 일부로서, 그리고 가해자로서 속죄하기 위해 이러한 활동을 한다고 말했다. 2003년 NBC 뉴스에서 그는 자신의 경험에 대해 이렇게 말했다. "그들은 수감자들을 인간 취급하지 말라고 저를 훈련시켰습니다. 만약 어떤 사람이 사회주의에 반대하면, 수용소에서 탈출을 시도하면, 그러면 죽이라는 것이었습니다. 만약 도주자를 죽인 기록이 있으면 그 경비병은 내학에서 공부할 수 있는 자격을 얻게 됩니다… 구타와 살해는 일상이었어요. 수감자들은 인간으로 대우받지 않습니다. 그들은 개나 돼지와 같지요."

안명철의 아버지는 북한에서 정치범으로 고발당한 후 자살하였으며, 그 때문에 그의 어머니와 형제자매들은 체포되어 수용소로 끌려갔다. 안명철은 그가 북한을 탈출한 직후부터 북한 사람들의 인권과 기본적인 자유를 위해, 특히 수용소에서 제노사이드의 야만성에 고통 받는 사람들의 편에 서서 목소리를 높이는 가장 잘 알려진 운동가 중의 한 명이 되었다. 2013년 8월, 안명철은 유엔 북한인권조사위원회 앞에서 북한의 경비병들은 전쟁이나 침략 사태에 직면하면 모든 '증거', 즉 수감자들을 제거하라고 훈련받고 교육받는다는 끔찍한 현실에 대해 증언하였다.

안명철은 8월21일 북한인권조사위원회에서 이렇게 말했다.

(이것은 유엔 통역사가 한국말을 영어로 옮긴 것이다) "만약
전쟁이 일어나면, 우리는 모든 증거를 없애기 위해서 수감자들
을 쓸어버려야 했습니다. 수감자들에 대한 어떠한 증거도 남아
있지 않도록 말이죠… 각각의 정치범수용소에는 굴이 있습니
다… 이 굴들을 판 이유는 수감자들의 존재에 대한 어떤 증거
도 없애야만 하는 일이 발생했을 때 수감자들을 제거하기 위해
서입니다… 모든 수용소에는 대표가 있습니다. 이것은 한반도
에 전쟁이 일어나거나 공격을 받았을 때 모든 증거를 인멸하기
위해서입니다… 만약 전쟁이 일어나면 경비병들은 자기가 감
독하는 수감자들을 무조리 죽이도록 되어있습니다."

데일리NK는 안명철이 2008년 강연에서 한 대학생으로부터
'통일 후 수감자들의 운명'에 대한 질문을 받았을 때 이렇게 대
답했다고 보도했다. "북한의 정책은 그런 일이 있기 전에 다 죽
이라는 것입니다. 저는 2000년에 위성사진을 통해 새로운 댐
이 건설되는 것을 보았습니다. 댐이 파괴되면, 제22호 수용소
전체가 물에 잠기고, 수감자들은 모두 죽을 것입니다." 2010
년 코리아타임즈는 한 국제법학자가 북한의 수용소 근처에 댐
이 건설되기 시작했다고 주장하는 내용을 "수용소 내 제노사이
드의 증거들을 인멸하기 위해"라는 표현으로 보도했다. 그의
주장은 위성이미지 관찰, 기밀정보, 그리고 탈북민들의 설명에
기초한 것이었다. 연세대 홍성필 교수는 "급변 사태시 북한 정
권은 댐을 폭발시켜 수감자들을 살해할 수 있다"고 언급했다.

2월 25일 북한인권위원회^{NKHR} 그레그 스칼라튜 사무총장은
"만약 북한의 정치범수용소를 해체하려거나, 수감자들을 확
장된 시설로 이송하는 움직임이 진행된다면, 북한 정권이 수용
소 내에서 저지른 잔학행위의 증거생존한 수감자들 포함를 인멸하지
못하도록 확실히 해야만 한다." 2012년 12월 북한정치범수용

소에 대한 한 학술토론에서 스칼라튜는 이렇게 덧붙였다. "저의 가장 큰 걱정은… 북한 정권이 이러한 시설들을 해체하는 과정 중에 있을지 모른다는 것입니다. 조사자들에게 보여줄 수 있도록 수용소들을 가짜로 꾸미기 위해서 말입니다. 북한 정권은 그런 다음에는 이렇게 말하겠지요. 북한의 정치범수용소에 대한 모든 보고서들은 전적으로 사실무근이다. 와서 한번 확인해봐라."

이것은 분명 북한 정권이 유엔 북한인권조사위원회에 '대응'하기 위한 극악무도한 계략 중 하나이다. 1994년부터 2011년까지 북한 정권을 지휘했던 김정일은 "적들이 우리가 무엇을 하고 있는지 모르게 모든 것을 짙은 안개에 가리운 채 추진하라"고 말한 것으로 널리 보도된 바 있다. 서울에 있는 북한민주화네트워크[NKnet]는 2001년 한 분기 보고서에서 "북한 정권의 이러한 학살 정책이 체제의 완전한 붕괴를 초래할 아킬레스건이 될 것"이라 주장했다. 실제로 북한 수용소에서 체계적으로 자행되는 대규모 범죄는 유엔 제노사이드협약 제8조와 보호책임[R2P] 규범에 의거한 개입을 정당화하는 객관적 근거이다. 종종 간과되는 것은 반제노사이드 비정부단체 제노사이드워치[Genocide Watch]를 포함한 여러 단체들이 북한이 제노사이드협약을 명백히 위반한 것으로 결론 내렸다는 것이다. 북한은 제노사이드협약 회원국이다.

북한 수용소 내 수감자들의 생명을 지키기 위해서는 북한인권조사위원회에 상응하는 조치들이 신속히 취해져야만 한다. 가장 시급한 것은 세계 1위 전체주의/군사정권인 북한에 아직도 갇혀있는 희생자들을 실질적으로 돕고, 그들에게 힘을 실어주는 일이다. 북한 내에서 정당성이 있고, 인도주의에 기반한 반체제 활동의 구성을 탄탄하게 지원해주는 것이야말로 북한

수용소 등지에서 심각한 위험에 처해있는 모든 이들을 구해낼 수 있는 거의 유일한 길이다.

몇 해 전, 필자가 아는 한 북한 여성신변보호를 위해 이름은 밝히지 않음과의 대화가 기억난다. 북한에서 고아가 되었고, 아사를 겨우 면했던 이 여성은 중국으로 탈출한 후 성노예로 팔려나갔다. 그녀는 북한 정권이 조장한 기근에 의한 학살과, 북한 난민들의 망명권을 인정하지 않은 중국정부의 직접적인 희생양으로 이루 말할 수 없는 고통을 겪었다. 극심한 어려움을 견뎌낸 끝에 남한에 올 수 있었던 그녀는 북한 사람들을 살리기 위해 국제사회가 할 수 있는 가장 의미 있는 행동은 무엇일지 나와 의견을 나누는 중에 "북한 사람들이 가장 필요로 하는 것은 식량원조가 아니라 무기"라고 털어놓았다. 필자가 개인적으로 아는 모든 북한 사람들은 정권을 통한 식량원조가 비윤리적이고 해로우며 순진한 것이라고 단호히 반대한다.

이후 또 다른 지인도 이 여성의 의견을 역설했다. 그는 북한 주민들이 암시장에서 돈을 주고 식량과 필수품들을 구입할 수 있다고 했다. 기본적인 것이 충당된 다음에 북한 주민들에게 정말로 필요한 것은 악랄한 북한 정권 수하의 자의적 구금 및 처벌의 끊임없는 위협으로부터 무기를 통해 스스로를 보호하는 것이라고 했다. 그는 또 충분한 자원(미국과 남한의 기독교 단체들이 무가치하고 비윤리적인 평양과기대 설립을 위해 쏟아 부은 돈보다도 훨씬 적은 금액)이 뒷받침만 되어 준다면 수용소를 해방시킬 실질적인 작업을 시작할 수 있다고 말했다.

피터슨국제경제연구소의 스티븐 해거드와 마커스 놀랜드는 1600명이 넘는 탈북민들과의 인터뷰를 토대로한 2011년 논문에서 북한 사람들이 남한으로부터 독립된 새 정부 수립이나 정부개혁보다 남한과의 통일을 '압도적으로' 선호한다는 것을 밝혔다. 이는 북한 정권에 대한 주민들의 신임도가 완전히 바닥났음을 보여준다. 워싱턴의 비영리단체 인터미디어^{InterMedia}의 2012년 보고서 "조용한 개방: 변화하는 미디어 환경 속 북한 사람들"은 북한 주민들 중 상당수가 불법적으로 TV와 라디오 방송을 비롯한 외국 매체를 접하고 있다는 것을 밝혀냈다. 미 국무부의 위탁으로 만들어진 이 보고서는 상당수의 컴퓨터와 중국산 휴대전화가 북한으로 밀반입되어왔다는 것을 밝히며 "북중 국경을 따라 확산된 중국산 불법 휴대전화는 외부 세계와의 직접적 접촉을 더 가능케 했고 국경을 넘나드는 무역과 송금, 그리고 탈북의 효율성을 높였다"고 단언했다.

아시아타임즈의 2013년 어떤 기사는 저명한 북한학자 국민대학교 안드레이 란코프 교수가 오늘날 남한에 거주하는 24,000명이 넘는 탈북민들 대부분이 "송금, 서신 배달, 필요한 경우 북중 국경을 통한 밀입국 등을 도와주는 전문 중개인인 브로커를 통해 가족과 연락을 주고 받는다"고 보도했다.

탈북민들이 송금한 돈은 수용소 인근 지역을 포함한 북한의 어떤 곳이든 도달할 수 있다. 더 많은 돈이 이러한 비공식적 경로를 통해 들어갈수록, 보위부와 군대에 대한 북한 정권의 통제력도 급격히 저하될 것이다. 지난 20년간 말 그대로 수십만 명의 북한 사람들이 중국으로 성공리에 탈출한 사례가 이미 이를 증명하고 있다. 지금까지 국경 수비원들은 충분한 돈만 쥐어주면 기꺼이 못 본 척 넘어가 주었다. 사실 이것은 북한에서는 중범죄이다.

물론, 북한 내 조직적인 반체제 운동의 지원에 주력하는 캠페인은 전쟁이나 유혈사태를 위해서가 아니라 북한 사람들의 자유와 번영, 한반도의 평화와 통일을 진정으로 소망하는 남한 및 타국가들의 바람을 휴대전화 통화, 밀반입된 책, 라디오 방송과 다른 매체를 통해 명확하게 전달하는 데 기초하고 있어야한다. 지금 이 순간 우리들이 던져야 할 진짜 질문은 이런 것들이다: 북한 정권이 무너지기 전까지 얼마나 더 많은 사람들이 세계의 무심함 속에서 죽어야 하는가? 수용소에 있는 이들을 구하기 위해서 어떠한 조치가 취해져야 하는가? 어떻게 하면 북한 정권의 붕괴가 가져올 충격을 가능한 줄이면서 동시에 최대한 많은 생명들을 구할 수 있을 것인가?

랜드연구소 브루스 베넷의 9월 보고서 "북한의 붕괴 가능성 대비 방안"은 남한정부가 즉시 중국정부와 한반도 통일에 대해 협의하기 시작하고, 미국은 중국에게 "통일 후 미군이 북한 영토에 주둔하지 않을 것"을 선언하라는 현명한 충고를 담고 있다. 베넷은 "북한 사람들이 통일 후 자신들이 잘 대우받고, 더 나은 삶을 살게 될 것이라는 확신이 들게 해야 한다"고 강조했으며 수감자들이 모두 처형되어 버리기 전에 북한의 수용소들을 해방시키는 것이 시급함을 강조했다.

탈북민들은 북한에 남아있는 그들의 동료 및 가족 구성원들과 함께 분명히 이러한 활동의 선두에 서야 할 것이다. 이미 그들은 수중에 있는 한정된 재원이 허락하는 범위 내에서 리디의 역할을 감당하고 있다. 대부분은 이미 북한 내 사람들과 정기적으로 연락을 주고받고 있어, 이제는 계획을 세워 효율적인 조치를 취하는 것이 정말로 가능해졌다.

지금이야말로 북한 해방을 위해 활동하는 탈북민들을 도울 때이다.

IV. 로버트 박의 목소리 [셋]

온 세계가 북한을 향해 다가가자!

"저는 김정일과 북한 정권이 제가 그들을 사랑한다는 것을 알기 원합니다. 저는 이 모든 사람들을 사랑합니다. 제가 북한에 들어가는 이유는 잔인하게 죽어가는 사람들과 아이들을 위해서 그곳이 변해야 하기 때문입니다. 이리한 집단학살이 지속되는 이상 저에게는 선택의 여지가 없어요. 저는 김정일이 너무나 안타깝습니다. 북한 사람들은 어릴 때부터 세뇌당해서 진실이 무엇인지 모릅니다.

7월 27일, 저는 비전을 보았습니다. 거대한 시위가 시작되는 비전이었어요. 저는 공식적으로 인권운동에 참여해 온 사람이 아닙니다. 저는 계속 기도해 온 사람으로, 그간 탈북자들을 한 명 한명씩 돕는 데에 함께 해왔습니다. 제가 보았던 환상은 북한 사람들을 위한 대규모 시위가 있어야 한다는 하나님의 메시지였습니다. 그러면 북한 사람들이 해방된다는 것이었어요. 전 세계에서 그들의 참혹한 고통과 손실에 대한 배상 움직임이 일어날 것입니다. 통일에 대한 요구가 있을 것입니다. 그리고 북한과 남한 사람들 간에 화해가 있을 것입니다.

제가 북한에 들어가는 선택은 저 혼자 한 결정입니다. 왜냐하면 지금은 모든 것이 너무 느리기 때문이에요. 지금까지 북한인권을 위해 대규모 시위가 단 한 번도 없었어요. 대규모 시위는 해야 합니다.

작년에 남한에서는 고작 우리가 먹는 쇠고기 때문에 수십만 명이 시위를 했습니다. 아무것도 아니었어요. 우리 세대가 우리가 먹는 쇠고기 때문에는 대규모 시위를 할 수 있으면서 우리 혈족이 매일 이유도 없이 천 명씩 죽어 가는데 대해서는 대규모 시위를 할 수 없다는 것에 대해 뭐라고 말할 수 있습니까?

남한에 있는 한 가지 문제점은 북한인권 단체 간에 경쟁이 치열하다는 것입니다. 사람들은 '내가 리더가 되고 싶다'고 말합니다. 터무니없는 것입니다. 그런 식으로 1등을 하려는 정치적인 싸움만 하면, 대규모시위는 결코 일어날 수 없어요. 사람들이 북한인권 문제를 자신들의 이득 획득을 위한 수단으로 취급하면 대규모시위는 절대로 일어날 수 없어요. 저는 모든 북한인권 단체가 그렇다고 말하는 것은 아닙니다.

저는 제가 북한에 감으로써, 저의 희생을 통해 교회와 북한인권 사역을 하는 사람들이 깊이 회개하게 되기를 소망합니다. 그래서 더 이상 언쟁과 경쟁이 사라지게 되기를 원합니다."

2009년 12월 북한 월경 전 로이터통신과의 인터뷰 중에서 발췌

온 세계가 북한을 향해 다가가자!

대규모 시위의 힘

로버트 박이 제노사이드와 북한내부송금 만큼이나 강조하는 마지막 메시지는 대규모 시위의 필요성이다. 역사를 돌이켜 보면 대규모 시위가 가진 위력과 파급효과는 엄청나다. 최근의 사례만 보더라도 아랍의 독재정권을 무너뜨린 것은 모두 결집된 민중의 힘이었다. 2010년 12월 18일 튀니지에서 촉발된 민주화혁명은 이집트, 리비아, 예멘으로 확산되어 장기 집권하던 독재자들을 끌어내렸다. 튀니지에서는 시위가 촉발된 지 한 달도 안 된 2011년 1월 14일 23년간 장기집권 해온 벤 알리 대통령이 사우디아라비아로 도망쳤고, 이집트 역시 30년간 장기 집권해온 무바라크 대통령이 물러나야 했다. 리비아에서는 42년간 장기 집권했던 무아마르 카다피가 시민들의 요구를 무시하고 그들을 반군이라 부르며 선전포고를 하였는데, 종국에는 자신이 반군이라 부른 시민들에게 쫓기다가 붙잡혀 처참하게 살해당했다.

약 100년 전 200만 명이 참가했던 우리의 3·1운동도 전 세계에 지대한 영향을 미친 자랑스러운 우리 역사이다. 3·1운동은 국내에서 뿐 아니라 해외에서도 큰 반향을 불러왔다. 국내에서는 무단통치에서 문화통치로 넘어가는 전기가 되었고, 상해 대한민국 임시정부 수립, 독립군 무장 독립운동 촉발을 불러왔다. 해외에서는 중국의 5·4운동을 비롯하여 인도, 필리핀, 이집트 등 세계 역사에 영향을 미쳤다.

> (…) 당시 중국 지식인들은 중국 5·4운동이 한국 3·1운동의 영향으로 일어난 운동임을 흔쾌히 인정하고 3·1운동을 격찬했다. 그 대표적 인물이 진독수陳獨秀, 부사년簿斯年, 모택동毛澤東등이다.
>
> 또한 한국의 3·1운동은 1919년 4월 5일부터 시작된 인도 국민회의파의 비폭력 독립운동 사타야 그라하에 매우 큰 영향을 주었다. 간디는 남아프리카에 있다가 3·1운동의 보도를 읽고 급히 귀국하여 4월 5일부터 '비폭력 독립운동'을 시작했다. 3·1운동의 비폭력 방법이 인도 독립운동에 도입되어 인도 독립운동이 활성화된 것이었다.
>
> (…) 미국 식민지였던 필리핀의 마닐라 대학생들이 1919년 6월 독립운동을 일으켰는데, 3·1운동을 언급하면서 큰 영향을 받은 것이었다. 영국 식민지였던 이집트의 카이로 대학생들이 1919년 6월 독립운동을 일으켜 아랍 세계에 파급되었는데, 역시 3·1운동의 큰 영향을 받은 것이었다.
>
> 주목할 것은 3·1운동의 영향과 파급으로 일어난 중국 5·4운동, 인도 국민회의파 독립운동, 필리핀 독립운동, 아랍 독립운동의 주도 세력과 정당, 단체에 의해 모두 독립국가 재건국에 성공했다는 사실이다. 한국민족의 3·1운동이 이런 엄청난 세계변화의 첫 봉화가 된 것이다.[1]

1
신용하 이화여대 석좌교수, "모택동 네루 타고르는 왜 '3·1운동'을 격찬했나", 조선일보. 2009.2.27.

진정한 화해와 통일을 위해

로버트 박은 미국산 쇠고기 수입에 반대하는 집회에는 수십만 명이 참여하는 대규모 시위가 일어나면서도 끔찍하게 학살당하며 죽어가고 있는 같은 동포들을 위해서는 고작 수십 명에서 수백 명 밖에 집회에 나오지 않는 우리나라의 현실을 이해하지 못했다.

처음 대규모 시위에 대한 이야기를 들었을 때에 나는 로버트 박의 생각에 동감하면서도 대규모 시위가 갖는 의미를 완전히 이해한 것은 아니었다. 처음에는 정부와 국제사회를 움직이게 하기 위해서라고만 생각했다. 그동안 북한 동포들이 겪는 고통에 대해서는 정부 차원에서, 우리 시민사회 차원에서, 그리고 국제사회에서도 '제노사이드'로 다루지 않았기 때문에 대규모 시위와 같은 충격이 없으면 지금까지 해왔던 대로, 관행대로, 익숙한 대로, 어떤 변화도 없을 가능성이 컸다.

하지만 비록 수십만 명까지는 못 되더라도 수만 명만이라도 모이면 정부나 시민사회, 국제사회에 부담을 줄 것이라고 생각했고, 그래서 대규모 시위의 필요성에 동감하였던 것이다. 특히 북한 동포들이 겪는 문제는 근래 생겨난 문제도 아니고 지난 60여 년이 넘는 세월 동안 지속되어 온 것인데다가, 그동안 이 문제를 알면서도 말을 극히 아껴왔던 주요 강대국들 입장에서는 자신들에게 엄청난 정치적 압박이 들어오지 않는 한 지금까지 그래왔던 것처럼 침묵을 지킬 것이기 때문이었다. 그래서 대규모 시위가 반드시 필요하다는 로버트 박의 주장에 동감하였다.

하지만 정부와 국제사회에 대한 '압박'만큼 중요한 것이 한 가지 더 있었다. 그것은 바로 '화해'이다. 비록 분단이 길어지면서 젊은이들 중에 통일을 중요하게 생각하지 않는 사람들이 증가했다고는 하나, 우리나라 사람 치고 죽어가고 있는 북한 동포들에 대해 안타까운 마음을 갖지 않는 사람이 있을까. 북한 정권의 몰락과 통일만이 그들을 한시라도 빨리 지옥으로부터 구출할 수 있는 유일한 방법이라는 것이 확실해질 때, 누가 통일을 반대할 것인가. 하지만 우리는 지금까지 이러한 우리들의 마음을 표출한 적이 없다. 비록 분단되어 있지만 우리는 한민족이라는 굳건한 믿음, 우리들의 잠재의식 속에 통일은 반드시 이루어진다는 믿음, 그리고 북한 동포들이 식량난이나 경제난을 겪지 말고 정말로 잘 살았으면 좋겠다는 바람 – 우리 대한민국 사람들의 마음속에 있는 이 애틋한 마음을 잘 표현하지 못했다. 우리 대한민국 사람들이 북한에 대해 갖는 마음은 주변 강대국이나 다른 나라 사람들이 갖는 마음과는 차원이 다르다.

반면 동북아 역학구도와 국가이익, 핵무기 확산 방지가 가장 중요시되는 강대국의 정책결정자들에게 있어서 북한 주민들의 고통은 이야기를 꺼내야만 할 특별한 이유가 생기지 않는 한 꺼낼 필요가 없는 주제이다. 그래서 이들은 북한 정권이 미사일 발사를 감행하거나 도발의 징후가 보일 때마다 양자회담이니 6자회담이니 뭐니 분주해지지만 60년이 넘는 세월 동안 수백만 명이 학살되고, 지금도 진행 중인 잔혹행위에는 침묵으로 일관해왔다. 그리고 이들이 수십 년간 침묵했기 때문에 굳어져 버린 이 분위기 속에서 이제는 우리 국민들도 표면상 그들을 따라가는 것처럼 보이게 되었다. 마치 그들처럼 우리도 북한 동포들의 고통에 무관심한 것처럼 보이게 된 것이다. 이것은 우리가 우리의 마음을 충분히 표현하지 못했기 때문에, 강대국들의 움직임에 보조를 맞추며 따라가기만 했기 때문에 빚어진 결과이다.

물론 여기에는 북한 정권이 우리 사회 분위기를 흩트리기 위해 끊임없이 사주해온 대남선전활동도 한 몫 했다. 사이버 안보 전문가들은 북한이 댓글부대를 운영 중이라고 한다. 북한은 '우리민족끼리', '구국전선' 등과 같은 대남 선전용 사이트 140여개를 운영하고 있으며, 최근에는 트위터, 유튜브, 페이스북 등 SNS를 대남사이버 심리전 도구로 활용하고 있다는 것이다.[2] 이렇게 우리 정부와 국민 사이를 이간질 시키는 북한의 공작 때문에 우리는 북한 동포들의 고통과 같은 우리 민족 전체의 관심사에 대해서는 총력을 기울이지 못하고 그보다 훨씬 덜 중요한 이슈에 에너지를 낭비해야 했다. 사이버 공간 상에서 조성된 왜곡된 여론은 우리 국민들과 우리 정부 모두에게 불신과 혼란을 가져왔다.

그러는 사이에 북한의 끔찍한 현실을 접하게 된 일부 외국인들은 왜 한국 사람들이 이 문제에 대해서 목소리를 높이지 않느냐고 반문하는 지경에까지 이르렀다. 그렇게 의문을 제기하는 외국인들보다 더 걱정되는 것은 북한 동포들이 우리들을 향해 가지게 될 마음이다. 우리들이 여태껏 한번이라도 끔찍하게 죽어가고 있는 북한 동포들에게 우리의 안타까운 마음을 전한 적이 있었던가. 북한 동포는 우리와 같은 한민족이고, 같은 동포이고, 그래서 우리는 그들이 그렇게 죽어가는 것을 원치 않으며, 그들의 편에 서 있다는 것을 알린 적이 있었던가. 우리가 그들을 버리지 않았다는 것을 알린 적이 있었던가.

2
뉴데일리, "사이버 안보 전문가들, 북한 댓글부대 운영 중", 2013.8.12.

우리나라에서 북한 동포들을 위한 대규모 시위가 일어나면, 한반도에 엄청난 변화가 찾아올 것이다. 한번 생각해보자. 북한 동포들을 구하자는 일념으로 대한민국에서 수십만 명이 거리에 나오면 그 영상과 사진 자료들이 북한 내부로 속속들이 전해질 것이고, 그것은 분명 북한 동포들에게 엄청난 충격으로 다가갈 것이다. 북한 동포들은 자신들이 어떠한 처지에 있는지를 정확히 깨닫게 될 것이고, 남한 동포들의 단합된 모습은 그들에게 큰 격려와 힘이 될 것이다. 우리가 그들을 버리지 않았다는 것을 알게 될 것이다. 북한 체제를 뒤흔들 것이다. 물론, 대규모 시위는 국제사회도 압박할 것이다. 강대국들이 더 이상 북한 동포들의 고통에 침묵을 지킬 수 없는 상황이 전개될 것이고, 한반도 통일은 그보다 더 당위성을 얻기도 힘들 것이다. 국제사회에서 한반도 통일에 대한 지지를 이끌어내는데 있어 이보다 더 강력한 힘을 발휘할 수 있는 사건이 있을끼?

우리 한국 사람들은 북한 동포들을 버린 적이 없다. 비록 왜곡된 여론과 주변의 분위기에 휩쓸린 우리들의 연약함 때문에 대한민국을 오해하는 시선이 생겨나긴 했지만, 명확히 할 것은 명확히 하자. 우리는 북한 동포들이 고통 받지 않기 원하고, 배부르기 원하고, 잘 살기를 원한다. 우리는 북한 동포들을 사랑한다. 로버트 박은 우리가 가진 이 마음을 대규모 시위로 표출하라고 한 것뿐이다.

우리 사회 일각에서는 주변 강대국들 때문에 통일이 과연 가능하겠느냐고 의문을 제기하는 목소리가 있다. 하지만 이것은 너무 패배주의적인 사고방식이다. 우리를 갈라놓으려는 시도는 있을 수 있지만, 대중이 일어나 결집하면 그 어느 강대국도 이것을 막을 수 없다. 로버트 박은 그동안 우리 민족이 주변 강대국들의 역학관계 속에서 너무 고통 받았으나, 이제 우리들

스스로 북한 동포들을 구함으로써 새로운 역사를 만들어가야 한다고 역설한다. 우리가 죽어가는 북한 동포들을 구하기 위해 단합하여 수십만, 수백만이 거리로 나오게 될 때, 주변 강대국들을 비롯한 국제사회는 마침내 대한민국 주도의 한반도 통일을 지지하게 되고, 북한체제는 무너질 것이다.

〔아우슈비츠 해방 기념일(1.27)에 로버트 박 선교사가 주도한 북한 제노사이드 반대 시위(2012.1.27)〕

한국과 국제사회를 향한 호소

로버트 박이 2009년 북한을 위한 거리시위를 주도할 때마다 낭독했던 글이 있다. 바로 '국제사회를 향한 호소문'인데, 이 호소문에서 시위대는 우리 정부만이 아닌 미국, 중국, 러시아, 일본, 유엔 등 모든 국제사회 지도자들을 향해 북한 동포들을 구하고 북한을 재건하기 위한 실질적인 조치들을 요구하고 있다.

대한민국, 미국, 중국, 러시아, 일본, 유엔
그리고 모든 국제사회의 지도자들에게

우리는 북한의 제노사이드가 지속되는 것을 더 이상 용인할 수 없습니다. 1995년 이후 4백만 명 이상의 무고한 생명이 북한 정권 때문에 굶어죽었으며, 북한의 강제수용소에서 강제 노동, 강간, 고문, 기아로 죽거나 처형당한 사람의 수가 백만 명으로 추정되고 있습니다. 이러한 강제수용소가 존재한다는 사실만으로 북한 정권은 위법하고, 정당성이 없으며, 범죄자입니다. 국제사회의 즉각적인 개입이 요구됩니다.

우리는 세계인권선언과 국제법의 기초에 근거하여
다음과 같이 요청합니다.

1. 북한 강제수용소 수감자 전원에 대한 즉각적인 석방
2. 강제 노동, 굶주림, 고문에 희생당한 북한의 모든 피해자들, 강제

수용소 생존자, 처형 희생자 및 그 가족들의 측량할 수 없는 손실과 고통에 대한 보상 및 배상

3. 북한 정권 지도부의 즉각적인 퇴진

4. 김정은을 비롯하여 제노사이드와 반인도죄의 지시나 수행에 책임 있는 모든 개인에 대한 기소

5. 탈북민과 인권운동가 연합체가 앞장서고, 대한민국과 국제사회가 협력하여 국제법과 세계인권선언에 따라 북한을 해방시키고, 모든 북한 주민들의 인권과 안전이 보장되는 기초 위에 북한을 재건하는 일. 국제사회는 나치 독일에서와 같은 참극이 다시는 되풀이되지 않도록 하기 위해 국제법을 만들었습니다. 하지만, 국제사회, 우리 모두는 그 약속과 국제법을 지키지 못했습니다. 특히 북한문제에 있어서는 가장 형편없을 정도로 실패했습니다.

호소문의 내용 중 한 가지 보충 설명을 하고 싶은 부분은 '강제 노동, 굶주림, 고문에 희생당한 북한의 모든 피해자들, 강제수용소 생존자, 처형 희생자 및 그 가족들의 측량할 수 없는 손실과 고통에 대한 보상 및 배상'이다. 제2차 대전 이후 독일은 홀로코스트에 대해 사죄하고 이스라엘에 엄청난 배상금을 지불하였다. 독일은 1952년 이스라엘과 룩셈부르크조약을 체결한 이래 지금까지 890억불(약 95조원) 이상의 배상금을 지불하였으며, 홀로코스트 피해자들에 대한 배상 범위와 금액을 계속 확대해왔다. 희생자들은 심각한 영양실조를 겪은데다가 대부분 가족들을 잃고, 평생 동안 심각한 정신적·육체적 후유증으로 고통 받기 때문에 같은 연령층에 비해 건강이 나쁘고, 재정적인 도움이 더욱 절실하다. 독일정부는 2차 대전이 끝난 후 70년이 다 되어가는 지금까지도 피해자들을 위한 이러한 재정지원을 지속 해왔다.

우리 북한 동포들이 지금까지 겪어온 고통이 유대인들이 겪었던 고통보다 결코 못하지 않다는 것은 북한의 사정을 아는

사람들이라면 모두 수긍할 것이다. 북한 동포들이 겪는 고통은 단순한 경제난, 배고픔이 결코 아니며, 통일 후 우리가 마주하게 될 문제도 북한의 경제난과 배고픔 해결만이 아니다. 이미 많은 탈북민들이 극심한 정신적, 육체적 후유증으로 고통 받고 있다. 홀로코스트 희생자들과 마찬가지로 북한 동포들에게도 고통과 상해를 입은데 대한 배상과 더불어 평생 동안 재활/치료와 요양을 위한 충분한 재정 지원이 이루어질 수 있도록 배상과 보상은 꼭 이루어져야 할 것이다.

그런데 이 호소문은 이러한 재정지원에 대한 책임이 우리나라 뿐 아니라 미국, 중국, 러시아 등을 포함한 국제사회 전체에게 있다는 것을 보여주고 있다. 왜냐하면 우리나라를 포함한 국제사회 전체가 북한 주민들의 '측량할 수 없는 막대한 손실'과 고통을 알면서도 오랜 시간 동안 직간접적으로 묵인하여왔고, 우리들의 책임을 회피해왔기 때문이다. 특히 이러한 묵인이 제노사이드 협약이 제정된 이후, 제노사이드가 국제법 하의 범죄로 확립된 이후 수십 년간 지속되어왔다는 점에서 홀로코스트 시대에 비해 국제사회의 책임이 더욱 크다고 하겠다. 더구나 중국은 탈북민들을 강제로 북송함으로써 제노사이드의 공범자가 되었다고 해도 과언이 아니다. 또한 미국과 우리나라는 '대화와 협력', '한반도 평화'라는 구호 아래 북한 체제를 보장하면서 북한의 대규모적인 잔학행위를 조직적으로 은폐하였고, 공론화시키기는커녕 덮어버리는 범죄를 저질러왔다.

로버트 박이 2009년 거리 시위를 주도하며 위 호소문을 낭독했을 때 만약 수십 만 명이 그 자리에 있었다면 지금 한반도는 전혀 다른 모습일 것이다. 아직도 위 호소문은 유효하다. 다만, 우리 중 몇 명의 사람들이 북한 동포들을 대신하여 저 구호 아래 결집하는지에 따라 국제사회가 북한 동포들을 구하고 북

한을 재건하기 위한 실질적인 조치들을 취할지의 여부가 결정
될 것이다.

북한 동포들의 생명을 구하는 데에는 중국 정부 및 국제사회의 지지가 꼭 필요하다. 특히 중국으로 탈출한 탈북민들의 생명과 안전은 중국 정부의 손에 전적으로 달려있다.

중국과 유엔은 탈북자를 보호해야[3]
로버트 박의 산호세머큐리뉴스 기고문 발췌

3
로버트 박,
"North Korean
Refugees Face
Slaughter When
China Repatriates
Them", San Jose
Mercury News, USA,
2012.3.2.

이 글은 이후
유엔난민기구(UNHCR)
웹사이트에서도
공유되었다.
(http://
www.unhcr.org/
cgi-bin/texis/vtx/refd
aily?pass=463ef2112
3&id=4f4f1b425)

중국에는 생존을 위해 도망 온 수십만 명의 북한 사람들이 있다. 북한은 국가를 이탈한 자들을 범죄시하고 잔인하게 처벌하기 때문에 이들은 국제법상 난민에 해당한다.

그간 중국 정부는 유엔 난민지위협약 및 그 의정서와 유엔 고문방지협약 하의 의무를 위반하여 유엔 난민고등판무관이 탈북민들에게 접근하는 것을 조직적으로 막아왔으며, 중국내 탈북민들을 꾸준히 색출하여 북한으로 강제송환해왔다. 북한으로 송환되면 이들은 잔인하게 고문당할 뿐 아니라 공개처형되거나 지옥 같은 수용소로 보내진다.

강제송환된 탈북 여성들의 아기는 중국인의 피가 섞였다는 이유 때문에 강제낙태와 영아살해로 죽임을 당한다. 이 행위는 유엔 제노사이드 협약을 명백히 위반하는 것이다. 중국은 매년 5,000명 이상을 북한에 강제송환한다. 중국 정부의 이러한 부당한 정책 때문에 수만 명의 무고한 사람들이 죽임을 당하고 수많은 가족들이 헤어져야 했다.

중국에 있는 탈북민 60-70%는 여성으로 이 중 70-80%는 법률적 권리나 보호를 받지 못하고 성매매의 희생자로 전락하게 된다. 강간을 통해 출산하게 된 아이들은 중국에서 무국적자로 간주되어 버려지거나 인신매매를 당하기 십상이다. 또한, 부모와 함께 탈북한 수많은 아이들도 부모가 중국 공안에 체포되면서 고아가 된다. 이러한 아이들은 보통 노숙자로 전락하거나 사람들에게 이용당하게 되는 것이다.

탈북민 문제는 논란의 여지없이 현시대 가장 시급한 사안이다. 그러나 지난 십년간 수만 명이 강제송환 되는 와중에도 유엔은 이들을 돕기 위한 어떠한 일도 하지 않았다. 중국과의 대결을 피하고 싶었기에, 유엔은 탈북민들을 보호해야할 의무를 수행하는 대신 중국 정부가 북중 국경에의 접근을 제한하는 조치에 순종하였다. 유엔은 중국으로 하여금 난민협약과 고문방지협약 등의 의무를 준수하도록 압박할 수 있는 자신의 권한을 사용하지 않았던 것이다. (중략)

우리나라는 더이상 강대국들의 희생물에 불과한 약소국이 아니라 경제대국으로서 세계무대의 주요 행위자가 되었다. 탈북민 문제에 있어 우리는 더이상 변명의 여지가 없으며, 우리 정부는 단호한 자세로 중국 정부에 대응해야 한다. 탈북민은 대한민국 헌법에 따라 우리 국민이다.

제3국의 탈북자도 대한민국 국민이다[4]

로버트 박의 내셔널포스트 기고문 발췌

4
로버트 박,
"South Korea
Must Act to Save
the Lives of
Refugees from the
North", National
Post, 2011.12.27.

(…) 비록 중국내 탈북민들을 안전한 국가로 빼돌리기 위한 남한 및 외국의 NGO 네트워크가 있기는 하지만(1인당 최소 2,500달러 소요), 이들은 상대적으로 소수의 탈북민들에게만 접근이 가능하며, 이러한 구출시도 와중에서도 열에 한 명은 실패한다. 이 경우 잡혀간 탈북민들은 북한으로 강제송환 당한다.

일부 북한 탈출에 성공한 사람들은 남한으로 입국하여 남한 국적을 취득하게 된다. 이들 중 상당수는 중국에 남아있는 북한 동포들을 비밀리에 먹이고 보호한다. 이들은 북한이 해방되거나 중국이 탈북민들에게 다른 국가로 안전하게 이동하는 것을 허락할 때까지 그렇게 도와줄 것이다.

이전 한국의 역사는 '고래싸움에 새우등 터진다'라는 속담과 같이 주변 대국들의 손에 운명이 달려있던 희생물이었다. 그러나 지난 2세기 동안 국제법과 외교가 눈부시게 발전하였고, 그간 한국은 전쟁 후 잿더미에서 경제대국으로 성장하여 세계무대에서 주요행위자가 되었다. 따라서 대한민국은 이제 중국의 탈북민 문제에 있어 어떠한 변명도 할 수 없다.

탈북민 문제에 대한 해결책은 명백하다. 대한민국의 헌법은 모든 북한 사람들을 대한민국 국민으로 규정하고 있다. 따라서 대한민국은 중국에 있는 탈북민들에 대해 외교적 보호권을 행사할 수 있다.

물론 중국 정부는 북한 사람들이 남한 국적만 보유한다는 주장은 받아들이려하지 않을 수 있지만, 이중국적을 받아늘일 수는 있을 것이다. 이는 중국이 국제법원칙 때문이나 혹은 각종 국제협약(예컨대 국적법 충돌의 일정 문제에 관한 헤이그 협약 등) 당사국이기 때문이 아니라, 중국의 주요 무역파트너인 대한민국과의 우호관계를 유지함으로서 얻는 이득 때문이다.

따라서 대한민국은 탈북민들의 생명을 구하는데 있어 아주 결정적인 위치에 서있다. 2011년 9월 중국 당국이 억류하고 있던 19명의 탈북민 문제의 개입이 성공했던 것과 같이 과거 대한민국 정부의 개입으로 탈북민 구출에 성공했던 사례들이 이를 증명한다.

대한민국의 최고위층은 이제 중국에 있는 탈북민들을 위해 단호하고 끈질긴 자세로 중국 정부에 대응해야 한다. 탈북민들은 대한민국 헌법에 따라 우리 국민이다.

일어나 다 함께 빛을 발하자! _{주찬양}

김일성종합대학 졸업생으로 북한의 엘리트층이셨다가 말 한마디의 실수로 한순간에 반동분자로 치부 되어 정치범수용소를 다녀오신 할아버지로부터 받은 유언은 "자유를 찾아 떠나라"였다. 정치범수용소 생활을 13년 동안 경험하셨던 나의 할아버지는 명절이나 특별한 날마다 술 한 잔 하시고 자신이 수용소에서 구타당한 상처들을 보여 주시며 늘 말씀하셨다. "조선이란 곳에서 살려면 '정치적 생명'과 '육체적 생명'이 있어야 한다. 육체적 생명은 죽어도 정치적 생명은 죽으면 안 된다." 즉, 몸은 죽어서도 김씨 가족의 독재정권을 찬양해야 한다는 것으로 나는 이해했다. 그러면서 너희는 꼭 자유를 찾아 떠나라고 늘 말씀하셨다.

북한 내부에서 얼마나 많은 사람들이 굶어 죽었는지 나는 7살 어린나이에 보았다. '고난의 행군'_{북한의 대 식량난}으로 몇 백만 명이 죽을 때 나의 외가 가족들도 거의 멸족했다. 솔직히 북한 내에서 주어진 생활에 맞추어 사는 이들은 자신들의 인권, 이웃들의 무참한 죽음에 대하여 실감하지 못하고 산다. 그냥 눈

이미 국제적으로 잘 알려진 북한 출신 여성운동가. 주씨는 탈북 여성들의 이야기를 주제로 하는 토크쇼 '이제 만나러 갑니다'의 정기 출연자이며, 북한을 소재로한 PBS의 다큐멘터리 '비밀 국가, 북한'의 주요 인물로 출연하기도 했다.

앞에 보이는 현실에 걸맞게 살아야 한다는 생각이 기본이다. 나도 그중 한 명이였다.

10년 동안의 준비 끝에 탈북에 성공한 우리 가정은 이제는 자유를 누리는 것이 우리가 할 일의 전부라고 생각했다. 그러나 자유를 구속 받으며 인권유린을 당하고 있는 북한 동포들을 위해 헌신하시는 분들을 보면서 자유는 나 혼자만 누릴 것이 아니라 함께 누려야 함을 알게 되었다. 나의 꿈, 가족의 꿈이었던 자유를 찾고 그 맛을 보고, 또 계속하여 자유를 찾기 위해 행렬을 잇고 이어 온 탈북민들의 살아있는 증언을 들으면 분노가 생긴다. 내가 굳이 나열을 하지 않아도 북한의 엄혹한 현실, 인권유린 아니 '제노사이드'에 대하여 모두가 알리라 본다. 수많은 탈북민들이 자신들이 북한 수용소에서 혹은 북송 후 겪었던 차마 듣기도 말하기도 어려운 간증을 전 세계에 선포했고 또 하고 있으니까….

내가 로버트 박을 알게 된 것은 어렴풋이 북한에서부터였다. 한국에 먼저 정착한 가족들과 로버트 박은 주님 안에서 친구였고, 아버지와는 북한 사역도 함께 시작했던 것이다. 그 영향으로 내가 북한에 있을 때 당황했던 적이 있다. 어느 날 아빠가 북으로 몰래 전화를 연결해 오셨다. 전에도 통화를 했었으니 그날도 자연스럽게 대화를 하는데 아버지가 조심스럽게 말씀하셨다. "찬양아, 우리 아들(아빠는 나를 아들로 생각하신다) 사랑한다. 그리고 믿는다. 세상에서 제일 크신 분 하나님 아버지가 너를 지켜주신다. 함께 통일을 위해서 일하고 싶다. 너는 북한에서, 나는 남한에서 복음을 위해 함께 사역하고 싶다." 솔직히 말해 나는 북에서 가족을 만날 희망으로 3년을 버텨왔다. 그동안 지하교인을 통하여 전도도 받아보았으며 불법적으로 대북라디오, 복음방송을 듣기도 하였다. 가족들이 먼저 탈북할 때 기도도 했지만, 하나님 아버지보다는 내 육신의 아버지를 더 존경하고 있었다. 아버지의 모든 마음이 나에게는 소중했고 아버지의 뜻을 따르고 싶었다. 그래서 통일을 위해 북한에 남으라는 아버지의 말씀에 "예"라고 대답했다.

그러나 나는 오묘한 하나님의 섭리 가운데 탈북하게 되었는데, 그만 중국에서 발각되었다. 중국에서 탈북자들은 무조건 북송되는 것이 관례이지만 하나님의 특별한 계획과 많은 분들의 기도로 나는 기적같이 풀려 날 수 있었다. 후에 알고 보니 그 이면에는 많은 선교단체와 NGO의 도움이 있었다.

대한민국에 도착하였을 때 집에는 로버트 박이 선물한 기타가 있었다. 그때 북한에 다녀 온 후 회복중인 로버트 박을 만났다. 그는 우리 집에서 얼마동안 묵었는데, 함께 찬송을 부르고 기도도 하였다. 하나님을 깊이 알지는 못했던 나에게는 믿음이 성장해가는 시간이었다. 로버트 박과 함께 기도원을 갔던 경험은 한국에 온 지 얼마 되지 않은 나에게 잊을 수 없는 사건이었다. 매정하고 세상적인 것만을 추구할 것 같은 한국의 청년들이 북한을 위해 눈물로 기도하는 모습은 신선한 충격이었다. 북한의 복음통일을 위해 로버트 박의 간증에 이어 2~3천명의 청년들이 기도하며 부르짖었다. 그때 '통일이 금방 되겠구나!' 하는 확신과 희망이 가슴에 확 와 닿았다. 그 이후로 나는 신심을 갖고 기도를 하기 시작했고, 더 많은 이들과 함께 믿음을 공유하며 북한의 복음화를 위해 일할 것을 다짐했다.

이후 나는 필리핀에 있는 선교학교를 다녀왔고, 한국에서 개최하는 탈북자중보기도모임에 참석하고, 북한인권을 위해 활동하기 시작했다. 또, 한국 예능프로그램 〈이제 만나러 갑니다〉 정기출연을 하면서 북한 주민들의 실상을 알리고, 통일을 준비해나가는 데 이바지하고 있다. 북한에서 몰래 청취하던 〈복음방송〉을 최근 내가 진행자가 되어 전하기도 한다.

나는 말과 걸음마를 떼면서 "경애하는 아버지 김정일 원수님 고맙습니다"라는 말을 먼저 배웠고 그런 사회의 교육을 받아왔지만 지금 와서 그때를 돌아보면 정말 지금의 나는 '죽었다 소생한 몸이구나'하는 것을 실감하게 된다.

지금 나는 영적 생명과 육체적 생명을 가졌으며 평안한 삶 속에서 자유를 누리며 살고 있다. 하지만 북한! 내 고향, 내 형제들은 육체적인 유린, 죽음만 당하는 것이 아닌 정신적, 영적인 모든 것이 한 독재자에 의해 지배당하고 농락당한 채 죽고, 죽어가고 있다. '일어나 함께 빛을 발하자!' 라고 외치는 이사야 60장 1절의 말씀이 떠오른다. 지금이 일어나 빛을 발해야 할 때이다. 나의 형제가 고난 중에 죽어가는데, 그들의 고통이 내게 직접 와 닿지 않는다고 해서 모르는 척 할 수는 없는 것이다. 하나님께서 큰 기적을 보여주시는 때는 바로 지금이다. 일어나 다 함께 빛을 발하자!

북한의 실상은 세계적인 문제이다. 그들을 살려야 한다.
사유는 내 것이나 네 것이 아닌 우리의 것이다.
함께 누려야 한다. 그들도 누릴 권리가 있다!
북한인권조사위원회도 북한 독재의 덜미를 잡는 척 했지만 약하다. 더 크게 해야 한다.
단지 인권이라는 단어로 북한문제 해결 못한다.
북한의 실상은 로버트 박의 말대로 '제노사이드'이다.
이 시대의 사명을 함께 감당해야 할 모든 사람들은 이 책을 읽고 다 함께 분발하여 저 북한의 '집단학살'을 멈춰야 한다.
지금!

V. 맺음말

지난 1월 22일 스위스 다보스포럼에서 박근혜 대통령은 아주 중요한 발언을 하였다. 한반도 통일은 두 가지 큰 의미가 있는데 첫째는 인도적 측면에서 북한 주민들이 배고픔과 인권유린으로 큰 고통을 받고 있기 때문에 북한 주민들의 고통을 해결할 길이 되고, 또 다른 하나는 경제적 측면에서 통일은 한국 뿐 아니라 주변 국가들에게도 큰 이익이 될 수 있다는 것이다. 아울러 "미래를 예측할 수 있는 가장 훌륭한 방법은 미래를 만들어가는 것이란 말이 있듯이 통일을 가만히 앉아서 기다리기만 할 것이 아니라 확고한 안보 억지력 위에 평화통일을 위한 환경을 조성해 나가면서 한반도의 통일을 만들어 가고자 노력하고 있다"고 언급하였다. 박 대통령이 통일에 관해 언급한 3가지 포인트 - 1) 통일은 북한 동포들을 인권유린의 고통으로부터 해방시키고, 2) 한국 및 주변국 모두에게 번영을 가져오며, 3) 가만히 앉아서 기다리는 것이 아니라 평화통일을 위한 환경을 조성해 나가면서 한반도 통일을 만들어 가야 한다 - 는 로버트 박의 메시지와 일맥상통한다.

박 대통령이 지적했듯이 통일은 북한 사람들의 생명, 기본적 인권 및 기본적인 자유를 보장하기 위한 유일한 방법이다. 북한 동포들도 이미 북한 체제에 대한 믿음을 잃어버리고 남한과의 통일을 염원하고 있다. 이들은 배고픔과 공포 속에서 '우리들이' 구하러 오기만을 기다리고 있다. 그들의 생명이 우리들의 의지와 행동에 달려있다.

이제 로버트 박의 호소에 귀를 기울이자. 그는 한반도에서 진정한 정의가 회복되고, 평화와 번영을 누릴 수 있는 길을 알려주고 있다. 중요한 것은 우리들의 의지이다. 모든 것은 우리 손에 달려 있다. 북한 사람들의 생명도, 통일 후 북한의 재건도 우리들에게 달려있다. 우리가 그들의 고통을 가볍게 여기면 국제사회도 그들의 고통을 가볍게 여길 수밖에 없다. 우리가 그들을 대변하지 않으면 북한 해방 후 생존자들에 대한 적절한 보상과 배상은커녕 그들이 겪은 심각한 고통 자체를 온 세상이 잊어버릴지도 모른다.

따라서 우리는 더 이상 북한의 집단학살에 대한 국제사회의 침묵을 계속 용인할 수 없으며, 용인해서도 안 된다. 바로 우리들이 북한 동포들의 편에 서서 북한의 집단학살에 대한 국제사회의 인식을 높이고, 북한 동포들의 고통에 대한 응당한 보상과 배상을 확보해야 한다. 대한민국은 북한의 인권실태를 제노사이드의 차원에서 조명하고, 제노사이드라는 용어 사용에 있어 주저하거나 망설이지 말아야 한다. 그것만이 한시라도 빨리 북한 동포들을 살리는 길임과 동시에 통일 후 그들의 정신적, 육체적 회복을 돕고, 보살필 수 있는 길이다. 국제사회가 북한 정권의 행위를 제노사이드로 받아들이는 공감대를 형성하게 되면, 단합된 행동을 통해 북한의 집단학살 문제를 풀어갈 수 있게 되고, 추후 보상과 배상도 뒤따르게 될 것이다. 설사 공식적으로 "배상금" 형식이 되지 않는다 하더라도 국제사회는 북한의 재건과 회복을 위해 관대하게 지원을 베풀게 될 것이다.

지옥 같은 곳에서 몸부림치고 있는 북한 동포들을 구할 수 있는 힘은 정말이지 그들의 고통을 느낄 수 있는 연민의 정을 가진 우리들 밖에 없다. 21세기 인터넷 시대는 나이, 성별, 직업, 지위 고하를 막론하고 목소리를 내고 여론 형성에 참여할 수 있는 세상이다. 우리가 침묵을 깨고 목소리를 내기 시작할 때, 여론이 바뀌고, 사람들의 인식이 바뀐다. 인식이 바뀌고 대규모 집회가 일어나면 정부와 국제사회가 바뀐다. 그리고 이 거대한 움직임은 결국 북한정권의 붕괴와 수용소의 폐쇄로 이어지고, 남북한 동포 간 진정한 화해에 기초한 통일을 이끌어낼 것이다. 이제 개개인이 침묵을 깨고 행동해야 할 때이다.

1
로버트 박,
"When Will We
Stop the Genocide
in North Korea?",
Washington Post,
2011.4.21.

북한 사람들을 구하고 반인도죄를 멈추기 위해 자유세계에 있는 우리들이 할 수 있는, 그리고 해야만 하는 즉각적인 조치는 다음과 같다:

1. NGO 시위. 북한 정권을 지원하는 NGO단체들은 김정일에 대한 지원을 모두 즉각적으로 중지해야 하며, 이 중지조치가 북한의 정치범수용소 및 식량지원의 조직적인 유용과 북한 정권의 잔학행위에 대한 저항이라는 것을 분명히 선언해야 한다.
2. 자원의 효율적 사용. 미국, 남한, 일본, 그리고 국제사회는 고통받는 북한 동포들을 구할 수 있는 효과적인 방법이 있다는 것을 인식해야한다. 이는 탈북민들(대부분은 아직 북한에 친척이나 친구가 남아있으며, 비밀리에 소통하고 있다)을 통해서이다. 탈북민들과 관련 단체들은 가능한 한 많은 재원을 제공받을 수 있어야 한다.
3. 대규모 집회. 지금껏 단 한번도 10만 명 이상이 참가하여 북한의 집단학살에 저항하는 시위를 벌인 적이 없다. 집단학살에 반대하는 모든 사람들이 준비하고 모여서 목소리를 내야한다.

이 3가지 방안은 지금 즉시 추진해야 한다. 우리는 늦어도 이미 한참 늦었다.[1]

참고 문헌

〈단행본〉

강철환, 「수용소의 노래」(시대정신, 2005)

고태우, 「북한의 종교정책」(민족문화사, 1988)

북한인권백서(통일연구원, 2013)

북한인권침해사례집(국가인권위원회, 2012)

박기갑, 박진아, 임예준, 「국제법상 보호책임」(삼우사, 2010)

신동혁, 「세상 밖으로 나오다」(북한인권정보센터, 2007)

안명철, 「완전통제구역」(시대정신, 2007)

이순옥, 「꼬리없는 짐승들의 눈빛」(천지미디어, 1996)

황장엽, 「황장엽 비록 공개 : 어둠의 편이 된 햇볕은 어둠을 밝힐 수 없다」
(월간조선사, 2001)

Blaine Harden, "Escape From Camp 14"
(2012) 신동숙 역, 「14호 수용소 탈출」(아산정책연구원, 2013)

"Hidden Gulag" 「감춰진 수용소2」(국가인권위원회, The Committee
for Human Rights in North Korea, 2013)

Jasper Becker, "Rogue Regime, Kim Jong Il and the Looming
Threat of North Korea"(Oxford University Press, 2005) 김구섭,
권영근 역, 「불량정권(김정일과 북한이 위협)」(기파랑, 2005)

Raul Hilberg, "The Destruction of the European Jews", 김학의
역, 「홀로코스트 유럽유대인의 파괴」(개마고원, 2008)

Sabine C. Carey, Mark Gibney, Steven C. Poe, "The Politics
of Human Rights: The Quest for Dignity"
(Cambridge University Press, 2010), 임상순 역 「인권의 정치학 :
국가권력과 인권」(북스힐, 2013)

Samantha Power, "A Problem from Hell : America and the
Age of Genocide"(2002), 김보영 역 「미국과 대량학살의 시대」(에코
리브르, 2004)

〈로버트 박의 기고문〉

"When Will We Stop the Genocide in North Korea"
(April 20th, 2011):
http://www.washingtonpost.com/opinions/when-will-we-stop-the-
genocide-in-north-korea/2011/03/29/AFqXaMEE_story.html

"North Korea: More Than a Human Rights Crisis"
(August 17, 2011):
http://monthly.chosun.com/client/news/viw_contentA.asp?nNewsN
umb=201109100035&ctcd=H&cPage=1

"North Korea and the Genocide Movement"
(September 27, 2011):
http://hir.harvard.edu/north-korea-and-the-genocide-movement

"Responsibility to Protect in North Korea"
(November 9, 2011):
http://thehill.com/blogs/congress-blog/foreign-policy/192623-
responsibility-to-protect-in-north-korea?page=2

"Responsibility to Protect in North Korea"
(December 7, 2011):
http://hir.harvard.edu/responsibility-to-protect-in-north-korea

"South Korea Must Act to Save the Lives of Refugees from the
North" (December 27, 2011):
http://fullcomment.nationalpost.com/2011/12/27/robert-park-
south-korea-must-act-to-save-the-lives-of-refugees-from-the-
north/

"Time to End North Korea Genocide" (February 2, 2012):
http://the-diplomat.com/2012/02/02/time-to-end-north-korea-genocide/

North Korea: The World's Principal Violator of the
"Responsibility to Protect" (February 6, 2012):
http://jia.sipa.columbia.edu/north-korea-world's-principal-violator-%E2%80%9Cresponsibility-protect%E2%80%9D

"The Case for Genocide in North Korea" (February 7, 2012):
http://www.koreaherald.com/view.php?ud=20120208000741

"North Korean Refugees Face Slaughter When China
Repatriates Them" (February 28, 2012):
http://www.unhcr.org/cgi-bin/texis/vtx/refdaily?pass=463ef21123&id=4f4f1b425

"The Ongoing Human Rights Tragedy Occurring
in North Korea" (June 14, 2012):
http://www.forbes.com/sites/realspin/2012/06/14/the-ongoing-human-rights-tragedy-occurring-in-north-korea/

"U.S. Silence on North Korea" (November 14, 2012):
http://www.koreatimes.co.kr/www/news/opinon/2012/11/197_124692.html

"Genocide and Crimes of Humanity Ongoing in North Korea"
(November 24, 2012):
http://www.forbes.com/sites/realspin/2012/11/24/genocide-and-crimes-of-humanity-ongoing-in-north-korea/

"Memo to UN Security Council: The Human Rights Emergency in N.
Korea Can No Longer Be Ignored" (December 12, 2012):

http://www.worldtribune.com/2012/12/12/memo-to-un-security-
council-the-human-rights-emergency-in-n-korea-can-no-longer-
be-ignored/

"Shining a Light on North Korea's Human Rights Crisis"
(December 12, 2012):
http://thediplomat.com/the-editor/2012/12/12/shinning-a-light-on-
north-koreas-human-rights-crisis/

"North Korea's Overlooked Atrocities" (January 28, 2013):
http://www.worldaffairsjournal.org/article/
north-korea's-overlooked-atrocities

"Policy on North Korea Needs to Give a Higher Priority to
Human Rights Abuses" (March 22, 2013):
http://www.globalpost.com/dispatches/globalpost-blogs/
commentary/north-korea-policy-human-rights-abuse-political-
risk-conflict-zones-diplomacy

"North Korea's Legacy of Terrorism" (June 7, 2013):
http://www.worldaffairsjournal.org/article/north-korea's-legacy-
terrorism

"The Forgotten Genocide: North Korea's Prison State"
(July/August 2013 Issue):
http://www.worldaffairsjournal.org/article/forgotten-genocide-
north-korea's-prison-state

"A Srebrenica-esque Massacre Has Recently Taken Place
In North Korea's Killing Fields" (October 11, 2013):
http://www.forbes.com/sites/realspin/2013/10/11/
a-srebenica-esque-massacre-has-recently-taken-place-in-north-
koreas-killing-fields/

"It's Time to Aid North Korea Dissidents" (December 20, 2013):
http://www.worldaffairsjournal.org/article/it's-time-aid-north-korea's-dissidents

〈기타〉

Christian Solidarity Worldwide for a 2007 report
"A Case to Answer - A Call to Act : The urgent need to respond to mass killings, arbitrary imprisonment, torture and related international crimes"
http://docs-eu.livesiteadmin.com/c8880e0f-f6ed-4585-8f09-4e4b6d11e698/north-korea-a-case-to-answer-a-call-to-act.pdf

Genocide Watch Report
http://genocidewatch.net/2013/03/20/genocide-alerts-north-korea/

Grace M. Kang, "A Case for the Prosecution of Kim Jong Il for Crimes Against Humanity, Genocide, and War Crimes", 2006.5.22.
http://law.bepress.com/cgi/viewcontent.cgi?article=6372&context=expresso

Institute for the Study of Genocide Newsletter (Fall 2011):
http://www.instituteforthestudyofgenocide.org/newsletters/isg46/ISG46.pdf

Report of the commission of inquiry on human rights in the Democratic People's Republic of Korea - A/HRC/25/63

Report of the detailed findings of the commission of inquiry on human rights in the Democratic People's Republic of Korea - A/HRC/25/CRP.1
http://www.ohchr.org/EN/HRBodies/HRC/CoIDPRK/Pages/Reportoft

heCommissionofInquiryDPRK.aspx

Testimony of Soon Ok Lee, Hearing of the Committee on the Judiciary, United States Senate, 21 June 2002, http://www.judiciary.senate.gov/hearings/testimony.cfm?id=4f1e089 9533f7680e78d03281fe18baf&wit_id=4f1e0899533f7680e78d03281fe 18baf-2-1.

Yad Vashem, "Yad Vashem Reacts to Gas Chambers in North Korea," 3 February 2004, http://www1.yadvashem.org/yv/en/pressroom/pressreleases/pr_ details.asp?cid=468.

"Access to Evil," BBC, 1 February 2004

2부

[설교 모음]

세상과 교회를 향한
로버트 박의 절규

이 설교는 로버트 박이 북한에서 돌아온 후 2011년 9월 오산리기도원 영산수련원에서 개최된 열린 북한을 위한 기도운동 "PINK2011Prayer Initiatives for North Korea 2011"에서 행한 것을 한글로 번역한 것이다. PINK2011은 국제기도컨퍼런스로 김승규 前법무부장관/前국정원장 및 존 랍John Robb IPCInternational Prayer Council 회장이 이끌었다. 존 랍 회장은 로버트 박의 설교가 행사 프로그램 중 청중을 가장 사로잡으며 사람들의 양심을 일깨웠던 설교였다고 평가했다.

로버트 박의 설교는 어디에서도 들어볼 수 없는 강력하고 거룩한 힘이 있다. 그것은 가슴에서 끓어오르는, 자신의 영혼을 쏟아 부은 설교이다. 끔찍하게 고통 받고 있는 북한 사람들을 구하기 위해 지금 한국 교회는 무엇을 해야 하는가? 이 시대 한국의 기독교인들에게 하나님께서 원하시는 바는 무엇인가? 북한 문제는 전세계 차원의 문제라는 점에서 사실 한국 교회 뿐 아니라 전세계 교회가 진지하게 새겨들어야 할 내용이다. 독자들이 인터넷에 올라온 그의 설교 동영상http://youtu.be/1NUA1X_Oqww을 시청해 볼 것을 권유한다.

너는 홀로 면하리라 생각지 말라
(2011년 9월, 오산리기도원)

성경구절: 에스더 4장 1절~17절 (표준새번역)

1 모르드개는 이 모든 일을 알고서, 옷을 찢고, 굵은 베 옷을 걸치고, 재를 뒤집어쓴 채로, 성 안으로 들어가서, 대성통곡을 하였다.

2 그런데 굵은 베 옷을 입고서는 어느 누구도 대궐 문 안으로 들어갈 수 없었으므로, 그는 대궐 문 밖에 주저앉았다.

3 왕이 내린 명령과 조서가 전달된 지방마다, 유다 사람들은 온통 탄식하고,

금식하며, 슬프게 울부짖었다. 모두들 굵은 베 옷을 걸치고서 재 위에 누웠다.

4 에스더의 시녀들과 내시들이 에스더에게 가서, 모르드개가 당한 일을 말하니, 왕후는 크게 충격을 받았다. 에스더가 모르드개에게 옷을 보내며, 굵은 베 옷을 벗고 평상복으로 갈아입기를 권하였지만, 모르드개는 듣지 않았다.

5 에스더는, 왕이 자기를 보살피라고 보내 준 궁전 내시 가운데서, 하닥을 불러서, 무엇 때문에 모르드개가 괴로워하는지, 왜 그러는지, 알아 보라고 하였다.

6 하닥은 대궐 문 앞, 도성 광장에 있는 모르드개에게로 갔다.

7 모르드개는 자기에게 일어난 일을 처음부터 끝까지 하닥에게 모두 이야기하였다. 하만이 유다 사람을 모조리 없애려고, 왕의 금고출납을 맡은 관리들에게 주어 입금하겠다고 약속한 돈의 정확한 액수까지 밝혔다.

8 모르드개는, 수산 성에 선포된 유다 사람을 전멸시키라는 칙령의 사본을 하닥에게 건네 주면서, 에스더에게 그것을 보이고, 설명하여 드리라고 하였다. 또한 모르드개는 에스더가 직접 어전에 나아가서, 왕에게 자비를 구하고, 최선을 다하여 자기 겨레를 살려 달라고 탄원하도록, 하닥을 시켜서 부탁하였다.

9 하닥은 돌아가서, 모르드개에게 들은 이야기를 에스더에게 전하였다.

10 에스더는 다시 하닥을 보내서, 모르드개에게 이렇게 전하라고 하였다.

11 "임금님이 부르시지 않는데, 안뜰로 들어가서 왕에게 다가가는 자는, 남자든지 여자든지 모두 사형으로 다스리도록 되어 있습니다. 이러한 법은, 모든 신하들과 왕이 다스리는 모든 지방 백성들이 다 알고 있습니다. 다만 임금님이, 금으로 만든 홀을 내밀어서, 목숨을 살려 주실 수는 있습니다. 그런데 임금님이 나를 부르지 않으신 지가 벌써 삼십 일이나 되었습니다."

12 하닥 일행이 에스더의 말을 그대로 모르드개에게 전하니,

13 모르드개는 그들을 시켜서 에스더에게 다음과 같이 전하라고 하였다. "왕후께서는 궁궐에 계시다고 하여, 모든 유다 사람이 겪는 재난을 피할 수 있다고 생각하십니까?

14 이런 때에, 왕후께서 입을 다물고 계시면, 유다 사람들은 다른 곳에서라도 도움을 얻어서, 마침내는 구원을 받고 살아날 것이지만, 왕후와 왕후의 집안은 멸망할 것입니다. 왕후께서 이처럼 왕후의 자리에 오르신 것이 바로

이런 일 때문인지를 누가 압니까?"

15 에스더는 다시 그들을 시켜서, 모르드개에게 이렇게 전하라고 하였다.

16 "어서, 수산에 있는 유다 사람들을 한 곳에 모으시고, 나를 위하여 금식하게 하십시오. 사흘 동안은 밤낮 먹지도 마시지도 말게 하십시오. 나와 내 시녀들도 그렇게 금식하겠습니다. 그렇게 하고 난 다음에는, 법을 어기고서라도, 내가 임금님께 나아가겠습니다. 그러다가 죽으면, 죽으렵니다."

17 모르드개는 나가서, 에스더가 일러준 대로 하였다.

에스더서에 서술된 이스라엘의 역사를 통해 우리는 우리나라의 역사를 이해할 수 있습니다. 당시 이스라엘에는 모르드개와 같은 신실한 세대가 있었습니다. 그런데 모르드개가 하만에게 무릎 꿇고 절하기를 거부했기 때문에, 사탄은 하만을 통해 그 신실한 세대를 없애려고 하게 됩니다.

마찬가지로, 우리는 1907년 북한에 대부흥이 있었다는 사실을 종종 들어왔습니다. 그리고 거기에는 모르드개와 같이 신실한 사람들이 있었습니다. 오직 하나님을 섬기려는 마음 밖에 없었던 신실한 사람들이었습니다.

그리고 이에 상응하여 사탄은 북한 땅과 그 신실한 세대를 파괴하기 위해 하만과 같은 사람들을 일으켰습니다. 이스라엘과 우리의 차이점은 우리는 이에 대해 에스더와 같이 반응하지 않았다는 점입니다.

하지만, 에스더서에서 보다시피 사탄을 물리칠 수 있는 능력은 여러분들에게 있습니다. 하나님께서는 하나님의 사람들에게 그러한 능력을 주셨습니다.

고린도전서 13장에서 사도 바울은 우리가 어렸을 때에는 말하는 것이 어린아이와 같고 생각하는 것이 어린아이와 같으나 어른이 되면 어른처럼 생각하고 어른처럼 행동하게 된다고 했습니다. 여기서 차이점은 어린아이는 이 세상의 일들에 책임을 지지 않지만, 어른은 책임을 진다는 것입니다.

애초에 에스더는 그러한 책임을 지고 싶어 하지 않았습니다. 에스더는 모르드개에게 자기가 할 수 있는 것은 아무것도 없다고 말했습니다. 하지만 모르드개는 경고했습니다. "만약 네가 잠잠하면, 너만 심판 받는 것이 아니라 이스라엘 전 세대가 멸망하게 될 것이고, 그 피가 네 손에 가득할 것이다."

그래서 모르드개의 훈계 때문에, 그의 경고 때문에 에스더는 바뀌게 됩니다. 에스더는 어른이 됩니다. 에스더는 그 세대가 자기의 책임이라는 것을 깨닫게 됩니다. 자기가 가진 모든 것들이 그들을 위한 것임을 알게 됩니다. 그래서 구원이 왔고, 변화가 찾아왔습니다. 이스라엘 민족이 구원받게 되었습니다.

종교지도자들이 예수님께 다가와서 물었습니다. "하늘나라는 언제 하늘에서 내려옵니까?" 하지만 예수님께서는 "하늘나라는 하늘에서 떨어지는 것이 아니라 바로 너희 안에 있다"고 하셨습니다. 즉, 예수님께서는 하늘나라에 대한 책임과 권능이 다른 그 누구도 아닌 여러분들에게 있다고 하신 것입니다.

여러분들은 예수 그리스도의 몸입니다. 성령이 여러분 안에 있습니다. 하나님은 여러분들을 통해 그분 자신을 나타내십니다. 다른 방법은 없습니다. 그렇기 때문에 여러분들은 "북한은 언제 해방될까?"라고 질문할 때, 여러분 스스로를 들여다봐야 합니다. 마치 에스더가 자기 스스로를 돌아본 것과 마찬가지로 말입니다.

에스더는 이스라엘 민족을 해방시킬 방법을 자기 자신에게서 찾았습니다. 에스더는 희생을 선택했습니다. 이스라엘 민족을 구하기 위해서는 어떠한 대가도 치르겠다고 결정했습니다. 그리고 그러한 절박한 마음과 사랑을 통해 구원이 임했습니다.

하나님의 약속은 이런 것입니다. 즉, 에스더가 이스라엘 민족을 향해 가졌던 그러한 사랑을 오늘 저녁 우리도 가질 수 있게 되면, 우리가 이러한 열매를, 이러한 변화를 보아야 한다는 것입니다. 왜냐하면 하나님은 신실하시고, 하나님의 권세는 사탄의 능력보다 훨씬 위대하시기 때문입니다.

이제 파워포인트를 보겠습니다. 북한은 지금 제노사이드를 저지르고 있습니다. 이것은 여러분들과 무관한 일이 결코 아닙니다. 왜냐하면 예수 그리스도의 몸이 단순히 박해를 받는 것이 아니라 몰살당하고 있기 때문입니다.

> **Genocide Convention**
> **제노사이드의 방지와 처벌에 관한 협약**
>
> 제2조: 본 협약에서 제노사이드라 함은 국민적, 민족적,
> 인종적 또는 종교적 집단을 전부 또는 일부 파괴할
> 의도로서 행하여진 아래의 행위를 말한다.

그러면 제노사이드 협약에 나온 국제법상 제노사이드의 정의를 살펴보겠습니다. 국제법에서는 통치세력이 국민적, 민족적, 인종적 혹은 종교적 집단의 전부 또는 일부를 파괴할 의도가 있을 경우 제노사이드로 규정합니다. 지금 북한은 이 협약을 갖가지 방법으로 모든 면에서 위반하고 있습니다.

다음 슬라이드 보겠습니다. 이것은 제노사이드를 구성하는 행위들을 규정한 것입니다.

(a) 집단구성원을 살해하는 것
(b) 집단구성원에 대하여 중대한 육체적 또는 정신적인 위해를 가하는 것
(c) 전부 또는 부분적으로 육체적 파괴를 초래할 목적으로 의도된 생활조건을 집단에게 고의로 과하는 것
(d) 집단 내에 있어서의 출생을 방지하기 위하여 의도된 조치를 과하는 것
(e) 집단의 아동을 강제적으로 타 집단에 이동시키는 것

우선 국민적, 민족적, 인종적 집단에 대한 제노사이드에 대해 살펴보겠습니다. 수십만 명의 북한 사람들이 생존을 위해 중국으로 탈출했습니다. 그 중 과반수가 여성입니다. 그리고 이 중에서 80%는 성매매 희생자가 됩니다. 왜냐하면 중국은 한자녀정책 때문에 남성에 비해 여성들이 턱없이 부족하기 때문입니다. 그렇기 때문에 인권보장을 받지 못하는 이러한 탈북여성들이 희생양이 되고 있습니다. 그래서 셀 수 없이 많은 탈북여성들이 - 우리는 지금 수만 명 또는 그 이상의 숫자를 말하는 것입니다 - 강간과 강제결혼으로 억지로 임신을 하게 됩니다.

그런데, 임신을 하게 되더라도 중국정부는 이런 탈북여성들을 발견하기만 하면, 강제로 북한으로 송환해버립니다. 그리고 북한에서는 중국인의 피가 섞인 모든 혼혈 아기들을 조직적으로 몰살시킵니다. 왜냐하면 북한 정권의 핵심에는 인종주의가 자리 잡고 있기 때문입니다. 북한은 김일성의 씨가 그 어떤 인종보다 우월하다고 믿습니다.

이렇게 임신을 막고 또한 혼혈 아기들을 죽이는 북한 정권의 행위가 제노사이드에 해당합니다. 북한은 특히 중국 혼혈 아기들을 그렇게 죽여오고 있습니다.

이제 종교집단에 대한 제노사이드로 넘어가겠습니다. 1907년과 일제 강점기 시절 북한에는 수백만 명의 기독교인들이 있었습니다. 기독교인들이 아주 많았습니다. 하지만 이제, 북한 정권이 아는 한은, 기독교인들은 모두 수용소에 있거나 죽었거나 둘 중 하나입니다. 물론 북한 정권이 모르는, 숨어있는 사람들도 있지만, 일단 북한 정권이 그 존재를 알게 되면 그들은 죽거나 수용소로 가게 됩니다.

우리는 이러한 북한 형제자매들의 고통을 이야기 소재로 삼거나 낭만화해서는 절대로 안 됩니다. 왜냐하면 북한에서는 3세대정책으로 인해 믿지 않는 친척들까지 믿는 사람들과 함께 몰살당하고 있기 때문입니다.

믿지 않는 사람들까지도 죽어가고 있다는 말입니다!
믿지 않는 아이들까지 죽고 있다는 말입니다!

우리가 이러한 집단학살을 중단시키지 않았기 때문에 이들이 계속 죽어가고 있습니다.

성경에서 고린도전서는 교회 전체가, 전세계 교회가 한 몸이라고 했습니다. 만약 한 지체가 고통을 받으면, 우리는 그와 고통을 함께해야 합니다. 따라서 북한 기독교인들이, 그들의 아이들이, 그들의 손자들이 죽임을 당하고 강간당하고 고문당할 때, 우리는 그러한 고통을 우리 자신의 고통으로 여겨야 합니다.

그리고 만약 여러분의 아이가 그렇게 고통당하고 있다면, 한시라도 빨리 구하려고 반응하지 않겠습니까?

에스더는 그렇게 했습니다. 에스더는 이스라엘 민족에게 가해진 고통과 불의를 자기의 것으로 받아들였습니다. 에스더는 편안하고 안전한 곳에 있었습니다. 자기 자신을 보호할 수 있었습니다. 그렇지만 에스더는 그러한 것들이 자기의 민족을 위해 사용되지 않으면 아무런 의미가 없다는 것을 깨달았습니다.

성경에 나온 '부자와 나사로' 이야기는 우리 모두가 잘 아는 내용입니다. 부자는, 잘 아시다시피, 자기만족에 빠진 사람이었습니다. 나사로는 부자의 집 앞에서 죽어가고 있었습니다. 그런데 그 부자는 계속 자기의 삶과 일로 바쁘게 지냈고, 정작 하나님께서 중요하게 여기신 단 한 가지 일은 잊어버렸습니다.

우리는 정말 조심해야 합니다. 우리는 하나님 앞에서 과연 어떤 모습을 하고 있습니까? 우리 모습이 그 부자의 모습입니까 아니면 겟세마네동산에서 피를 땀으로 흘리신 예수님의 모습입니까?

독실한 신앙인이지만 자기만족에 빠져 동정심은 없는, 동정심 이라고는 바닥나버린 모습이 오늘날 우리들의 모습은 아닙니 까?

가슴에 손을 얹고 생각해 봅시다. 이게 우리의 모습 아닙니까?

아니면 예수님이나 에스더의 모습입니까? 예수님은 겟세마네 동산에서 하나님의 뜻을 놓고 너무 힘들어서 피를 땀으로 흘리 셨습니다. 하지만 예수님은 하나님의 사람들을 위해 그 갈라진 틈을 메우기 위해서는 자신이 십자가에 못 박혀야만 한다는 것 을 깨달았습니다. 예수님은 십자가에 못 박혀야만 했습니다.

저는 남한교회와 전 세계 대부분의 교회들이 하나님 앞에서 부 자의 모습을 하고 있다는 것을 알고 있습니다. 우리는 자기만 족에 빠져있고, 교만합니다. 그리고 우리가 설사 가난한 사람 을 돕는다는 명분하에 어떤 일을 한다 하더라도, 그것도 결국 우리 자신을 위한 것입니다. 우리 자신을 높이기 위함입니다. 그게 현실입니다.

그러나 하나님은 우리가 이제 이런 모습으로부터 탈바꿈하기 원하십니다. 죄악과 교만이 가득한 마음으로부터 겟세마네동 산에서 하나님의 뜻을 놓고 씨름하셨던 예수님의 얼굴로 변화 하기 원하십니다.

교회에서는 오늘날 세상의 여러 쉽지 않은 문제들에 대해 쉬운 해답을 내놓습니다. 그렇지만 저는 여러분들에게 분명히 말씀 드립니다. 해답은 절대로 쉽지 않습니다.

예수님은 겟세마네동산에서 하나님께 이 잔을 거두어 달라고 기도했습니다. 예수님께서 3번이나 기도하셨습니다!

하나님의 아들이시자, 인간의 몸을 입고 오신 하나님께서 이 잔을 마실 수 없다고, 이 잔을 거두어달라고 3번이나 기도하셨습니다! 하나님의 아들이 그 순간 자기가 해야만 할 일을 하고자 결단하기 위해 힘든 시간을 보냈다는 말입니다! 왜냐하면 육신을 입었고, 그래서 죽어야 했기 때문입니다!

그렇다면, 은혜로 구원받은 우리 같은 죄인들도 씨름하는 시간을 보내고, 고심하는 시간을 가지는 것이 마땅해 보이지 않습니까? 북한 사람들을 구하기 위해 감당해야 할 십자가는 정말이지 우리가 떠들어대는 것처럼 그렇게 간단한 것이 아닙니다!

그럼에도, 우리는 겟세마네의 예수님의 얼굴이 아니라 부자의 얼굴을 하고 있지 않습니까?

만약 여러분들이 북한에 해방을 가져올 그런 기도를 알고 싶으면 예수님의 겟세마네 기도를 읽으십시오! 피를 땀으로 흘리셨던 예수님의 기도를 읽으십시오!

예수님은 자기의 백성들에 대한 책임이 자신에게 있다는 것을 알았습니다. 그리고 하나님은 사람을 통해 일하신다는 것도 알았습니다. 왜냐하면 하나님은 창세기에서 사람에게 이 땅을 다스릴 권세를 주셨기 때문입니다. 그렇기 때문에 하나님의 아들이 이 땅에 오셔야만 했습니다.

그리고 이제 여러분들이 예수님의 몸입니다.

그러니까 이제는 여러분들이 이 세상과 이 세상의 고통을 볼 때, 거기에 대응한답시고 간단한 해답을 제시하지 않도록 조심하십시오! 편안한 삶 속에서 그저 여러분 스스로 안전하다고 느끼기 위해서 간단한 해답을 제시하는 것은 아닌지 주의하십시오!

그게 무슨 의미인지 여러분도 알고 있습니다. 그렇게 쉬운 해답들만 내놓는 것이 괜찮다면 그것은 하나님이 여러분들을 고통 받고 있는 사람들보다 더 많이 사랑한다는 것을 의미합니다. 그렇지만 그것은 사실이 아니에요. 하나님은 온 세상을 똑같이 사랑하십니다.

에스더는 그것을 깨달았어요. 에스더는 깨달았습니다. "내가 가진 것은 나의 민족을 위한 것이지 나를 위한 것이 아니었구나!"

하나님은 오늘 변화를 원하십니다. 그리고 여러분들이 명확히 아셔야 할 것이 있습니다.

이것은 여러분들을 겁주기 위해 지어낸 허구가 아닙니다.
만약, 교회가 지금 결단하고 일어나지 않으면, 남한에 반드시 재앙이 닥칠 것입니다.

독일 나치수용소 해방을 위해 수천만 명의 생명이 제2차 세계대전에서 희생되었습니다. 그런데 만약 1939년 독일에서 수만

1
디트리히 본회퍼(1906-1945)는 독일 목사이자 신학자로 반나치운동가였다. 1945년 독일 플로센뷔르크 수용소에서 교수형을 당했다. 1937년 그의 역작 '나를 따르라'(Nachfolge)에서 본회퍼는 다음과 같이 썼다. '값싼 은혜(cheap grace)는 우리가 우리 자신에게 수여하는 은혜이다… 값싼 은혜는 제자로서의 신과의 유대(discipleship)가 없는 은혜, 십자가 없는 은혜, 예수 그리스도가 없는 은혜이다.'

2
라울 발렌베르크(1912-
?)는 제2차 세계대전
당시 헝가리 유대인들에게
슈츠패스(보호여권) 발급,
대피처 제공(스웨덴 국기를
내걸고 치외법권 지역임을
주장) 등을 통해 수만
명의 유대인들을 구원한
스웨덴의 외교관이다.
발렌베르크는 동료들이
신변안전에 유의하라고 할
때마다 이렇게 대답했다.
'저한테는 다른 선택의
여지가 없습니다. 저는
이 사명을 받아들였고,
가능한 많은 유대인들을
구하기 위해 사람의 힘으로
할 수 있는 모든 일을 다
했다는 확신이 없이는
스톡홀름으로 돌아갈 수
없습니다.'

3
코리 텐 붐(1892-
1983)은 네덜란드
기독교인으로 홀로코스트
당시 아버지 및 언니와
함께 많은 유대인들을
보호하고 그들의
탈출을 도왔다. 그는
평생 독신으로 살았다.
그의 회고록『주는 나의
피난처(The Hiding
Place)』(1971년)는
국제적인 베스트셀러이다.
코리 텐 붐은 로버트 박이
좋아하는 설교자 중 한
명이었다.

명의 기독교인들이 단합하고 연합하여 나치정권에 대항했더라면, 유대인대학살을 멈출 수 있었을 것입니다. 우리는 이것을 믿어야 합니다. 하지만 지금의 남한교회처럼 1939년 독일교회도 그들의 마음이 하나님 앞에 바로 서 있는지 점검하지 않았어요!

그리고는 결국 그들도 권력자들(나치)과 공범이 되어 버렸습니다. 오직 디트리히 본회퍼Dietrich Bonhoeffer1 목사님이나 스웨덴의 라울 발렌베르크Raoul Wallenberg,2 코리 텐 붐Corrie Ten Boom3 여사와 같은 극소수의 개인들만이 유대인들을 위해 위험을 감수하고, 자기의 목숨까지도 내려놓았습니다.

많은 사람들이 본회퍼 목사님의 인생을 실패작으로 여깁니다. 애초에 본회퍼 목사님이 시도했던 것은 교회가 시위하는 것이었습니다. 본회퍼 목사님은 교회가 목소리를 높여 히틀러에 저항하게 만들려고 했습니다. 그렇지만 교회가 아무 반응이 없었어요. 일부 사람들이 그나마 관심을 갖고 있었던 것도 교회의 주권에 대한 문제였지 유대인이 아니었어요. 우리는 본회퍼 목사님이 히틀러 암살 시도라는 극단에까지 치달았다는 것을 압니다. 그것은 유대인 학살을 멈추려했던 너무나도 절박한 마음 때문이었어요.

하나님은 본회퍼 목사님이 옳았음을 역사를 통해 보이셨습니다. 오늘날 전 세계 많은 학교에서 본회퍼 목사님의 글을 공부하고 있습니다. 그리고 이제 우리는 실패한 것은 본회퍼 목사님의 인생이 아니라 교회였음을 알고 있습니다.

교회는 유대인들을 사랑하고, 유대인들을 위해 일어서고, 유대인들을 우선시하라는 하나님의 다급한 마음에 응하지 못했습니다.

그래서 제2차 세계대전이 왔습니다. 이것은 인류에 대한 심판이었습니다. 그리고 세상은 죽음과 파멸을 겪고서야 깨달았습니다. "하나님이 유대인들보다 우리를 더 사랑하시는 것이 아니었구나." 우리는 모두 똑같습니다. 하나님은 우리 모두를 똑같이 사랑하십니다. 우리는 모두 한 배를 타고 있습니다.

만약 우리가 단호하게 일어나지 않으면, 우리가 연합하여 행동하고, 조직적으로 북한 사람들을 위해 싸우지 않으면, 그것도 지금 빨리 하지 않으면, 그러면 2차 대전에 버금가는 대재앙이 올 것입니다!

제가 분명히 말씀드리지만, 그렇게 될 것입니다. 지금 북한에서 저질러지고 있는 일은 그 황폐함과 생명의 손실 면에서 유대인대학살에 맞먹습니다.

그렇기 때문에, 우리가 죽어가는 북한 아이들의 사진을 볼 때, 이 아이들이 왜 죽어 가는지를 우리는 정확히 알아야 합니다. 이 아이들이 왜 죽어가고 있습니까? 같이 읽기 원합니다.

> "종파주의자나 계급의 적은 누구이든지간에 3대를 멸해 씨를 제거해야 한다." _김일성

이것은 김일성이 1972년에 한 발언으로 북한의 정책에 지금까지도 영향을 끼쳐오고 있습니다.

따라서 여러분들이 북한에서 굶어 죽어가는 아이들의 사진을 볼 때 그 원인이 홍수나 자연재해 때문이라고 생각하면 안 됩니다. 김정일은 북한 내 상황에 대해 아주 잘 알고 있습니다. 북한 정권은 전체주의 독재국가입니다. 모든 것을 다 알고 있습니다. 북한 정권은 사람이 어디에 살고 있는지, 주민들이 무엇을 갖고 있는지, 누가 저기 살고, 누가 중국에 사는지, 누가 남한에 사는지 다 압니다. 북한 정권은 모든 것을 알고 있어요!

북한 정권의 정책이 집단학살적이기 때문에, 그래서 북한에서 이 아이들이 죽은 것입니다! 사진들을 보겠습니다.

아마 여러분들은 이런 사진들을 수없이 보았을 것입니다. 지금 이 순간에도 북한에서는 사람들이 죽어가고 있어요. 그리고 이 것은 유대인대학살 이후 세계 최악의 인도적 위기로, 지금도 계속 벌어지고 있는 일입니다. 유대인대학살 이후에 세계 각지에서 벌어진 집단학살 사례들을 보면, 북한처럼 집단학살을 저지르는 주체가 저렇게 절대적인 권력을 갖고 휘두르는 곳이 없습니다.

우리는 늦었어요. 너무 늦었어요! 그리고 만약 대재앙이 남한에 닥치면 그 재앙은 지금 북한의 참상보다 더 가혹한 것이 될 것입니다. 그렇지만 하나님의 높으신 뜻은 그것이 아닙니다. 하나님의 높으신 뜻은 에스더가 모르드개의 훈계에 반응한 것과 같이 우리가 나서는 것입니다.

에스더는 이스라엘 민족을 해방시킬 방법을 자기 자신에게서 찾았습니다. 에스더는 분별했습니다. 분명히 해결책이 있을 것이라고, 하나님이 살아 계시다면 분명히 방법이 있을 것이라고 에스더는 분별했습니다. 그리고 믿음을 통해 에스더는 깨달았습니다. "비록 오늘 나 홀로 진실된 마음을 갖고, 이스라엘 민족을 위해 목숨을 잃게 되더라도 하나님께서 축복해 주실 거야! 하나님께서 반드시 무슨 일을 하실 거야!"

그렇기 때문에 오늘밤 여러분들에게 간절하게 호소합니다! 여러분 한 사람 한 사람에게 간절히 부탁합니다!

제발 북한 사람들을 해방시킬 방법을 여러분 안에서 찾으십시오! 여러분이 가진 수단으로, 여러분이 처한 환경 내에서 북한 사람들을 구해낼 수 있는 방법을 찾으십시오!

여러분들에게 그러한 변화를 가져올 수 있는 힘이 있습니다. 오늘밤 그 사실을 깨달으셔야 합니다!

이 일에 있어 여러분들이 혹시 높은 산 위에서 내려다보기만 하고 있지는 않은지 돌아보십시오! 그저 발생하는 사건들을 뒤에서 구경꾼처럼 쳐다 보고만 있는 것은 아닌지 살피십시오! 그런 함정에 빠지지 않게 주의하셔야 합니다.

예수님은 "네가 그들에게 하는 모든 것이, 결국은 나에게 한 것"이라고 하셨습니다. 하나님은 여러분들이 위에서 내려다보고만 있으라고 부르신 것이 아니에요!

구경꾼이 되라고 부르신 것이 아닙니다!

심지어 하나님은 여러분들에게 북한 가지고 사역하라고 부르신 것도 아닙니다!

하나님은 그들의 고통이 여러분들의 고통이 되어야 한다고 하셨어요. 만약 그들의 고통이 여러분들의 고통이 된다면, 우리는 북한 사람들을 구할 것입니다. 그들을 해방시킬 것입니다.

북한을 해방시키는 것은 여러분 마음과의 싸움입니다. 다른 그 어떤 것과의 싸움이 아니라 바로 여러분 마음과의 싸움이에요. 아시겠습니까?

그래서 사탄은 여러분들의 마음을 공격합니다. 사탄은 여러분들이 남들보다 우월하게 느끼기를 원합니다. 사탄은 여러분들이 선택받았다고 느끼기를 원합니다. 사탄은 북한 사람들은 어차피 죽을 것이고, 이들의 죽음은 하나님의 어떤 계획에 따른 것이며, 여러분들이 할 수 있는 것은 아무것도 없다고 생각하기를 바랍니다.

그렇지만 하나님은 그러한 여러분들의 마음에 파고 들어오기를 원하십니다. 하나님은 여러분들에게 겟세마네동산에서 기도하던 하나님의 아들을 상기시켜 주시기 원합니다. 겟세마네에서 자신의 책임을 놓고 씨름하던 예수님, 자신이 해야만 하는 임무를 놓고 씨름했던 예수님을 기억하라고 하십니다. 인간의 몸을 입고 오셨던 하나님에게조차 자기가 성취해야만 하는 일을 실행하기로 결단하는 것이 어려웠습니다.

하나님은 오늘 밤 우리에게 경고하고, 또 예수님을 상기시켜 주십니다. 이것은 결코 쉽지 않은 것입니다. 믿음 없이 불가능합니다. 하지만 그것이 하나님의 사랑이 우리눈에 보이게 세상에 드러나는 방식입니다.

저는 오늘날의 남한을 보면 1960년대 미국을 보는 것 같습니다. 당시 미국은 인종분리정책이라는 어두운 터널로부터 벗어나던 시기였는데, 사람들 간의 분열, 내분이 이루 말할 수 없을 정도로 심했습니다. 사탄이 활개를 치고 있었어요. 하지만 패니 루 해머Fannie Lou Hamer[4]나 마틴 루터 킹Martin Luther King 목사와 같은 기독교인들이 일어났고, 목소리를 높였습니다. 그들은 목숨까지도 내어놓을 각오를 해야 했습니다. 그러자, 사람들의 인식에 큰 변화가 찾아왔습니다. 오늘날 미국에서 그런 인종차별적인 사고방식은 더 이상 용납되지 않습니다.

남한에서는 오늘 여기 계신 목사님들 한분 한분이 목소리를 낼 수 없는 자들의 목소리가 되어주어야 합니다. 여러분이 우리나라를 위해 영웅이 되어주셔야 합니다. 사람들은 영웅이 되는 것이 어떤 교만한 야망 같은 것이라고 생각하는데, 저는 그런 것을 말하는 것이 아닙니다. 제가 말씀드리는 것은, 여러분들이 우리나라에서 예수님 같은 존재가 되어야 한다는 것입니다.

성경에서는 하나님께서 틈새[5]를 이어줄 사람을 찾고 있다고 기록하고 있습니다. 하나님이 원하는 것과 지금 실제 일어나는 상황 간에는 틈새가 있습니다. 그래서 하나님은 우리가 그러한 어둠의 영역들을 찾아내기 원하십니다. 그리고 우리가 그런 어두운 곳을 빛으로 바꾸기를 원하십니다. 온 세상이 도망

4
패니 루 해머(1917-1977)는 기독교인으로 미국의 인종차별정책과 불의에 맞서 싸운 운동가이다. 1963년 한 레스토랑에서 백인 손님만 받는데 정항하여 감옥에 갇혔고, 감옥에서의 극심한 구타로 평생 장애를 가지게 되었다.

5
"너희의 성벽이 무너졌는데도, 너희 예언자들을 성벽 무너진 곳에 올라가지도 않았으며, 이스라엘 족속을 위하여 주의 날에 전쟁에 대비하려고 성벽을 보수하지도 않았다."
(에스겔 13장 5절)

"나는 그들 가운데서 한 사람이라도 이 땅을 지키려고 성벽을 쌓고, 무너진 성벽의 틈에 서서 내가 이 땅을 멸망시키지 못하게 막는 사람이 있는가 찾아보았으나, 나는 찾지 못하였다."
(에스겔 22장 30절)

처 나오는 어두운 곳으로 우리는 믿음을 갖고 자진해서 들어갑니다. 왜냐하면 세상의 궁극적인 목적은 자기보존일 뿐이지만, 우리의 목적은 정반대이기 때문입니다. 우리는 예수님의 지상명령을 완수하는 것이 목표입니다. 따라서 우리가 어둠에 맞서 싸우지 않는 한 아무것도 변하지 않습니다.

오늘밤 여기 계신 여러분 한분 한분에게 간절히 부탁합니다. 우리나라에서 예수님 같은 존재가 되어주십시오!

우리나라를 위한 영웅이 되어주십시오! 북한 사람들의 영웅이 되어주십시오! 그래서 이 땅에 존경할 수 있는 사람들이 나오도록 제발 그렇게 되어주세요!

남한에 온 탈북민들 중에는 이런 말을 하는 사람들이 많습니다. "남한에서 우리들한테 가르치는 하나님은 딱 김정일 같다. 그들은 그저 우리가 어떤 장소에 와서, 어떤 사람이 말하고 있는 것을 들어주기 원할 뿐이다. 하지만 그들은 우리를 진심으로 생각하지는 않는다. 지금 이 순간에도 수용소에서 죽어가고 있는 우리 아이들이나 가족들에 대해서는 진심으로 걱정하지 않는다. 그들은 우리를 이용한다. 하나님은 꼭 김정일 같다."

하지만 이렇게 생각하는 것은 탈북민들의 잘못이 아닙니다. 이건 우리의 잘못입니다. 안 그렇습니까? 왜냐하면, 우리가 마음속 깊숙이 가장 우선시해온 것이 무엇입니까? 우리의 우선순위가 수용소에 있는 사람들이었습니까? 아니면 우리 교회 또는 우리 교회 스케줄, 우리 교회 명성 또는 행사가 먼저였습니까?

하나님께서 말씀하십니다. "그런 것으로는 충분치 않다. 사실, 네가 그길로 계속 나아간다면, 너는 결국 나의 적이 될 것이다. 내가 원하는 것은 그런 것들이 아니라 지금 취해져야 될 행동이다."

에스더는 처음에 모르드개에게 옷을 주려고 했습니다. 왜냐하면 모르드개가 잿더미 위에서 베옷을 입고 있었거든요. 에스더는 옷을 보내주려고 했었어요. 그게 에스더의 첫 번째 시도였습니다. 그렇지만 하나님은 말씀하셨습니다. "그것으로는 충분치 않다. 시위를 위해 일부러 옷을 벗은 모르드개에게 네가 옷을 보내는 것은, 선의를 베푸는 것처럼 보여도 충분치 않다. 내가 원하는 것은 지금 이스라엘 민족을 구하기 위해 필요한 행동이지 다른 그 어떤 것도 아니다." 그리고 바로 그러한 행동이 승리를 가져오는 길인 것입니다.

따라서 제가 여러분들이 분별하기 원하는 것은, 북한 해방이 여러분들의 선택에 달려있다는 것입니다. 제가 지금 말하고 있는 것은 극단적인 망상이거나 진실이거나 둘 중 하나입니다. 하지만 이스라엘의 역사를 보고, 성경을 계속해서 읽고 또 읽으면, 여러분들은 하늘나라가 여러분 안에 있다는 것을 발견할 것입니다. 이스라엘 역사와 성경은 이러한 진리를 계속해서 보여주고 또 보여주고 있습니다.

그러니까 제발 책임을 다른 리더나 어떤 유명한 사람한테 떠넘기지 마십시오. 여러분이 그 책임을 져야 합니다!
이제 여러분의 행동이 필요합니다!

하나님이 한국을 바라보면 가슴이 찢어집니다. 다른 나라들처럼 한국도 외세 때문에 고통을 겪었어요. 자신들이 누구인지도 모를 정도로, 남북한이 서로 상대방을 모르게 될 정도로 고통받았습니다. 그리고 우리는 그저 '기다림'이라는 견고한 진 안에, 그저 기다리기만 하는 태도를 갖게 되었습니다. 왜냐하면 우리는 노예였거든요. 우리는 분단되었고, 우리가 의도하지 않은 전쟁에서 적으로 싸워야 했습니다.

그렇지만, 하나님은 더 이상 우리가 기다리고 있기만을 원치 않습니다. 하나님께서는 말씀의 계시를 마음속에 지닌 교회가 리더로 일어나 역사적인 일을 해내기 원하십니다.

우리는 북한에 정치범수용소가 있다는 것을 알고 있습니다. 이제는 전 세계가 수용소의 존재를 알고 있습니다. 북한 강제수용소의 존재를 세상에 폭로한 증언은 안명철씨와 같은 수용소 경비병들로부터 나왔습니다. 개인들이 나와서 증언했습니다. 내가 수용소에서 사람들을 죽였다고. 내가 사람들을 마구잡이로 죽였다고. 사람들이 강간당하는 것을 보았고, 고문당하는 것을 보았고, 생체실험을 하는 것을 보았다고. 비록 본인들의 미래와 신변 안전이 위태로워질 수도 있는데도 사람들이 자백했습니다.

이런 증언이 나온 지도 10여 년이 훌쩍 지났습니다. 그런데 왜 이런 사실들이 제대로 안 알려졌을까요? 왜 보스니아나 코소보사태에서 나타났던 것과 같은 반응이 북한에 대해서는 없었던 것일까요? 오히려 북한이 보스니아나 코소보사태보다 훨씬 더 심각한데 말이죠.

수십억 달러가 북한 내 집단학살을 위한 인프라에 쏟아 부어졌어요! 북한의 사태는 하루아침에 생겨난 갈등이 아닙니다. 북한 정권 자체가 집단학살자입니다! 그리고 그들은 핵무기를 가졌어요. 그래서 국제법도 힘을 잃어버렸습니다. 북한 같은 나라 앞에서 국제법은 완전히 죽어버렸어요.

그리고 미국과 다른 주요 강대국들도 국가이익만 챙기느라 집단학살 앞에서 그냥 북한 정권과 공범자가 되었습니다. 다들 침묵하고 있어요. 아무도 북한의 집단학살에 대해 말을 안 하고 있습니다.

이것은 어마어마한 불의입니다. 그렇지만 어떡하겠습니까? 이들은 하나님을 모릅니다. 물론, 하나님은 침묵하고 있는 이들에 대해 분노하고 있습니다. 그렇지만 성경은 "심판은 먼저 하나님의 집에서부터 시작된다"고 말하고 있습니다.

정말이지 북한을 해방시킬 수 있는 사람들은 여러분 밖에 없습니다! 교회 밖에 없어요! 자기희생적인 사랑을 할 수 있는 사람들 밖에 할 수 없습니다! 그리고 만약 교회가 그 부르심을 거절한다면 엄청난 대재앙이 올 것입니다.

여러분들은 남한사람들이 이미 다 죽어있는 것이 보이십니까? 남한인구 전체가 영적으로는 이미 죽었어요. 왜냐하면 자기들의 직업이 하나님이 되어버렸거든요. 자신들의 명예와 외모가 하나님이 되어버렸어요.

전도서에서는 이렇게 말하고 있어요. 살아있는 것보다 죽는 것

6
얀 카르스키
(1914-2000)는
폴란드 출신의
제2차 세계대전
지하저항운동가였다.
종전 후 그는 다음과
같은 말을 했다.
'평범한 사람들이
공유하는 인류애만이
유일하게 인권의
진정한 보호막입니다.
정부의 힘이
아닙니다. 저는
정부관계자들이
본인의 직무상의
의무에 부합한다는
결론에 도달하면
오히려 개인적 양심은
쉽게 무시해버릴 수
있다는 것을 알게
되었습니다.'

이 낫고, 죽은 사람보다 더 나은 것은 아예 처음부터 태어나지 않은 사람이라고. 수천만 명의 사람들을 포로로 꽉 붙잡고 있는 이 잘못된 사상은 여러분들을 통해서 하나님의 영광을 위해 완전히 깨어져야 합니다!

유대인대학살 때 폴란드 기독교인이었던 얀 카르스키[Jan Karski6]는 프랭클린 루즈벨트 대통령을 찾아가서 말했습니다. 저곳에 강제수용소가 있다고, 독일인들이 유대인들을 체계적으로 죽이고 있다고. 그런데 주요강대국들은 그 때 "증거가 불충분하다. 확실히 알 수 없다"고 했어요. 그리고 솔직히 그 수용소를 해방시키기 위한 그 어떤 실질적인 행동도 취하지 않았습니다. 전혀 없었어요! 오직 개인들만이 그런 노력을 기울였을 뿐입니다.

그러면 수용소는 어떻게 해방되었습니까? 제2차 세계대전이 발발해야 했고, 수천만 명이 죽어야 했고, 그리고 폴란드의 가장 큰 수용소였던 아우슈비츠는 소련에 의해 해방되었습니다. 무려 백만 명 이상의 유대인들이 아우슈비츠에서 죽임을 당했습니다. 그리고 아우슈비츠가 해방되었을 때, 그것은 공산주의 세력에 의해 해방되었는데, 유대인들을 살리려는 노력 때문이 아니라, 전쟁 때문에 해방된 것이었습니다. 그리고 이제 우리는 나치와 소련 간에 모종의 협력이 있었다는 것을 알고 있습니다. 소련은 미국과 영국 편에 섰지만 나치독일과 비밀리에 접촉하고 있었어요. 독일과 소련간 몰로토프-리벤트롭 조약(독소불가침 조약)과 그 외 다수 양국간 논의에서와 같이 비밀 접촉이 있었습니다.

우리는 이것이 농담이 아니고, 장난이 아니라는 것을 이해해야만 합니다. 이 모든 것은 교회가 침묵한 결과였습니다. 예수님의 몸인 기독교인들이 유대인들을 완전히 외면했는데, 어떻게 유대인들이 예수님을 구원자로 믿기를 기대할 수 있습니까?

당시 독일의 기독교인들은 유대인들을 돕지도 않았을 뿐 아니라, 오히려 유대인들을 미워하고 이들을 학살하는 나치정권과 공범이 되었습니다.

어린 아이라도 유대인들이 왜 예수님을 안 믿는지 이해할 수 있을 것입니다. 독일 교회는 자기들이 감당해야 하는 사명 앞에서 완전히 실패하고, 도덕적으로, 정신적으로 철저히 무너졌습니다.

저라도 그런 자를 구원자라고 믿지 않을 것입니다!

유대인들은 하나님의 어떤 신성한, 뒤틀린 목적 때문에 죽는 것이라고 말하는 그런 하나님! 너는 가만히 있고 아무 것도 하지 말라는 그런 하나님! 이것은 전혀 시급하지 않다고 말하는 그런 하나님! 이것은 모두 나의 계획이고, 나의 통제 아래 있으며, 너희는 물러나서 어린아이처럼 보고 있으라고 하는 하나님! 수백만 명의 무고한 사람들이 죽는 데 대해 간단하고 쉬운 해법을 제시하는 하나님!

새 언약의 시대에는 그런 식의 잘못된 사고방식은 변명의 여지가 없습니다. 새 언약의 시대는 생명의 시대입니다.
"나는 너희들에게 생명을 얻게 하고, 더 풍성히 얻게 하려 왔다"고 하셨습니다. 그리고 너희가 만약 나를 믿으면 내가 한 일을 너희도 할 것이라고 했습니다. 그런데, 성경을 보면 너희는 그보다 더한 일도 해야 한다고 예수님께서 말씀하셨어요!

그러니까 "그런 일들은 겟세마네 동산의 예수님이니까 한 것이고, 나는 아니다"라고 생각하지 마십시오!

내가 '부자와 나사로'에 나온 부자처럼 살 수 있도록 예수님이 겟세마네동산에서 그렇게 고통스럽게 기도한 것이라고 생각하지 마십시오! 예수님이 겟세마네에서 기도한 이유는 여러분들이 구원받아서 여러분들도 겟세마네의 기도를 하고, 그렇게 해서 온 세상이 구원받도록 하기 위함이었습니다!

여러분, 우리는 지금 북한에 수용소가 있는 것을 압니다. 가스실이 있고, 생체실험이 진행되고 있고, 사람들을 조직적으로 고문하고 강간하고 공개처형 시킨다는 것을 알고 있습니다. 이에 대해 외국인들이 어떻게 말하고 있는지 아십니까? 이렇게 잔인하고, 이렇게 끔찍한 것은 인류 역사상 본적이 없다고 합니다!

한국교회는 지금 말할 수 없는 수치를 보여주고 있습니다. 그런데 하나님은 이런 수치를 하나님의 영광으로 변화시키고 싶어하십니다. 그리고 그렇게 할 수 있는 유일한 방법은 좁은 길밖에 없습니다. 다음 슬라이드 보겠습니다. 함께 읽겠습니다.

> "북한정치범수용소의 규모와 시설이 지난 10여 년간 증가한 것으로 파악되었다."_2011년 5월4일 한국일보

2011년 5월 4일 한국일보 보도입니다. 다시 말해, 최근에 나온 보고서에 따르면 북한에서 수용소는 지난 십년간 계속 증가했다는 말입니다.

정치계에서는 전략적 인내니 뭐니 하면서 높은 언덕 위에서 북한 사람들의 고통을 내려다보기만 하고 있습니다. 하지만, 하나님은 그 반대이십니다. 하나님께서 말씀하세요. 이 세상에서 가장 작고, 가장 고통 받고, 가장 비참한 사람들에게 한 것이 바로 나에게 한 것이라고 말씀하십니다.

그리고 하나님은 그곳을 어떻게든 탈출해서 남한으로 온 사람들에 대해서만 말씀하시는 것이 아니에요! 하나님은 여러분들에게 직접 찾아온, 여러분들이 위로의 말을 건네주기 편안한 사람들에 대해서만 말씀하시는 것이 아닙니다! 하나님께서는 지금 이 순간에도 저 지옥 같은 곳에서 죽어가고 있는 사람들을 말씀하고 계십니다!

뼈만 앙상하게 남은 채로 강제노동에 시달리는 어린아이들을 말씀하고 계십니다! 부모는 죽임을 당하고, 친구도 없고, 완전히 홀로 버려진 그 아이들을 말씀하고 계세요! 매일매일 북한 정권으로부터 온갖 무자비한 취급을 받으며 고통당하는 어린 아이들을 말씀하고 계세요!

이 아이들에게는 어떤 형태로든 외부의 개입이 없으면 어떠한 소망도 있을 수 없습니다. 어떤 사람들은 그런 개입이 오고 있다고, 올 것이라고 말할지 모릅니다.

7
"나 만군의 주가
말한다. 스스로
예언자라고 하는
자들에게서 예언을
듣지 말아라. 그들은
헛된 말로 너희를
속이고 있다. 그들은
나 주의 입에서 나온
말을 전하는 것이
아니라, 자기들의
마음 속에서 나온
환상을 말할 뿐이다.
그들은 나 주의
말을 멸시하는
자들에게도 말하기를
'만사가 형통할
것이다. 주님의
말씀이다' 한다. 제
고집대로 살아가는
모든 사람에게도
'너희에게는 어떠한
재앙도 내리지
않을 것이다!' 하고
말한다...그들이 나의
회의에 들어왔다면,
내 백성에게 나의
말을 들려주어서,
내 백성을 악한
생활과 악한 현실에서
돌아서게 할 수
있었을 것이다."
(예레미야 23장
16-17, 22절)

그렇지만 주의하십시오! 예레미야서를 보면, 만약에 어떤 사람이 당신이 듣기에 좋은 말, 진정시키기 위한 말을 예언하면, 그것이 당신을 지옥으로 인도하는 말이 아닌지 주의하라고 했습니다![7]

하나님의 말씀이 임하면 모든 것들이 완전히 근본적으로 바뀌어버립니다. 그리고 하나님께서는 여러분에게 와서 "모든 일이 잘될 것이다. 너는 네가 지금껏 해오던 대로 살아라"라고 말씀하시지 않습니다!

제가 약속드리지만, 하나님이 오시면, 그분의 말씀으로 모든 것이 근본적으로 바뀔 것입니다. 하나님은 여러분들이 자기 자신을 위해 꿈꿔온 모든 것들을 잊어버리게 만드실 것입니다. 모든 것이 하나님이 원하시는 것으로 바뀔 것입니다. 그것이 전부가 될 것입니다.

따라서 여러분이 북한을 위해 이런저런 일들을 하고 있는 사람들을 직접 만나게 되면, 그 사람들에게 여러분의 책임을 떠넘기지 마십시오! 왜냐하면, 지난 십년간 북한의 수용소는 계속 확장되었기 때문입니다.

여러분, 제가 말씀드리지만, 우리 모두는 완전히 실패했어요!

그러니까 여러분이 오늘부터 이 일에 있어 리더가 되어야 합니다. 여러분의 행동이 절대적으로 필요합니다. 여러분이 바로 에스더와 같이 되어야 합니다. 북한을 해방시킬 방법을 여러분 스스로에게서 찾아야 합니다! 여러분이 갖고 있는 수단으로 알아내야 합니다.

비록 여러분의 교회가 작을지라도, 설사 많은 사람들을 알지 못한다고 하더라도, 제가 말씀드리지만 여러분에게 바로 그 수단이 있습니다. 여러분에게 힘이 있습니다. 여러분이 세상의 빛입니다.

지난 십년간 수용소는 더 확대되었어요. 더 많은 사람들이 죽었고, 더 많은 사람들이 고문당했고, 더 많은 사람들이 복음으로부터 차단되었습니다. 이들의 피가 우리 손에 가득합니다. 변명의 여지가 없어요. 변명을 하는 사람들은 자기 자신을 우상으로 만든 것입니다. 변명하지 마십시오! 그런 사람들은 제 옆에 가까이 오지 마십시오! 북한에서 일어나고 있는 일들에 대해서 우리는 변명의 여지가 없어요!

고린도후서 6장 2절은 지금이 구원의 때라고 했습니다. 이사야서 49장 8절을 보면, 예수님은 모든 사람들에게 구원을 가져오는 약속입니다. 이제 여러분들에게서 이 말이 나와야 합니디.

우리가 깨달아야 할 것은 사랑이 있는 곳에는 길이 있다는 것입니다. 왜냐하면 하나님은 바로 사랑이거든요. 사랑이 없으면 길이 없습니다. 그렇지만 사랑이 있는 곳에 반드시 길이 있습니다. 만약 그렇지 않다면 하나님은 거짓말쟁이고, 보혈도 없었고, 새 언약은 무효가 됩니다. 사랑이 있으면 길이 있습니다. 제가 오늘 여러분들에게 말씀드리고 싶은 것은, 북한의 해방이라는 과제를 접할 때, 혼란스러워하지 말아주셨으면 하는 것입니다. 혼란이 여러분의 적입니다!

진리는 여러분들을 자유케 합니다. 하나님은 여러분들로 하여금 위대한 일을 하게 하십니다. 하나님께서는 여러분들이 이 땅에서 역사적인 일을 하도록 사용하기 원하십니다.

그리고 외국에 계시는 여러분들께 말씀드립니다. 여러분들의 기도가 필요합니다. 여러분들이 결집해야 합니다. 여러분들의 목소리가 필요합니다. 사랑이 있으면 반드시 길이 있습니다. 시편 82장 2~4절을 보겠습니다.

> **시편 82장 2~4절 (표준새번역)**
> **2** "언제까지 너희는 공정하지 않은 재판을 되풀이하려느냐? 언제까지 너희는 악인의 편을 들려느냐?(셀라)
> **3** 가난한 사람과 고아를 변호해 주고, 가련한 사람과 궁핍한 사람에게 공의를 베풀어라.
> **4** 가난한 사람과 빈궁한 사람을 구해 주어라. 그들을 악인의 손에서 구해 주어라."

잘 보시면 하나님께서 반대로 말씀하지 않으셨습니다. 제 말씀은, 하나님께서 "너희가 언제까지 가난한 사람과 빈궁한 사람들을 구해줄 것이냐? 언제까지 가난하고 빈궁한 사람들에게 집중하고, 그들을 핍박하는 자들은 무시할 것이냐?"고 묻지 않으셨다는 것입니다.

하나님께서는 "너희가 언제까지 가난한 사람과 빈궁한 사람들을 도와줄 것이냐?"고 묻지 않으셨습니다. 사실 우리는 가난한 사람과 빈궁한 사람들 때문에 바쁘게 살았던 적도 없습니다. 우리는 항상 우리 자신을 보호하는데 바쁩니다. 그리고 그런 이유 때문에 교회도 김정일 정권에 대해 세상 사람들과 똑같이 공범자로 전락해버렸습니다.

평양에 영어를 가르치러 가시는 분들에게 말씀드립니다. 평양에 가는 계획을 재고하십시오. 여러분이 평양에 가기 위해 드는 모든 비용은 북한 내부에, 지하채널을 통해 그 돈을 절실히 필요로 하는 사람들을 위해 쓰여지는 것이 훨씬 낫습니다. 여러분들이 평양과학기술대학에서 김정일이 선발한 학생들을 가르칠 때, 안명철씨와 같은 전직 수용소 경비병들이 뭐라고 말했는지 기억하십시오. 만약 경비병이 수용소에서 탈출을 시도하는 수감자를 죽이면, 그 경비병은 대학에 갈 수 있다고 했습니다. 북한 정권이 대학에 보내준다고 했습니다. 여러분은 그 일을 통해 정말로 하나님을 섬기는 것이 맞습니까? 아니면 모험심을 섬기는 것입니까? 모험은 하나님이 아닙니다. 북한 정권을 지원하는 것을 그만두십시오.

마지막 슬라이드 보겠습니다.

우리가 해야 할 일 What We Must Do

김정일 정권에 대한 지원을 철회
(Stop supporting N.K. regime)

탈북민 지원 증대
(Financially support North Korean refugees)

북한 집단학살을 반대하는 대규모 집회
(Mass demonstrations)

우리가 해야 할 일입니다. 먼저, 우리는 북한 정권을 지원하는 것을 그만두어야 합니다. 성경이 그렇게 말하고 있어요. "너희

"가령 내가 악인에게
말하기를 너는 반드시
죽을 것이다 할 때에,
네가 그 악인을
깨우쳐 주지 않거나,
그 악인에게 말로
타일러서 그가 악한
길을 버리고 떠나
생명을 구원 받도록
경고해 주지 않으면,
그 악인은 자신의
악한 행실 때문에
죽을 것이지만 그
사람이 죽은 책임은
내가 너에게 묻겠다."
(에스겔 3장 18절)

가 언제까지 악한 자를 변호해 주고, 못된 자들의 편을 들러느냐." 하나님께서 이 말씀을 독일교회에 하셨어요. 도대체 너희 기독교인은 언제까지 집단학살의 공범자가 되어 히틀러와 협정을 맺고, 죽어가는 유대인들을 잊고 있을 것이냐고 했어요.

하나님께서 말씀하십니다. 그러지 말고 가난한 사람과 고아를 변호하라고. 가난하고 억압받는 사람들의 권리를 보호해주라고. 그러면 너희가 성공할 것이라고 했습니다. 그들을 구출하라고, 구원하라고 하셨습니다.

많은 경우 우리들은 말합니다. 결과는 하나님한테 달려 있다. 나는 그냥 내 마음이 시키는 대로 해야겠다. 그리고는 자선이라고 말합니다. 헌신이라고 합니다.

그렇지만 성경은 똑똑히 말합니다. 나무는 그 열매를 보고 알 수 있다고! 그리고 지금 그 열매는 무엇입니까? 우리가 보고 있는 국제사회 현실이 무엇입니까? 북한에서 집단학살이 진행되고 있는 것입니다. 세상은 신경도 안 쓰고 있습니다. 심지어 남한 사람들은 집단학살이 일어나는지 어쩌는지 그런 사실조차 모르고 있습니다!

여러분, 제가 말씀드립니다. 하나님께서 오늘 시편 82장 2~4절 말씀을 우리들에게 하고 계십니다. 더 이상 북한 정권을 상대로 시간낭비하지 말라고 말씀하십니다.

에스겔서에서 말합니다. 만약 네가 어떤 사람을 정말로 사랑하면, 죄에 깊이 빠진 어떤 사람을 정말로 사랑하면, 그러면 너는 그 사람에게 경고를 줄 것이라고 했습니다.[8] 그에게 하나님의 심판을 선포해야 한다고 합니다. 하나님께서 에스겔 선지자에게 명했습니다. 너는 그 사람에게 반드시 죽을 것이라고 말하라고. 그러면, 그 사람은 경고를 듣고 죄로부터 돌이킬지도 모릅니다. 그러니까 만약 여러분이 김정일을 사랑하고 싶으면, 만약 여러분이 적을 사랑하고 싶으면, 그러면 김정일이 두려워하게 하십시오!

왜냐하면, 우리는 지난 20년 동안 김정일에게 돈을 대주면서 수용소에 대해 아무것도 모르는 척하고, 김정일이 하고 싶은 대로 하라고 내버려 두었습니다.

그렇지만 여러분들이 정말 김정일을 사랑하면, 하나님의 말씀에 정말로 순종하기 원하면, 그가 두려워하게 만드십시오! 왜냐하면, 오직 그 방법만이 그 사람을 구원할 수 있습니다. 오직 그 방법만이 북한이 구원받는 길입니다. 그들이 두려워 떨게 만드십시오!

우리가 해야 할 두 번째 일은 탈북민들을 재정적으로 돕는 것입니다. 지금 이 순간에도 사람들은 죽어가고 있습니다. 만약 그 사람들에게 접근할 수 있는 방법이 없다고 생각하면, 만약 그 사람들에게는 하늘에서나 땅에서나 그 어떤 희망도 없다고 생각한다면, 그렇다면 여러분은 믿음이 없는 것입니다.

에스더는 방법이 전혀 없는 상황에서 방법을 찾았습니다. 왜냐하면 에스더는 하나님이 그들을 대적하는 것이 아니라 바로 그들 편이라는 것을 깨달았기 때문입니다. 우리에게도 북한 사람들을 인도적으로 도울 수 있는 방법이 있습니다. 사실 한 가지 방법 밖에 없습니다. 바로 탈북민들을 통해 돕는 것입니다. 학계에서는 탈북민들이 북한에 정기적으로 돈을 보낸다는 사실이 널리 알려져 있습니다. NGO도 접근할 수 없는 곳에, 사람들이 굶어죽는 곳에 탈북민들을 통해 이러한 돈이 보내집니다.

그러니까 오늘 이 자리에 참석한 모든 남한 교회들은, 탈북민들을 조직적으로 도와주어야 합니다. 여러분은 여러분 교회에 다니는 탈북민들을 알아야 하고, 만약 그들의 가족이나 친구들이 북한에 남아있다면, 기회 있을 때마다 도와주고, 그들을 통해 북한에 돈을 보내야 합니다.

여러분들이 이 일을 믿음으로 하게 되면, 북한에서 오병이어의 기적을 보게 될 것입니다. 여러분이 믿음으로 드리는 그 돈이, 사랑으로 베푸는 그 돈이, 북한 내부에 빛을 가져올 것입니다. 생명을 구할 것입니다. 따뜻함을 가져올 것이고, 진리를 가져올 것입니다.

전도서에서는 돈이 모든 것에 대한 해답이라고 했습니다. 또한, 냉소적인 어휘로, 말로만 하지 말고 행동으로 보여주라고도 했습니다. 저는 저에게 돈을 달라는 것이 아닙니다. 여러분들의 교회에 있는 탈북민들에게 돈을 주십시오.

지금 여기 계신 모든 한 분 한 분이, 이 일을 조직적으로 하기 시작한다면, 제가 장담합니다. 북한에 중대한 변화가 생길 것입니다. 앞으로 30일 동안, 탈북민들을 통해 북한 내부에 수백만 불을 보내야 합니다. 이것은 하나님께서 여러분들에게 명하시는 것입니다.

다음, 세 번째, 북한 집단학살에 반대하는 대규모 집회입니다. 최근 어떤 사람들이 남한에서 시위를 준비했습니다. 그런데, 김정일 정권 추종세력이 그 시위를 막았습니다. 시위가 일어나는 것을 가만두지 않았어요. 여러분들은 도대체 언제까지 이런 악한 자들이 하나님의 백성을 위협하는 것을 내버려 두실 것입니까?

저는 시위를 준비한 사람들에게 박수를 보냅니다. 그런데 여기에도 문제는 있었어요. 시위는 더 많은 사람들이 참여할 수 있도록 개방되어야 합니다. 남한의 모든 교회가 함께 나가서 참여해야 합니다.

저는 북한에 갔던 것을 후회합니다. 북한에 다녀와서 제 인생 전체가 망가졌습니다. 사람들과의 관계도 망가졌고, 사람들과 의사소통하는 능력도 상실했습니다. 그런데 제가 왜 북한에 갔는지 아십니까? 제가 비전을 보았기 때문이에요. 제가 중국에 있었을 때, 하나님께서 제게 말씀하셨고, 제게 보여주셨습니다. 만약 사람들이 함께 모여 대규모 시위를 할 수 있게만 된다면! 만약 사람들이 하나가 되어서 자기들의 목소리를 낼 수 있게 된다면!

에스더는 왕이 듣도록 자기의 목소리를 냈습니다. 그러니까 만약 교회가 하나 되어서, 모두가 들을 수 있도록 목소리를 내면 북한을 해방으로 이끌 연쇄적인 효과가 일어날 것입니다.

그런데 여러분, 그뿐만이 아닙니다. 북한 내부에 있는 사람들이 여러분들이 그들을 위해 이 일을 했다는 것을 알게 될 것입니다! 자기들을 구하기 위해 거리로 나온 여러분들의 사진을 북한 사람들이 보게 될 것입니다!

지금 우리는 리비아 등 중동에서 일어나는 민주화 시위에 대해 북한에 풍선을 보냄으로써 이 일을 알리고 있습니다. 그리고는 말합니다. "당신들이 일어나시오"라고.

그렇지만 생각해 보십시오. 우리가 우리 인생에서 처음으로, 우리의 민족을 위해, 우리의 동포를 위해 일어나 거리에서 시위를 하면 그 힘이 얼마나 더 강력하겠습니까?

이것이 어떤 결과를 가져다줄지 여러분도 알고 있습니다. 이것은 진정한 화해를 의미합니다!

그런데 강대국들은 뱀의 목소리^{사탄의 간계}로 모든 것들을 꼬아버렸어요! 그들은 화해를 말하고 있어요. 집단학살을 저지르고 있는 바로 그 집단학살자와 유화를 말하고 있어요.

그렇지만 북한 정권은 화해에 관심이 없습니다. 북한과의 화해는 북한의 해방입니다! 그리고 이것은 하나님의 말씀 안에 있어요.

여러분들의 목소리를 사용하십시오! 목소리가 없는 자들을 대변해 주십시오! 그리고 하나님께서 목소리를 낼 수 없는 자들을 대변하라고 할 때에는 그저 여러분 주변에 있는 이웃만을 위해 그러라는 것이 아닙니다! 하나님께서 여러분들에게 목소리가 없는 자들을 대변하라고 하실 때에는 그들의 목소리가 되어 주라고 하시는 것입니다. 실질적으로 그들의 목소리가 되라는 것입니다.

다시 말해서, 하나님께서는 교회를 전략적으로 사용하기 원하십니다. 전략적으로 사고하십시오!

북한에 변화를 가져올 수 있도록 전략적으로 여러분들의 목소리를 사용하십시오! 여러분이 가진 목소리가 여러분이 가진 것 중에 가장 강력한 것입니다! 여러분들에게 북한을 변화시킬 수 있는 힘이 있습니다!

따라서 오늘 이 자리에 모인, 하나님의 택하심을 받은 사랑하는 성도 여러분, 북한 사람들을 위한 대규모 집회를 준비하기 위한 모임과 기도, 그리고 구체적인 계획들을 만들어 주십시오.

하나님을 경외하는 것이 지혜의 근본이라고 했습니다. 그러나 권력자들에게는 두려운 것이 없습니다. 세상은 어둠 가운데 마비되어 있습니다. 하나님은 세상이 두려워하도록 만들기 원하십니다. 여러분들의 목소리를 통해서, 여러분들의 사랑을 통해서 세상이 하나님을 두려워하도록 만들기를 원하십니다.

여러분들이 북한 사람들을 위해 일어나는 모습을 세상이 보게 되면, 그리고 그것이 여러분 자신을 위해서가 아니라 북한 사람들을 위해 싸우는 것이라는 것을 세상이 보게 되면, 전세계에 파장을 가져올 것입니다. 여러분들은 이 일을 위해 선택받으셨습니다. 제발 대규모집회를 위해 힘써주십시오. 그것도 빨리 해야 합니다. 다음 슬라이드 보여주세요.

> **대한민국 헌법 제3조:**
> "대한민국 영토는 한반도와 그 부속도서로 한다."

마지막으로, 대한민국 헌법에 따르면 북한 사람들도 대한민국 국민입니다. 성경에서 말하고 있습니다. 분열된 국가는 바로 설 수 없다고. 지금 남북한은 물리적으로만 분열되어있는 것이 아닙니다. 영적으로도 분열되어 있어요. 완전히 쓰러져있는 형국입니다.

하나님의 아들은 우리를 자유케 하기 위해 세상에 오셨습니다.

그렇지만 남한이라고 해서 자유케 된 것도 아닙니다. 남한에는 경쟁, 야망, 탐욕, 거짓의 영이 너무 강하게 자리잡고 있어 깨뜨릴 수가 없습니다. 우리가 이것들을 깨뜨릴 수 있는 유일한 방법은 단 한 가지, 우리가 선택하는 것입니다. 예수님과 세상, 이 둘 중 오늘 우리가 택해야 합니다.

교회 모임이 있을 것입니다. 또 여러분들은 이런 저런 일들을 하게 될 것입니다. 그렇지만 그것들은 문제에 대한 해답이 아닙니다.

예수 그리스도입니까? 아니면 세상입니까? 만약 예수 그리스도를 택한다면, 그러면 북한 사람들이 해방될 것입니다!

2009년 5월 6일, 강북제일교회 통일선교기도회에서 행해진 설교이다. 한국 교회는 왜 북한 사람들의 고통을 돌아보지 않는가? 북한 해방은 언제 이루어질까? 사람들은 북한을 위해서 어떻게 기도해야 하는가? 기독교인들에게 친숙한 누가복음 4장(사탄에게 시험받는 예수님)과 16장(부자와 나사로)에 대한 로버트 박의 해석은 심오하다.

네 문앞에서 죽어가는 나사로를 기억하라

(2009년 5월, 강북제일교회)

성경구절: 누가복음 16장 19~31절 (표준새번역)

19 "어떤 부자가 있었는데, 그는 자색 옷과 고운 베옷을 입고, 날마다 즐겁고 호화롭게 살았다.

20 그런데 그 집 대문 앞에는 나사로라 하는 거지 하나가 헌데 투성이 몸으로 누워서,

21 그 부자의 상에서 떨어지는 부스러기로 배를 채우려고 하였다. 개들까지도 와서, 그의 헌데를 핥았다.

22 그러다가, 그 거지가 죽어서 천사들에게 이끌려 가서 아브라함의 품에 안겼고, 그 부자도 죽어서 땅에 묻히게 되었다.

23 부자가 지옥에서 고통을 당하다가 눈을 들어서 보니, 멀리 아브라함이 보이고, 그의 품에 나사로가 있었다.

24 그래서 그가 소리를 질러 말하기를 '아브라함 조상님, 나를 불쌍히 여겨 주십시오. 나사로를 보내서, 그 손가락 끝에 물을 찍어서, 내 혀를 시원하

게 하도록 해주십시오. 나는 이 불 속에서 몹시 고통을 당하고 있습니다' 하였다.

25 그러나 아브라함이 말하였다. '얘야, 되돌아보아라. 살아 있을 때에 너는 온갖 복을 다 누렸지만, 나사로는 온갖 불행을 다 겪었다. 그래서 그는 지금 여기에서 위로를 받고, 너는 고통을 받는다.

26 그뿐만 아니라, 우리와 너희 사이에는 큰 구렁텅이가 가로놓여 있어서, 여기에서 너희에게로 건너가고자 해도 갈 수 없고, 거기에서 우리에게로 건너오지도 못한다.'

27 부자가 말하였다. '조상님, 소원입니다. 그를 내 아버지 집으로 보내 주십시오.

28 나는 형제가 다섯이나 있습니다. 제발 나사로가 가서 그들에게 경고하여, 그들만은 고통 받는 이곳에 오지 않게 해주십시오.'

29 그러나 아브라함이 말하였다. '그들에게는 모세와 예언자들이 있으니, 그들의 말을 들어야 한다.'

30 부자가 말하였다. '아닙니다. 아브라함 조상님, 죽은 사람들 가운데서 누가 살아나서 그들에게 가면, 그들이 회개할 것입니다.'

31 아브라함이 그에게 말하였다. '그들이 모세와 예언자들의 말을 듣지 않으면, 죽은 사람들 가운데서 누가 살아날지라도, 그들은 그의 말에 귀를 기울이지 않을 것이다.'"

여기서 부자는 남한과 같습니다. 나사로는 북한과 같습니다. 이 비유에서 우리는 한반도 분단의 고통을 볼 수 있습니다. 남북 분단으로 인해 발생하는 인간의 고통을 볼 수 있어요. 또, 사탄이 어떻게 이 상태를 끌고 가는지 볼 수 있습니다.

거지 나사로가 죽은 것은 부자가 자기만 사랑했기 때문이었습니다. 부자는 자기 자신에게 얼마나 빠져 있었던지 자기 집 문 밖에 있는 나사로에게는 관심조차 쏟지 않았습니다.

남한 사람들은 지금 오해하고 있습니다. 북한 사람들에 대해 잘못 판단하고 있어요. 우리가 시간을 조금 낭비해도 괜찮다고 생각합니다. 우리에게 시간이 아주 많다고 생각하는데, 우리는 정말이지 이러고 있을 시간이 없습니다.

이 부자는 부유한 삶을 살고 있었습니다. 그런데 나사로는 자기 집 바로 문 밖에서 굶어 죽어가고 있었어요. 이것은 먹는 것에 관한 문제가 아닙니다. 이것은 자기에게 푹 빠져 사는 라이프스타일에 관한 것이에요.

우리가 하는 모든 것들이 우리가 원하는 대로, 우리가 하고 싶은 방식대로 해온 것이라는 사실입니다. 다시 말해서 우리는 하나님께서 원하시는 것을 하지 않는다는 것입니다.

그런데 여기 하나님께서 부자에게 원하는 일이 한 가지 있었습니다. '문을 열고 네 이웃을 보아라. 네 대문 앞에서 죽어가고 있는 나사로를 보아라.'

그런데 부자는 근본적으로 오해를 하고 있었어요. 마치 남한 사람들이 북한 사람들에 대해 오해하는 것과 마찬가지였습니다. 부자는 거지 나사로가 하나님을 알지 못하기 때문에 굶어 죽는다고 생각했습니다. 아직 하나님의 때가 아니라고 생각했어요.

부자는 이렇게 생각했는지도 모릅니다. '나는 독실한 사람이고, 하나님 앞에 의로운 사람이야. 그래서 하나님께서 내게 이렇게 복을 주셨어. 나사로를 도울 하나님의 때가 올 때까지 기

다려야지.'

그런데 실상은, 부자는 죽어서 지옥에 갔고, 그가 하나님을 알지 못한다고 정죄하던 거지 나사로는 천국에 갔습니다.

지옥의 고통 속에서 부자는 아브라함에게 요청했습니다. 나사로를 내 형제들에게 보내 형제들은 이 지옥에 오지 않게 해달라는 것이었어요. 그러나 하나님께서 말씀하셨습니다. 그들에게는 모세와 선지자가 있다. 모세와 선지자의 말을 듣지 않는다면 나사로가 죽은 자 가운데 살아서 돌아가 얘기한다 하더라도 듣지 않을 것이다.

31절에서 하나님은 부자의 형제들이 무엇을 믿기 원하셨습니까? 하나님께서는 그 형제들이 이웃을 자기 몸처럼 사랑해야한다는 것을 믿기 원하셨습니다.

부자는 나사로가 자기 집 밖에 있었기 때문에 자기의 책임이 아니라고 생각했습니다. 하지만 심판의 날에 부자는 나사로의 운명에 따라 심판을 받았습니다.

그럼 하나님께서 오늘날 우리들에게 기대하고 원하시는 것은 무엇입니까? 우리가 북한 사람들에게 문을 여는 것입니다.

이런 오해를 하는 사람들이 있습니다. '아직 하나님의 때가 아니야. 그 사람들이 굶어 죽는 것은 하나님께서 허락하신 거야. 그러니까 나는 개입을 위해서 아무것도 하지 않을 거야.'

오늘 밤 우리는 이런 식의 사고방식을 버려야 합니다. 이런 생각은 사탄으로부터 온 것입니다. 하나님께서는 사람들이 굶어 죽는 것을 원치 않으세요! 하나님께서는 오늘 밤 우리들에게 요구하십니다. 지금 흘러가고 있는 너의 삶을 중단시켜라! 이기적인 너의 삶의 방식을 중단하고 네 대문을 열어라! 북한 사람들을 위해서 너의 대문을 열어라!

누가복음 4장으로 가겠습니다. 우리는 어쩌다가 그렇게 기만적인 믿음을 갖게 되었습니까? 4장 3절을 보겠습니다. '악마가 예수께 말하였다. 네가 하나님의 아들이거든 이 돌들을 빵으로 만들어보아라.'

우리는 오늘날 남한 교회에 문제가 있다는 것을 모두 알고 있습니다. 이 구절이 바로 그 이유입니다. 모든 문제는 여기서 시작했습니다.

사탄이 예수님께 왔을 때, 처음 한 말이 이러하였습니다. '만약 네가 하나님의 아들이거든', 사탄은 예수님의 정체성에 대해 사탄과 타협하기 원했습니다. 만약 네가 하나님의 아들이거든 돌을 빵으로 만들어서 증명해보라고 하였습니다.

하지만 예수님께서는 사람이 빵으로만 살 것이 아니요 하나님의 입에서 나오는 말씀으로 살 것이라고 말씀하심으로 막아버렸습니다. 예수님은 흔들리지 않았습니다.

그러나 동일한 시험에 대해서 이 시대의 교회와 성도들은 흔들리고 있습니다. 지금 사탄은 한국교회를 망가뜨리기 위해 사람들에게 장난을 치고 있습니다.

이것은 사실 그 동안 사탄이 모든 기독교인들에게 걸어온 속임수입니다. '만약 네가 하나님의 자녀이거든 이 돌들을 빵으로 만들어서 나에게 증명해 봐.' 라고 합니다.

그래서 어떻게 됩니까? 우리는 그 시험에 걸려듭니다. 그리고는 이렇게 반응합니다. '내가 너희에게 보여주마. 내가 하나님의 자녀인 것을 증명해보지. 이 돌들을 빵으로 만들어 보여주겠어. 설사 내 인생 전체를 쏟아 부어서라도 증명해 보이겠어.'

제가 말씀드리고 싶은 것은, 우리에게 있어서 북한의 해방은 우리의 우선순위가 아니었다는 것입니다. 우리의 우선순위는 궁극적으로는 우리가 하고 싶어 하는 것을 하는 것이었습니다.

성경은 우리들에게 이렇게 가르칩니다. 만약 하나님의 자녀들이 무엇인가를 하려고 마음을 먹으면, 불의(不義)에 대하여 무슨 일을 하겠다고 마음먹으면, 그것은 분명 개선될 것이라는 사실입니다.

자녀들이 결심하자마자 상황은 개선됩니다. 이스라엘 사람들에게 제노사이드가 선포되었을 때 에스더는 모르드개의 도움으로 결심했었어요. '제가 이것을 막겠습니다. 저는 죽더라도 괜찮습니다. 이것을 막겠습니다'

그러자 제노사이드는 끝나버렸어요! 그리고 나니까 단 한 명의 사람도 죽지 않았어요!

에스더서 4장 14절은 심각한 영적 전투를 이야기하고 있습니다. 사탄은 우리의 기본적인 정체성을 공격해서 우리가 누구인지 잊어버리게 만들려고 합니다. 우리의 정체성에 대한 인식, 우리의 책임 의식, 우리가 누구인지, 우리가 무엇을 해야 하는지에 대해 혼란스럽게 하고, 우리로 하여금 현실과 타협하게 만듭니다. 사탄은 그렇게 공격합니다.

에스더서 4장 14절을 읽겠습니다. '에스더야 이때에 네가 만일 잠잠하여 말이 없으면 유다인은 다른 데로 말미암아 놓임과 구원을 얻으려니와 너와 네 아비 집은 멸망하리라 네가 왕후의 지위를 얻은 것이 이때를 위함이 아닌지 누가 아느냐.'

여기서 사람들은 하나님께서 사람을 통해 일하신다는 것을 이해했습니다. 제노사이드가 임박했을 때 사람들은 그 일이 그대로 저질러지도록 놔두지 않았습니다. "다 같이 죽자." 이렇게 말하지 않았어요.

여러분들은 어떻습니까? 다같이 죽는 것은 분명 하나님 뜻이 아닙니다. 우리는 그런 식의 반응을 철저히 거부해야 합니다. 에스더처럼 말이죠.

"만약 네가 지금 침묵하면, 구원은 다른 곳으로부터 오게 되겠지만, 너와 너의 집안은 멸망할 것이다. 결국에는 하나님께서 이 제노사이드를 중단시키기 위해 다른 누군가를 일으킬 것이다. 하지만 네가 잠잠하면 이 세대는 죽을 것이다."

하나님을 찬양할 것은, 에스더가 이에 반응했습니다. 에스더는 제노사이드에 대항하여 싸웠고, 학살은 일어나지 않았습니다.

하나님의 사람들이 반응하면 모든 것이 달라집니다. 우리가 상황을 바꾸기 원하면 모든 것이 달라집니다.

하나님께서는 우리들에게 권세를 주셨고, 우리에게 그럴 능력을 주셨습니다. 하나님께서는 오늘 이 밤에 여러분 한 사람 한 사람에게 모르드개가 에스더에게 얘기한 것처럼 말씀하시고 계십니다. 만약 네가 침묵하면, 이 세대는 죽을 것이다. 그러나 네가 일어나면, 나는 너를 통해 이 민족을 구원할 것이다.

그런데 여러분 이것은 장난이 아닙니다. 쉽지 않은 것입니다. 에스더는 그것을 알았고, 그래서 자기의 삶을 희생했습니다. 다른 그 어떤 이유도 아닌 오직 유대인들을 살려야겠다는 순결한 마음으로 한 것이었어요.

하나님께서는 이렇게 깨끗하고 순결한 마음을 가진 사람들을 찾고 계십니다. 오직 하나님의 나라와 생명의 구원을 바라는 순결한 마음을 가진 사람을 찾고 있습니다.

이제 부자와 나사로의 비유로 돌아가겠습니다. 사탄이 부자를 지옥에 떨어뜨린 책략이 무엇이었습니까?

사탄은 부자로 하여금 이 세상과 자기 자신한테 완전히 빠져서 진정한 사랑을 할 수 없도록, 자기 주변에서 무슨 일이 어떻게 돌아가고 있는지조차 알지 못하게 만들어버렸습니다.

부자는 자기가 가진 모든 에너지를 자기 인생을 즐기는 데에 쏟아 부었습니다. 이것은 정말이지 먹을 것을 나누었는지 아닌지 그런 차원의 문제가 아닙니다. 이것은 마음의 문제, 중심의 문제입니다.

제가 말씀드립니다만, 지금까지 남한 사람들이 해 온 일들은 근본적으로는 자기 인생을 즐기기 위함이었습니다. 여러분들이 이것을 알았으면 좋겠습니다. 여러분들이 설사 어떤 선한 것이라고 말하더라도 본질적으로는 여러분들 스스로가 기분 좋게 느끼고 싶어서 하는 일인 것입니다.

하지만 우리는 자기 유익을 구하는 욕심을 조금이라도 가지면 안 됩니다. 우리는 오직 하나님의 나라만을 구해야 합니다.

'하나님의 때'라는 낭만적인 생각을 버립시다. 하나님의 때에 북한이 해방될 것이라는 생각, 미래 어느 날 하나님께서 고통받는 자들을 위한 목적을 드러내실 것이라는 생각들은 잘못된 것입니다. 하나님은 모든 사람들에게 지금 당장 생명을 주기 원하십니다. 그것이 하나님의 뜻입니다!

누가복음 4장 5-6절로 가겠습니다. 사탄은 남한의 기독교인들에게도 찾아 왔습니다. 그리고 말합니다. 내가 너에게 이 세상을 주겠다. 네가 하나님 말고 나를 경배하기만 한다면 이 세상의 모든 부귀영화를 주겠다.

제가 말씀드립니다만 이 유혹 앞에서 우리는 모두 실패했습니다. 우리는 하나님께 경배 드리는 척하면서 사탄을 경배하게 되었습니다. 제가 오늘 분명히 말씀드립니다만 이것은 물질적인 풍요나 돈에 관한 것이 아닙니다.

부자는 종교적인 사람이었어요. 성경에 보면 부자에게 다섯 형제가 있었는데, 모세 율법과 선지자들을 알고 있었어요. 그것은 그 부자가 종교적인 집안 출신이라는 것을 의미합니다.

그래서 부자는 자기만족에 빠져있었고, 자기 인생에 확신이 있었고, 자기는 하나님의 축복을 받은 사람이라고 생각했어요. 하지만 실제로는 어땠습니까? 그는 하나님의 적이었어요! 사탄이 말했습니다. 내가 이 모든 것을 주겠다. 단, 네가 나를 경배한다면.

우리가 그동안 해온 행태를 보면, 우리는 예수님의 이름을 사용하고, 또 예수님의 이름을 헛되이 사용하며 부자처럼 사탄을 경배해 왔습니다. 부자는 자기 인생을 즐기는데 완전히 빠져서 나사로가 굶어 죽도록 내버려 두었고, 죽어서야 자기가 무슨 일을 저질렀는지 깨달았습니다.

우리 자신을 위해 물질적인 것을 지키려는 단 한 번의 생각, 남들한테 잘 보이려고 하는 것, 이 모든 것들은 죄악입니다. 왜냐하면 우리는 지금 위기 상황 속에 살고 있어요!

지금 그런 식의 생각을 할 시간이 전혀 없습니다! 부분적인 헌신으로는 북한 사람들을 구할 수 없습니다. 부분적인 헌신은 궁극적으로는 우리 자신을 위한 일이라는 뜻입니다. 지금 북한의 제노사이드를 막기 위해서는 100% 헌신이 필요합니다.

기도만 해서도 안 되고, 모든 형태의 순종이 필요합니다.

에스더는 기도와 금식을 통해서 하나님으로부터 전략을 받았습니다. 백성을 어떻게 구할지, 어떻게 백성의 몰살을 알릴지 백성을 구할 수 있는 전략을 응답 받았습니다.

그리고 거기에 순종했습니다. 그 순종 때문에 하나님께서는 완전한 구원을 이루어주셨습니다. 우리가 해야 할 회개의 기초가 여기에 있습니다.

예수님이 말씀하셨습니다. '내가 너에게 하늘나라의 열쇠를 주겠다.' 그래서 우리가 하나님께 기도할 때 하나님, 언제 북한의 문을 열어주실 것인가요? 10년 후인가요? 라고 한다면 이것은 지옥으로부터 온 것입니다.

하나님께서 말씀하셨어요. '나는 너에게 열쇠를 주었다.' 하나님께서는 우리들에게 이렇게 말씀하고 계십니다. '너는 언제 문을 열 것이냐? 나는 너한테 열쇠를 주었다. 나한테 언제 문을 열 것이냐고 묻지 말고 네가 어서 문을 열어라. 내가 너에게 열쇠를 주지 않았느냐.'

마태복음 16장 19절로 가겠습니다. '내가 너에게 하늘나라의 열쇠를 주겠다. 네가 무엇이든지 땅에서 매면 하늘에서도 매일 것이요, 땅에서 풀면 하늘에서도 풀릴 것이다.'

하늘나라의 열쇠와 함께 오는 것이 권세입니다. 권세와 함께 오는 것이 책임입니다. 하나님께서 교회에 주신 책임은 묶고

푸는 것입니다.

주님께서 우리에게 주신 지상명령이 무엇입니까? 그것은 사람들에 관한 것이에요! 이 세상 구원하라고 하신 것입니다. 그래서 우리가 묶어야 할 것은 사람들을 억압하는 사탄의 힘입니다. 하나님께서 우리가 풀기를 원하시는 것은 사람들입니다. 사람들을 자유하게 풀어주기 원하시는 것입니다.

마태복음 18장 19절을 읽겠습니다. '땅에서 너희 가운데 두 사람이 합심하여 무슨 일이든지 구하면, 하늘에 계신 내 아버지께서 그들에게 이루어 주실 것이다.' 이것이 하늘나라의 열쇠입니다. 우리가 함께 만나서 기도하고 헌신하면, 이루어 질 것입니다.

이사야서 58장 6절에서도 하늘나라의 열쇠가 나옵니다. '내가 기뻐하는 금식은, 부당한 결박을 풀어 주는 것, 멍에의 줄을 끌러 주는 것, 압제받는 사람을 놓아 주는 것, 모든 멍에를 꺾어 버리는 것, 바로 이런 것들이 아니냐?'

남한 교회는 우리가 할 수 있는 것이 아무것도 없다고, 북한에 접근할 수 있는 방법이 없다고 절대 말하지 말아야 합니다. 하나님께서 여러분들에게 열쇠를 이미 주셨어요! 북한 해방을 위한 열쇠, 그것은 어떤 것들입니까?

금식은 '기대'를 의미합니다. 지금 당장 달라질 수 있다는 믿음을 함축하고 있어요. 에스더가 수산성에 있는 사람들과 3일간 금식하면서 기도할 때 하나님께서는 전략을 보여주셨고, 제노사이드는 일어나지 않았습니다. 니느웨에 하나님의 심판이 임했을 때에 그들이 금식을 선포하고 모든 것을 내려놓고 회개하며 울부짖기 시작하자 멸망이 피해갔습니다. 여호사밧 시대에 적들이 이스라엘을 향해 쳐들어올 때에 사람들은 금식을 선포하고 하나님께 부르짖었습니다. 그러자 전쟁이 일어나지 않았습니다.

제가 지적하고 싶은 것은, 금식은 하나님께서 지금 당장 바꿔주실 것이라는 믿음이 있다는 것을 뜻한다는 것입니다. 하나님께서는 북한을 위해서 우리가 그런 기도를 하기 원하십니다. 다시 말해 지금 이 시간 하나님의 개입을 요청하는 것을 의미합니다. 니느웨성에서 했던 것처럼, 에스더가 했던 것처럼, 여호사밧이 했던 것처럼 하나님께서 지금 당장 구원해주실 것을 기대하고 기도하는 것, 그것이 하나님께서 우리에게 원하시는 기도입니다.

기도는 장난이 아닙니다. 우리가 하고 싶을 때 사소한 것들을 구하는 기도, 아니면 달력에 적어 놓고 특정일에 특정 주제를 가지고 하는 기도, 이런 것들이 아닙니다. 뭔가 다른 일로 돌아다니다가 한번 기도하고, 한 달에 한번 금식 선포하고 어쩌다가 기도하고, 몇 시간 모여서 잠깐 기도하는 것이 아닌, 우리 자신을 완전히 헌신해서 쏟아 부어야 하는 것입니다.

지금 당장 북한 사람들의 완전한 해방과 완전한 회복을 위해 매순간, 매일 기도하는 것, 이것이 하나님께서 우리에게 원하시는 기도입니다. 이것은 우리가 변화를 원하고, 또 그러한 변화를 위해 우리들이 어떤 희생이든 치르겠다고 각오하는 것을 뜻합니다.

6절에 나오는 하나님께서 기뻐하시는 금식, 하나님께서 기뻐하시는 기도는 부당한 결박을 풀고, 억압받은 사람들을 자유케 하는 것, 멍에를 꺾어버리는 기도입니다.

사람들을 불의(不義)로부터 해방시키고, 억압받는 자들을 자유케하고, 멍에를 꺾는 것이 하나님께서 원하시는 것입니다. 따라서 우리가 북한사람들의 해방을 위해서 그렇게 기도하지 못한데 대해서는 변명의 여지가 없습니다.

하나님께서는 우리가 기대를 갖고 기도하라고 명령하십니다. 20년 후를 생각하는 것이 아니라 지금 당장 변화될 수 있다고 믿고 기도하라고 명하십니다. 우리가 기도할 때 하나님께서 또 하나 요청하시는 것은 그 억압받는 자들의 고통에 들어가라는 것입니다. 하나님께서는 우리가 고통 받는 자들을 위해서 기도하기를 원하십니다.

북한사람들의 해방을 위해 기도하는 것, 북한 정치범수용소의 완전한 폐쇄를 위해 기도하는 것, 이런 기도가 하나님께서 기뻐하는 기도입니다. 이런 기도가 하나님께서 우리들에게 처방하신 기도입니다.

7절은 그러한 기도의 결과를 볼 수 있습니다. 하나님은 이러한 기도를 통하여 사역의 문을 여십니다. 그래서 사람들이 순종하여 그 길을 계속 따라 가면 하나님은 새로운 역사를 만드십니다. 마침내 그 땅은 자유하게 됩니다. 이것이 에스더를 통해 일어난 일입니다. 그들은 기도했고, 금식했고, 순종했습니다. 그러자 제노사이드는 끝났습니다.

우리에게 필요한 것은 이러한 순종입니다. 우리가 만약 북한 해방을 아주, 아주 간절히 원하면, 우리는 북한의 해방을 보게 될 것입니다. 그것도 빨리 보게 될 것입니다.

하나님께서는 의에 주리고 목마른 자는 복이 있나니 그들이 배부를 것이라고 하셨습니다. 만약 여러분이 정말로 정의를 원하면, 하나님에 대한 믿음을 통해 정의를 쟁취하게 될 것입니다.

그런데 문제는 우리가 정말로 정의를 원하느냐 입니다. 아마 어느 정도는 원하는 것 같습니다. 하지만 우리가 정말로 의에 주리고 목말랐던 적이 있었습니까? 도대체 우리는 언제가 되어야 북한의 해방과 회복을 그 어느 것보다도 간절히 원하게 될까요? 하나님께서는 의에 주리고 목마른 자는 배부를 것이라고 하셨습니다. 이것이 우리의 기도가 되어야 합니다. 이것이 진실한 삶의 첩경입니다.

이제 이사야서 42장 6절-7절 말씀 보겠습니다. 하나님께서 십자가를 통해 무엇을 말씀하시는지 보겠습니다. '나 주가 의를 이루려고 너를 불렀다. 내가 너의 손을 붙들어 주고, 너를 지켜 주어서, 너를 백성의 언약과 이방의 빛이 되게 할 것이니, 네가 눈먼 사람의 눈을 뜨게 하고, 감옥에 갇힌 사람을 이끌어 내고, 어두운 영창에 갇힌 이를 풀어 줄 것이다.' 하나님께서 무엇을 선포하신 것인가요? 그것은 새로운 언약입니다. 십자가에서 흘리신 보혈을 통해 시작된 새언약입니다. 하나님께서는 그 보혈이 열방을 위한 생명이라고 하셨어요. 전세계를 위한 생명이라고 하셨습니다.

7절에 보면 하나님께서 모든 사람들에게 생명을 주고 싶어 하십니다. 하나님께서는 포로된 자들을 자유케하고, 지하 감옥으로부터 해방시키기 원하십니다. 예수님의 보혈로 모든 사람은 자유하게 될 권리가 있습니다. 그러면 북한의 상황은 왜 50년이 넘도록 이 지경입니까?

이사야서 49장 8-9절을 보겠습니다. 이것은 놀라운 구절이에요. 하나님께서 말씀하시기를, 나와서 자유하게 되라고 말씀하십니다. 주님의 보혈로 그들은 심판으로부터 자유하게 되었습니다. 그 어느 누구도 그들을 핍박할 권리가 없습니다.

이사야서 61장 1절도 이것을 보여줍니다. '주님께서 나에게 기름을 부으시니, 주 하나님의 영이 나에게 임하셨다. 주님께서 나를 보내셔서, 가난한 사람들에게 기쁜 소식을 전하고, 상한 마음을 싸매어 주고, 포로에게 자유를 선포하고, 갇힌 사람에게 석방을 선언하고.'

하나님께서는 북한 사람들을 위한 자유를 선포하기 원하세요! 그런데 선포하기 위해서는 우리들이 마음 속 깊이 믿어야 합니다. 예수님의 제자들은 예수님의 피값으로 자유를 얻었다는 것을 알았습니다. 사도행전을 보면 그들이 이것을 믿음으로 선포했을 때, 사람들이 자유케 되는 것을 볼 수 있습니다.

지금 이 시대 하나님께서는 북한 사람들의 자유를 예수님의 피값으로 사셨다는 것을 우리들이 믿기 원하십니다. 우리가 믿음으로 선포하면, 우리는 북한 사람들의 자유를 보게 될 것입니다.

예레미야 34장 8~17절입니다. 하나님께서 희년에 대해서 선포하라고 하셨는데 이스라엘 백성은 선포하지 않고 있었습니다. 이 때문에 하나님께서 매우 노하셨습니다. 이것은 심각한 죄였습니다. 우리는 예수님의 십자가를 오해하고 있습니다. 우리도 진리를 선포하지 않는 죄를 저지르고 있습니다.

'주님께서 예레미야에게 말씀하셨는데, 그 때에는 이미 유다 왕 시드기야가 종들에게 자유를 줄 것을 선포하는 언약을 예루살렘에 있는 모든 백성과 맺은 뒤였다. 이 언약은, 누구나 자기의 남종과 여종이 히브리 남자와 히브리 여자일 경우에, 그들을 자유인으로 풀어 주어서, 어느 누구도 동족인 유다 사람을 종으로 삼는 일이 없도록 한다는 것이었다. 모든 고관과 모든 백성은 이 계약에 동의하여, 각자 자기의 남종과 여종을 자유인으로 풀어 주고, 아무도 다시는 그들을 종으로 삼지 않기로 하고, 그들을 모두 풀어 주었다. 그러나 그 뒤에 그들은 마음이 바뀌어, 그들이 이미 자유인으로 풀어 준 남녀 종들을 다시 데려다가, 남종과 여종으로 부렸다. 그 때에 주님께서 예레미야에게 이렇게 말씀하셨다. 나 주 이스라엘의 하나님이 말한다. 내가 너희 조상을 이집트 땅 곧 그들이 종살이하던 집에서 데리고 나올 때에, 그들과 언약을 세우며, 이렇게 명하였다. '동족인 히브리 사람이 너에게 팔려 온 지 칠 년째가 되거든, 그를 풀어 주어라. 그가 육 년 동안 너를 섬기면, 그 다음 해에는 네가 그를 자유인으로 풀어 주어서, 너에게서 떠나게 하여라.'

그러나 너희 조상은 나의 말을 듣지도 않았으며, 귀를 기울이지도 않았다. 그런데 최근에 와서야 너희가 비로소 마음을 돌이켜서, 각자 동족에게 자유를 선언하여 줌으로써, 내가 보기에 올바른 일을 하였다. 그것도 나를 섬기는 성전으로 들어와서, 내 앞에서 언약까지 맺으며 한 것이었다. 그러나 너희가 또 돌아서서 내 이름을 더럽혀 놓았다. 너희가 각자의 남종과 여종들을 풀어 주어, 그들이 마음대로 자유인이 되게 하였으나, 너희는 다시 그들을 데려다가, 너희의 남종과 여종으로 부리고 있다. 그러므로 나 주가 말한다. 너희는 모두 너희의 친척, 너희의 동포에게 자유를 선언하라는 나의 명령을 듣지 않았다. 그러므로 보아라, 나도 너희에게 전쟁과 염병과 기근으로 죽을 '자유'를 선언할 것이니, 세상의 모든 민족이 이것을 보고 무서워 떨 것이다. 나 주가 하는 말이다.' (예레미야 34:8-17)

이것은 예수님이 오시기 전에 하신 말씀입니다. 그 시대와 우리 시대를 비교해보면 우리는 지금 너무나 많은 은혜와 축복을 받고 있습니다. 이제 우리에게 말씀하시는 것은 '자유를 선포하라. 너희가 진정으로 믿고 선포하라'고 하십니다. 예수님은 모든 사람들에게 희년을 선포하셨습니다.

그래서 예수님께서는 단 사람도 멸망당하길 원치 않으십니다. 그리고 하나님은 우리도 그렇게 기도하기를 원하십니다. 우리도 그렇게 일하고, 그렇게 헌신하기를 원하세요!

고린도후서 6장 2절을 보겠습니다. 만약 누군가가 여러분에게 하나님이 언제 북한의 문을 여실 것이라고 생각하느냐고 물어보면 이 구절을 보여주십시오.

해방을 위한 하나님의 때는 지금입니다. 생명을 위한 하나님의 때는 십자가 이후로부터 지금까지입니다. 하나님께서는 모든 세대의 모든 사람들의 생명을 사신 것이었습니다.

에스더 4장 14절에서 우리는 북한에 대한 우리의 책임과 북한의 집단학살을 멈추기 위한 우리의 영적전쟁이 마주한 현실을 보게 됩니다.

만약 우리가 침묵하면, 이 세대는 멸망할 것입니다. 여러분이 잠잠히 있으면 이 세대는 멸망할 것입니다. 하지만 여러분이 일어나면, 여러분은 북한의 제노사이드를 멈출 수 있습니다. 여러분은 지금 당장 변화를 가져올 수 있습니다!

이제 회개하며 기도하기 원합니다. 우리 가슴 깊숙한 곳으로부터 외치며 나아가기 원합니다. 에스더와 같이 결심하지 못한 것을 회개하며 나아겠습니다.

북한의 상황은 정말 위기입니다. 우리가 지금껏 보아 온 그 어떤 것보다도 최악입니다. 북한은 6·25 전쟁보다도 더한 심각한 상황이에요. 북한은 우리가 저지른 잔학행위에요. 북한은 너무 야만적입니다. 북한은 세계적인 문제입니다. 우리는 하나님의 뜻에 거역해서 언제까지나 이렇게 우리 자신한테 빠져 있을 시간이 없습니다.

우리는 심각해져야 합니다. 지금 당장 결단해야 합니다. 북한 사람들을 위해 우리의 삶을 내려놓아야 합니다.

제노사이드 방지 및 처벌에 관한 협약

Convention on the Prevention and Punishment
of the Crime of Genocide

체결일자 및 장소 : 1948년 12월 09일 파리

발효일 : 1951년 01월 12일

당사국 현황 : 2014년 6월 14일 현재 (서명: 41, 당사국: 146)

〔우리나라 관련사항〕

국회비준동의 : 1950년 09월 04일

가입서 기탁일 : 1950년 10월 14일

체약국은,

제노사이드는 유엔의 정신과 목적에 반하며 또한 문명세계에서 죄악으로 단정한 국제법상의 범죄라고 유엔 총회가 1947년 12월 11일자 결의 96(1)에서 행한 선언을 고려하고, 역사상의 모든 시기에서 제노사이드가 인류에게 막대한 손실을 끼쳤음을 인지하고, 인류를 이와 같은 고뇌로부터 해방시키기 위해서는 국제협력이 필요함을 확신하고, 이에 하기에 규정된 바와 같이 동의한다.

〔제 1 조〕

체약국은 제노사이드가 평시에 행하여졌든가 전시에 행하여졌든가를 불문하고 이것을 방지하고 처벌할 것을 약속하는 국제법상의 범죄임을 확인한다.

〔제 2 조〕

본 협약에서 제노사이드라 함은 국민적, 민족적, 인종적 또는 종교적 집단을 전부 또는 일부 파괴할 의도로서 행하여진 아래의 행위를 말한다.

  (a) 집단구성원을 살해하는 것

  (b) 집단구성원에 대하여 중대한 육체적 또는 정신적인 위해를 가하는 것

  (c) 전부 또는 부분적으로 육체적 파괴를 초래할 목적으로 의도된 생활조건을 집단에게 고의로 과하는 것

  (d) 집단 내에 있어서의 출생을 방지하기 위하여 의도된 조치를 과하는 것

  (e) 집단의 아동을 강제적으로 타 집단에 이동시키는 것

〔제 3 조〕

다음의 제 행위는 이를 처벌한다.

　(a) 제노사이드

　(b) 제노사이드를 범하기 위한 공모

　(c) 제노사이드를 범하기 위한 직접적 또는 공공연한 선동

　(d) 제노사이드의 미수

　(e) 제노사이드의 공범

〔제 4 조〕

제노사이드 또는 제3조에 열거된 기타 행위의 어떤 것이라도 이를 범하는 자는 헌법상으로 책임 있는 통치자이거나 또는 사인이거나를 불문하고 처벌한다.

〔제 5 조〕

체약국은 각자의 헌법에 따라서 본 협약의 규정을 실시하기 위하여 특히 제노사이드 또는 제3조에 열거된 기타 행위의 어떤 것에 대하여도 죄가 있는 자에 대한 유효한 형벌을 규정하기 위하여 필요한 입법을 제정할 것을 약속한다.

〔제 6 조〕

제노사이드 또는 제3조에 열거된 기타 행위의 어떤 것이라도 이로 인하여 고소된 자는 행위가 그 영토 내에서 범행된 국가의 당해재판소에 의하여 또는 국제적인 형사재판소의 관할권을 수락하는 체약국에 관하여 관할권을 가지는 동 재판소에 의하여 심리된다.

〔제 7 조〕

제노사이드 또는 제3조에 열거된 기타 행위는 범죄인 인도의 목적으로 정치적 범죄로 인정치 않는다. 체약국은 이러한 경우에 실시중인 법률 또는 조약에 따라서 범죄인 인도를 허가할 것을 서약한다.

〔제 8 조〕

체약국은 유엔의 당해 기관이 제노사이드 또는 제3조에 열거한 기타 행위의 어떤 것이라도 이를 방지 또는 억압하기 위하여 적당하다고 인정하는

유엔 헌장에 기한 조치를 취하도록 요구할 수 있다.

〔제 9 조〕
본 협약의 해석 적용 또는 이행에 관한 체약국간의 분쟁은 제노사이드 또는 제3조에 열거된 기타 행위의 어떤 것이라도 이에 대한 국가책임에 관한 분쟁을 포함하여 분쟁 당사국 요구에 의하여 국제사법재판소에 부탁한다.

〔제 10 조〕
본 협약은 중국어, 영어, 불어, 노어, 서반아어의 원문을 동등히 정문으로 하며 1948년 12월 9일자로 한다.

〔제 11 조〕
본 협약은 유엔의 회원국과 총회로부터 서명 초청을 받은 비회원국을 위하여 1949년 12월 31일까지 개방된다. 본 협약은 비준을 받아야 한다. 비준서는 유엔 사무총장에게 기탁한다. 1950년 1월 1일 이후 본 협약은 유엔의 회원국과 초청을 받은 비회원국을 위하여 가입되어질 수 있다. 가입서는 유엔 사무총장에게 기탁한다.

〔제 12 조〕
체약국은 유엔 사무총장 앞 통고를 통해 자국이 외교관계의 수행에 책임을 지고 있는 지역의 전부 또는 일부에 대하여 하시라도 본 협약의 적용을 확장할 수 있다.

〔제 13 조〕
최초의 20통의 비준서 또는 가입서가 기탁된 일자에 사무총장은 경위서를 작성하여 그 사본을 유엔의 각 회원국과 제11조에 규정된 비회원국 각국에 송부한다. 본 협약은 20통째의 비준서 또는 가입서가 기탁된 90일후에 발효한다. 전기일 이후에 행하여진 비준이나 가입은 비준서 또는 가입서 기탁 90일후에 효력을 발생한다.

〔제 14 조〕
본 협약은 발효일로부터 10년 간 계속하여 효력을 갖는다. 전기 기간의 적어도 만료 6개월 전에 본 조약을 폐기하지 아니한 체약국에 대하여는 본 협약은 그 후 5년간 씩 계속하여 효력을 가진다. 폐기는 유엔 사무총장 앞으로의 서면 통고에 의하여 행한다.

〔제 15 조〕
폐기의 결과 본 협약에의 체약국 수가 16이하일 때에는 본 협약은 폐기의 최후의 것이 효력이 발생하는 날로부터 효력이 중지된다.

〔제 16 조〕
본 협약의 개정요청은 체약국이 사무총장 앞으로의 서면 통고에 의하여 언제나 행할 수 있다. 총회는 전기 요청에 관하여 취해야 할 조치를 결정한다.

〔제 17 조〕
유엔 사무총장은 유엔의 모든 회원국과 제11조에 규정된 비회원국에 대하여 다음 사항을 통고한다.
  (a) 제11조에 의하여 수령한 서명 비준 또는 가입
  (b) 제12조에 의하여 수령한 통고
  (c) 제13조에 의하여 본 협약이 발효하는 일자
  (d) 제14조에 의하여 수령한 폐기
  (e) 제15조에 의한 협약의 폐지
  (f) 제16조에 의하여 수령한 통고

〔제 18 조〕
본 협약의 원안은 유엔의 문서보관소에 기탁한다. 본 협약의 인증등본은 유엔의 모든 회원국과 제11조에 규정된 비회원국에 송부한다.

〔제 19 조〕
본 협약은 발효일자에 유엔 사무총장이 등록한다.

Convention on the Prevention and Punishment of the Crime of Genocide

The Contracting Parties,

Having considered the declaration made by the General Assembly of the United Nations in its resolution 96 (I) dated 11 December 1946 that genocide is a crime under international law, contrary to the spirit and aims of the United Nations and condemned by the civilized world;

Recognizing that at all periods of history genocide has inflicted great losses on humanity; and

Being convinced that, in order to liberate mankind from such an odious scourge, international co-operation is required;

Hereby agree as hereinafter provided.

Article 1

The Contracting Parties confirm that genocide, whether committed in time of peace or in time of war, is a crime under international law which they undertake to prevent and to punish.

Article 2

In the present Convention, genocide means any of the following acts committed with intent to destroy, in whole or in part, a national, ethnical, racial or religious group, as such:

  (a) Killing members of the group;

  (b) Causing serious bodily or mental harm to members of the group;

  (c) Deliberately inflicting on the group conditions of life calculated to bring about its physical destruction in whole or in part;

(d) Imposing measures intended to prevent births within the group;

(e) Forcibly transferring children of the group to another group.

Article 3

The following acts shall be punishable:

(a) Genocide;

(b) Conspiracy to commit genocide;

(c) Direct and public incitement to commit genocide;

(d) Attempt to commit genocide;

(e) Complicity in genocide.

Article 4

Persons committing genocide or any of the other acts enumerated in article III shall be punished, whether they are constitutionally responsible rulers, public officials or private individuals.

Article 5

The Contracting Parties undertake to enact, in accordance with their respective Constitutions, the necessary legislation to give effect to the provisions of the present Convention, and, in particular, to provide effective penalties for persons guilty of genocide or any of the other acts enumerated in article III.

Article 6

Persons charged with genocide or any of the other acts enumerated in article III shall be tried by a competent tribunal of the State in the territory of which the act was committed, or by such international penal tribunal as may have jurisdiction with respect to those Contracting Parties which shall have accepted its jurisdiction.

Article 7

Genocide and the other acts enumerated in article III shall not be considered as political crimes for the purpose of extradition. The Contracting Parties pledge themselves in such cases to grant extradition in accordance with their laws and treaties in force.

Article 8

Any Contracting Party may call upon the competent organs of the United Nations to take such action under the Charter of the United Nations as they consider appropriate for the prevention and suppression of acts of genocide or any of the other acts enumerated in article III.

Article 9

Disputes between the Contracting Parties relating to the interpretation, application or fulfilment of the present Convention, including those relating to the responsibility of a State for genocide or for any of the other acts enumerated in article III, shall be submitted to the International Court of Justice at the request of any of the parties to the dispute.

Article 10

The present Convention, of which the Chinese, English, French, Russian and Spanish texts are equally authentic, shall bear the date of 9 December 1948.

Article 11

The present Convention shall be open until 31 December 1949 for signature on behalf of any Member of the United Nations and of any nonmember State to which an invitation to sign has been addressed by the General Assembly. The present Convention shall be ratified, and the instruments of ratification shall be deposited with the Secretary-General of the United Nations. After 1 January 1950, the present Convention may be acceded to on behalf of any Member of the United Nations and of any non-member State which has received an invitation as aforesaid. Instruments of accession shall be deposited with the Secretary-General of the United Nations.

Article 12

Any Contracting Party may at any time, by notification addressed to the Secretary-General of the United Nations, extend the application of the present Convention to all or any of the territories for the conduct of whose foreign relations that Contracting Party is responsible.

Article 13

On the day when the first twenty instruments of ratification or accession have been deposited, the Secretary-General shall draw up a proces-verbal and transmit a copy thereof to each Member of the United Nations and to each of the non-member States contemplated in article 11.

The present Convention shall come into force on the ninetieth day following the date of deposit of the twentieth instrument of ratification or accession. Any ratification or accession effected, subsequent to the latter date shall become effective on the ninetieth day following the deposit of the instrument of ratification or accession.

Article 14

The present Convention shall remain in effect for a period of ten years as from the date of its coming into force.

It shall thereafter remain in force for successive periods of five years for such Contracting Parties as have not denounced it at least six months before the expiration of the current period.

Denunciation shall be effected by a written notification addressed to the Secretary-General of the United Nations.

Article 15

If, as a result of denunciations, the number of Parties to the present Convention should become less than sixteen, the Convention shall cease to be in force as from the date on which the last of these denunciations shall become effective.

Article 16

A request for the revision of the present Convention may be made at any time by any Contracting Party by means of a notification in writing addressed to the Secretary-General.

The General Assembly shall decide upon the steps, if any, to be taken in respect of such request.

Article 17

The Secretary-General of the United Nations shall notify all Members of the United Nations and the non-member States contemplated in article XI of the following:

 (a) Signatures, ratifications and accessions received in accordance with article 11;

 (b) Notifications received in accordance with article 12;

 (c) The date upon which the present Convention comes into force in accordance with article 13;

 (d) Denunciations received in accordance with article 14;

 (e) The abrogation of the Convention in accordance with article 15;

 (f) Notifications received in accordance with article 16.

Article 18

The original of the present Convention shall be deposited in the archives of the United Nations.

A certified copy of the Convention shall be transmitted to each Member of the United Nations and to each of the non-member States contemplated in article XI.

Article 19

The present Convention shall be registered by the Secretary-General of the United Nations on the date of its coming into force.

감수의 말

제노사이드로 북한인권에
접근한 것은 하나의 '발견' 안찬일

이 책의 초고를 받아든 순간부터 나는 본론에 빠져들지 않을 수 없었다. 바로 나의 이야기이기도 했기 때문이다. 나 역시 휴전선을 넘어 이 땅에 왔기에 북한 인권 참상은 그저 흘러 넘길 수 없는 나의 가정사이다. 결코 수치스럽지는 않은 사실이지만 아버지와 동생 네 명 모두 나로 인하여 요덕수용소에 끌려가 모두 굶어죽고 맞아죽었다.

십자가를 지고 직접 북한 땅으로 뛰어든 로버트 박의 순교자적 삶은 별로 세상에 알려진 것이 없다. 그가 제시한 북한인권 참상에 대한 해법도 제대로 알려진 바 없다. 그런데 이번에 한 외교부 직원의 노력과 탈북자들의 증언, 그리고 도서출판 세이지의 합작품으로 세상에 빛을 보게 되었으니 얼마나 다행스러운 일인가. 책 속에 담겨진 내용들은 진실의 범위를 넘어서는 것이 하나도 없다. 로버트 박이 외친 "집단학살 GENOCIDE"는 현재도 진행형이다.

1979년 서부 군사분계선을 넘어 귀순한 북한 인민군 부소대장 출신 정치학자.
고려대 정치외교학과를 졸업하고, 건국대에서 '북한의 통치이념에 대한 연구–전통사상의 수용을 중심으로'라는 논문으로 정치학 박사학위를 받았으며 미국 컬럼비아대학 초빙교수(1999–2001년) 등을 지냈다.

편저자가 담아낸 많은 탈북자들의 증언도 생생하다. 그들이 직접 보지 못한 것을 말할 수는 있어도 없는 사실을 지어낸 것은 하나도 없다. 얼마나 많은 북한 주민들이 고난의 행군기에 굶어죽고, 탈북 과정에서 피를 뿌리며 죽어갔는지 우리는 수백, 수 천 명의 증언을 통해 귀가 닳도록 들어왔다.

그럼에도 불구하고 북한 당국자들은 북한인권을 말할 때마다 '내정간섭'이니 뭐니 하며 회피 일관으로 버티고 있다. 북한 인권개선의 책임을 북한 당국자들에게만 물을 수 있을까. 우리 국회는 '북한인권법'을 벌써 10여 년째 국회에 묻어두고 우물쭈물하고 있다. 아마도 영원히 북한인권법은 사장될지도 모른다. 적어도 현재의 국회의원들 수준이라면 말이다.

언젠가 통일이 되었을 때 북한 주민들은 우리 정치인들을 향해 물을 것이다. "당신들은 우리가 수난을 겪을 때 무엇을 했느냐?"고 말이다. 이 책은 바로 그 물음에 대한 대답을 가르쳐주고 있다. 아니 대답을 준비하기 위해 우리는 지금 무엇을 해야 하는지를 명쾌하게 제시해주고 있다. 그 중에서도 핵심은 북한인권 참상을 집단학살의 국제법적 용어인 제노사이드로 규명한 것이다.

북한에서 기독교와 기독교인들이 전혀 용인되지 않고, 중국 혼혈아는 모조리 죽임을 당해왔다는 것은 널리 알려진 사실이다. 그간 북한 당국은 중국에서 강제 북송된 탈북 여성들이 임신한 경우 아이 아버지가 중국인이라고 의심되면 강제낙태와 영아살해를 저지르는 야만적인 정책을 고수해왔다. 또한 기독교인들은 김일성 일가의 우상숭배에 대한 위협으로 여겨져 심지어 믿지 않는 가족들까지도 함께 처형당하거나 수용소로 끌려갔다. 이 책은 이렇게 혼혈아와 기독교인을 말살하는 북한 당국의 정책을 1948년 제노사이드 협약에 대한 위반으로 고발한다. 북한 당국에 치명타이자 통찰력 있는 발견이 아닐 수 없다.

　이제 대한민국 정부와 국제사회가 북한인권 참상을 제노사이드 협약에 비추어 조사하기를 기대해 본다. 부디 많은 독자들이 이 책을 읽고 북한인권 개선에 동참해 주기를 소망하는 바이다.

로버트 박의 목소리 STOP GENOCIDE!

발행	2014년 7월 1일(초판 1쇄)
	2014년 9월 12일(2쇄)
편저자	박현아
펴낸이	김미영
펴낸곳	도서출판 세이지
주소	(137-845) 서울시 서초구 서초대로 6길 21
전화	02 533 0777
팩스	02 594 2829
이메일	sagekorea@gmail.com
홈페이지	www.sagekorea.com
등록	2008년 10월 16일
등록번호	제321-504200800007
디자인	디자인락

ISBN 978-89-965358-3-6

책값 15,000원

** 도서출판 세이지의 '세이지'는 "세상을 이기는 예수 그리스도의 지성"
(요 16:33, 롬 8:37)를 줄여 만든 이름입니다.

***북한 정치범수용소 전시회 "그곳에는 사랑이 없다" 자료를 무료로
다운로드할 수 있습니다.

www.webhard.co.kr ID: sagekorea1 PW: sage